Eine Publikation der
Brandenburgischen
Landeszentrale für
politische Bildung

D1732332

Diensteinheit

Mitarbeiter _____ Seiler _____ Reg.-Nr. _____ XV / 4863/78

# Beschluß    MfS

über das Anlegen

eines Operativen Vorganges

1. Deckname _____ "Karbid"

2. Tatbestand §§ 219 und 220 StGB

eines Ermittlungsverfahrens
(nur bei Ermittlungsverfahren ohne Haft/gegen Unbekannt/bei Übernahme von anderen Organen)

Gründe für das Anlegen:
Der Verdächtige wurde in westlichen Massenmedien als Protes-
tierender gegen die Aberkennung der Staatsbürgerschaft des Bier
genannt und gehört zu den Mitunterzeichnern der sogenannten Pro
resolution. Er unterhält aktive Verbindungen zu weiteren Unters
nern, auch zu solchen, die die DDR verlassen haben.
Der Verd. hat eine negative Haltung zur DDR und besonders zur
Kulturpolitik der Partei.

Weller - Hptm.
Mitarbeiter

Pirschel - OSL
Leiter der Diensteinheit

Axel Geiss

# Repression und Freiheit

DEFA-Regisseure zwischen
Fremd- und Selbstbestimmung

Copyright
Brandenburgische Landeszentrale
für politische Bildung 1997

Herausgeber:
Brandenburgische Landeszentrale
für politische Bildung
PF 60 10 51, 14410 Potsdam

ISBN - Nr. 3-932 502-03-5

Gestaltung und Realisierung:
LINIE DREI, Berlin

Druck:Druckerei W. Greschow, Welzow

Diese Veröffentlichung stellt keine
Meinungsäußerung der
Brandenburgischen Landeszentrale
für politische Bildung dar.
Für inhaltliche Aussagen trägt
der Autor die Verantwortung.

Foto Seite 2:
„Nackt unter Wölfen", Regie: Frank Beyer, 1963,
Werkfoto mit Autor Bruno Apitz, Regisseur Frank Beyer,
Boleslaw Plotnicki als Jankowski (von links).

Gedruckt auf Recyclingpapier

# Inhalt

# Vorbemerkung

Jeder war dabei, und keiner hat's gewußt.

Dieses Verhältnis zu ihrer Vergangenheit teilen viele ehemalige DDR-Bürger mit vielen Angehörigen der Generationen, die die Nazi-Zeit erlebt und zu verantworten haben. Die Regisseure, von denen die vorliegende Arbeit handelt, gehören nicht dazu. Sie gehören zu denen, die sich schon vor dem Herbst 1989 der Widersprüchlichkeit und den Verstrickungen des Lebens in der DDR bewußt waren. Das liegt vor allem an ihrem Charakter, hängt aber auch mit ihren Erfahrungen zusammen. Die stammen im wesentlichen aus einem Bereich, der von Staat und Partei besonders „umsorgt" wurde: dem VEB DEFA Studio für Spielfilme.

Diese „Fürsorge" hatte in Deutschland Tradition: Film war seit Bestehen der UFA Staatsangelegenheit. Lenins These, die Filmkunst sei die wichtigste aller Künste, hatte schon bei den Nazis Anklang gefunden. Die SED-Funktionäre hingen ihr ebenfalls an. Anders als in der Nazi-Zeit, als Goebbels alles, was dem System schadete, zu verhindern wußte, war die Situation in der DEFA jedoch differenzierter und widersprüchlicher. Kontrolle und Manipulation wirkten nicht nur negativ. Der Staat war verpflichtet, das Volk mit anspruchsvollen Filmen zu bilden und zu erziehen. Das Ziel, den Film für „die Sache", den Sozialismus und die Stärkung des Staates, einzusetzen, wurde zu verschiedenen Zeiten von verschiedenen Personen sehr verschieden aufgefaßt. Dies führte zu sehr unterschiedlichen Filmen.

Film war in der DDR immer Staatsangelegenheit. „Staatskunst" war er oft nur in dem Sinn, daß der Staat das Geld dafür gab. Viele Filme wurden zwar als Auftrag vergeben. Die Ergebnisse waren jedoch nicht zwangsläufig Apologie oder Propaganda. Oft entstanden Filme, die den Wünschen der Machthaber nicht entsprachen, darunter solche, um die es heftige Auseinandersetzungen gab oder die verboten wurden. Unter den mehr als 700 aufgeführten Kinofilmen der DEFA sind diese Beispiele Ausnahmen, allerdings Ausnahmen in eindrucksvoller Zahl und Qualität.

„Repression und Freiheit" beruht auf einer Studie, in deren Mittelpunkt die Regisseure Frank Beyer, Rainer Simon und Ulrich Weiß standen. Sie beschreibt besonders die Phasen, in denen die Existenz der Regisseure auf dem Spiel stand, in denen sie sich entscheiden mußten, einen bequemen Weg zu gehen oder sich treu zu bleiben.

Dieser Zwiespalt hat das Werk der Regisseure beeinflußt. Der Druck, dem sie ausgesetzt waren, bestimmte ihre Situation innerhalb wie außerhalb des Studios. Die Repression durch SED, staatliche Leitung und Staatssicherheitsdienst sowie das Zusammenspiel zwischen diesen Machtinstrumenten „der Partei" bilden deshalb den Schwerpunkt der vorliegenden Publikation.

Die Publikation schildert Beispiele für diese Repression sowie deren Hintergründe. Sie macht Zwänge und Freiräume anschaulich und beleuchtet das Spannungsverhältnis zwischen Anspruch und „Auftrag" - zwischen dem Credo und Ethos der Künstler sowie den Erwartungen des Staates an die Künstler und deren sich selbst auferlegter Staatsraison.

Für die Darstellung dieser Zusammenhänge haben authentische Zeugnisse besondere Bedeutung. Sie wurden deshalb in Auszügen im Text verwendet. Dabei wurde das Prinzip angewandt zu kürzen, wenn die Persönlichkeitsrechte es erforderten. In den Unterlagen des Staatssicherheitsdienstes war dies häufig der Fall.

Der Wahrheitsgehalt dieser Unterlagen wäre ein Thema für sich. Aus Gesprächen mit den Betroffenen, durch Vergleiche sowie aus der Kenntnis der Verhältnisse in der DDR läßt sich zusammenfassen: Die Akten lügen nicht, man darf ihnen aber auch nicht trauen. Die beschriebenen Situationen stimmten oft bis in die Details, Interpretation und Wertung waren meist von den Interessen des Staatssicherheitsdienstes beziehungsweise der Inoffiziellen Mitarbeiter bestimmt.

Frank Beyer, Rainer Simon, Ulrich Weiß und Sibylle und Hannes Schönemann gehören zu drei der sechs Regie-Generationen der DEFA. Frank Beyer steht für die den Gründern in den fünfziger Jahren folgende dritte Generation. Rainer Simon kam mit der vierten Generation, die ab Mitte der sechziger Jahre debütierte und sich in den siebziger

Jahren zu etablieren begann, ins Studio. Ulrich Weiß, Sibylle und Hannes Schönemann gehören zu den Regisseuren der fünften Generation, die ab Ende der siebziger Jahre, nicht wie ihre Vorgänger als Gruppe, sondern vereinzelt ins Studio aufgenommen und bis zum Ende der DEFA-Zeit als „Nachwuchs" behandelt wurden.

Beyer, Simon, Weiß und Schönemanns stehen für eine Minderheit. Sie verkörpern, auf verschiedene Weise, den Grundsatz, dem eigenen Anspruch zu folgen und auch unter Druck oder Zwang selbstbestimmt zu arbeiten und zu leben.

„Repression und Freiheit" dokumentiert diese Haltung. Sie macht Vorgänge und Mechanismen aus einem DDR-Kulturbetrieb deutlich, in dem Zwänge und Möglichkeiten bestanden, die in ähnlicher Form auch außerhalb des Studios für die Mehrheit der DDR-Bürger existierten. Sie schildert eine Spielart des Konflikts zwischen Macht und Geist und dokumentiert Grundlagen und Erscheinungsformen des DDR-Stalinismus. Sie macht mit dem Schicksal von Sibylle und Hannes Schönemann deutlich, wozu „das System" fähig war und weist mit den Regisseuren Frank Beyer, Rainer Simon und Ulrich Weiß nach, daß selbstbestimmtes Leben und Arbeiten unter den Bedingungen staatlichen Film-Monopols und seiner Zwänge in der DDR ebenso möglich war wie kritische Kunst.

# Die Geschichte des VEB DEFA Studio für Spielfilme im Überblick

## Die Jahre 1946 bis 1965

Die Wiedergeburt des deutschen Films begann bei der DEFA.

Das ehemalige Zentrum der deutschen Filmindustrie lag nach dem Ende des Zweiten Weltkrieges in der sowjetischen Besatzungszone. Die sowjetische Militäradministration (SMAD) begann bald nach Kriegsende, die Filmproduktion in ihrer Zone zu aktivieren. Sie erwies sich dabei, wie in anderen Bereichen der Kultur, als pragmatisch und zunächst als liberal. Sie versuchte, Künstler und Intellektuelle mit internationalem Ruf zu gewinnen. Nur wer sich besonders bei den Nazis exponiert hatte, war davon ausgenommen. Mitläufer wurden in der Regel verschont. Selbst ein Regisseur und Schauspieler wie Gustav Gründgens, der sich durch Kooperation mit den Nazis kompromittiert hatte, wurde umworben.

Mit der Nazi-Diktatur war die Traditionslinie abgebrochen, die unter den Markenzeichen Decla-Bioscop, UFA und Babelsberg die deutsche Filmkunst berühmt gemacht hatte. Die Meister und viele Stars des klassischen deutschen Films, des expressionistischen Stummfilms und der frühen Tonfilme, waren emigriert.

Wer in Deutschland geblieben und kein Nazi oder den Nazis nicht gefällig gewesen war, hatte nur unter Schwierigkeiten „unbeschadet" überlebt. Sich mit Filmen vor dem Einsatz an der Front zu retten, ohne mit den Nazis zu paktieren, war nur wenigen gelungen. Filme wie „Der verzauberte Tag" (1943, Regie: Peter Pewas) oder „Romanze in Moll" (1943) und „Unter den Brücken" (1945) von Helmut Käutner waren Ausnahmen geblieben. Der „Schirmherr des deutschen Films", Propaganda-Minister Josef Goebbels, hatte zwar darüber gewacht, daß pure Propaganda selten blieb und scheinbar unpolitische Unterhaltung dominierte. Aber gerade die sogenannten Unterhaltungsfilme waren nicht nur Ablenkung vom zunehmend sorgenreicheren Alltag gewesen, sondern oft versteckte Reklame für Volk und Führer.

Zu den wenigen, denen es gelungen war, in Deutschland zu bleiben und ihre Integrität zu bewahren, gehörten Kurt Maetzig und Wolfgang Staudte. Beide zählten nach dem Ende des Zweiten Weltkrieges zu den Gründervätern der DEFA.

Kurt Maetzig, promovierter Wirtschaftswissenschaftler und Chemiker, hatte aus „rassischen Gründen", als sogenannter Halbjude, seine kurz vor 1933 begonnene Filmarbeit einstellen müssen. Im Oktober 1945 war er einer der sechs Männer, die entsprechend des Befehls der SMAD vom 4. September 1945 im Auftrag der Zentralverwaltung für Volksbildung begannen, die Produktion von Filmen vorzubereiten.[1] Kurt Maetzig wurde Chefredakteur der ersten deutschen Nachkriegswochenschau, „Der Augenzeuge", dessen erste Ausgabe am 1. Februar 1946 Pemiere hatte. Er war später einer der herausragenden Regisseure der DEFA. Am 17. Mai 1946 nahm er gemeinsam mit Fischer, Klering, Lindemann und Schiller von Oberst Sergej Tulpanow, dem Leiter der Abteilung Propaganda und Information der SMAD, im großen Atelier des Althoff-Studios in Babelsberg[2] die Lizenz „zur Produktion von Filmen aller Art" entgegen, die Gründungsurkunde der Deutsche Film AG, der DEFA.[3]

Wolfgang Staudte arbeitete zu dieser Zeit bereits an einem Spielfilm - dem ersten deutschen Nachkriegsfilm, zu dem am 4. Mai 1946 die erste Klappe gefallen war: „Die Mörder sind unter uns". Staudte, Jahrgang 1906, hatte das „Dritte Reich" als Schauspieler und Regisseur überstanden. „Diese Zeit, in der ich im Dritten Reich gelebt hatte, war ... einfach eine Zeit, die ich überleben mußte... Mit anderen Worten, ich habe aufgepaßt, nicht Soldat zu werden. Ich war damals sehr stolz, daß ich sagen konnte, ich habe in meinem Leben nie einen Schuß abgegeben. Heute würde ich sagen, es ist kein besonderer Grund stolz zu sein. Ich wäre stolz, wenn ich ein paar Schüsse nach der richtigen Richtung abgegeben hätte."[4]

Staudte hatte nach Kriegsende ein Exposé verfaßt und war damit - ohne Erfolg - bei den britischen und den französischen Besatzungsbehörden vorstellig geworden. Auch die Amerikaner hatten ihn abgewiesen. Filmoffizier Peter van Eyck, später in der Bundesrepublik ein oft eingesetzter Schauspieler, habe ihm erklärt, so Staudte, „daß in den nächsten zwanzig Jahren für uns Deutsche an Filme nicht zu denken sei."[5] In einem anderen Interview äußerte sich Staudte zur Genese des Films: „Nur der russische Kulturoffizier war an meinem Projekt sehr interessiert. Ich erinnere mich noch ganz genau: Eines Nachts wurde ich zu dem sowjetischen Kulturoffizier in die Jägerstraße bestellt, es gab keinen Strom, und wir verhandelten bei Kerzenlicht. Er gratulierte mir und kannte jede Stelle des Drehbuchs auswendig. Nur einen Einwand hatte er. Der Held des Films, der ehemalige Truppenarzt Mertens, der seinen Hauptmann nicht hatte bewegen können, den Befehl zur Erschießung polnischer Zivilisten, Frauen und Kinder zurückzunehmen, trifft diesen nun als zufriedenen Biedermann im Nachkriegsberlin und erschießt ihn. Dymschitz, der sowjetische Kulturoffizier sagte: ‚Das ist ja geradezu eine Aufforderung - … wo kommen wir denn da hin, wenn jetzt alle anfangen, sich gegenseitig umzulegen…'''[6] Staudte akzeptierte den Einwand. Im Film wird der ehemalige Hauptmann der Justiz übergeben.

Das beschriebene Zusammentreffen von Dymschitz und Staudte charakterisiert die Situation nach Kriegsende. Wie überall in der sowjetisch besetzten Zone, bestimmte bei der DEFA die Auseinandersetzung mit dem Faschismus die Kultur- und die Filmpolitik. Zwischen den sowjetischen Besatzern sowie den größtenteils aus der Emigration oder aus Nazihaft gekommenen Kulturpolitikern und Künstlern wie Staudte oder Maetzig bestand in den Grundfragen Übereinstimmung. Die meisten Regisseure, Kameraleute, Drehbuchautoren oder Szenenbildner hatten während der Nazizeit in Deutschland gelebt und wie ihre Zuschauer Kompromisse gemacht, die ihr Gewissen belasteten. Das hatten sie noch nicht vergessen, das bestimmte ihr Verantwortungsgefühl. Filme wie „Ehe im Schatten" (1947, Regie: Kurt Maetzig), „Irgendwo in Berlin" (1946, Regie: Gerhard Lamprecht), „Affaire Blum" (1948, Regie: Erich Engel), „Die Buntkarierten" (1949, Kurt Maetzig), „Rotation" (1949, Regie: Wolfgang Staudte), „Der Rat der Götter" (1950, Regie: Kurt Maetzig), „Der Untertan" (1951, Regie: Wolfgang Staudte) stehen als herausragende Beispiele für diese Haltung. Sie drücken die Entschlossenheit aus, mit der Vergangenheit „abzurechnen", sich von den Jahren der Naziherrschaft und der UFA loszusagen. Sie dokumentieren mit ihren Geschichten, ihrer Perspektive und ihrem Geist den Neuanfang.

Auf die UFA-Zeit bezogen, dominierte andererseits Kontinuität. Handwerker und künstlerische Mitarbeiter wurden größtenteils weiterbeschäftigt und trugen dazu bei, daß die Ästhetik vieler früher DEFA-Filme der der UFA-Filme glich. Auch Regisseure - meist der ehemaligen „zweiten Reihe" -, Kameraleute und Szenografen, die zwischen 1933 und 1945 in Babelsberg oder Berlin gedreht hatten, bekamen nun Gelegenheit zur „Wiedergutmachung".

Trotzdem grenzte sich die DEFA - wie ihre Gründung und die Entstehungsgeschichte ihres ersten Films belegen - scharf von der UFA-Vergangenheit ab. Die Filmpolitik bestimmten keine alten Nazis, sondern Antifaschisten. Gemeinsam beschäftigte Künstler und Kulturpolitiker vor allem die Auseindersetzung mit der jüngsten deutschen Vergangenheit. Hauptfeind in den ersten DEFA-Filmen war der Faschismus, „Helden" in den Auseinandersetzungen mit der eigenen Geschichte waren Mitläufer. Mit denen identifizierten sich viele, die in der Nazizeit ebenfalls keine Helden gewesen waren.

Identifikation wurde unter anderem deshalb möglich, weil diese Filme die später oft praktizierte Didaktik vermieden. Die Regisseure erzählten aus der Perspektive der Beteiligten und stellten sich nicht moralisch über das Geschehen. Im Bemühen, sich von der Vergangenheit und der Art Film, wie die UFA sie verkörpert hatte, abzugrenzen, bevorzugten sie in den Anfangsjahren, statt fiktiver Geschichten, authentische Stoffe. Diese Abgrenzung von der UFA war kein Opportunismus, sondern Ausdruck von Überzeugung. Das Ergebnis waren oft „Bekenntnisfilme", Filme mit starker emotionaler Wirkung und einem aus Begeisterung erwachsenen Pathos. Begeisterung und Überzeugung bestimmten besonders die zweite Gruppe von Filmen, die für die Anfangsjahre der DEFA charakteristisch war. Arbeiten wie „Freies Land" (1946, Regie: Milo Harbich), „Grube Morgenrot" (1948, Regie: Wolfgang Schleif), „Straßenbekanntschaft" (1948, Regie: Peter Pewas) oder „Unser täglich Brot" (1949, Regie: Slatan Dudow) waren Reaktionen auf die aktuelle soziale Situation und die gesellschaftlichen Veränderungen.

Die Aufbruchsstimmung wurde schon Ende der vierziger Jahre empfindlich gestört. Der Kalte Krieg setzte ein - und damit bei leitenden Funktionären des Kulturapparates und der DEFA die Tendenz, an den Thesen von Partei und Staat orientierte Propaganda bebildern zu lassen. „Agenten- und Sabotagefilme", die vor Klischees und holzschnittartigen Feindbildern strotzten, wurden ein frühes negatives Markenzeichen der DEFA.

Auch die „Aufarbeitung" der Geschichte wurde instrumentalisiert. Stärker noch als die zunächst häufigen, später nur sporadischen Versuche, polemisch die Unterlegenheit des kapitalistischen Systems, vor allem Westdeutschlands, zu belegen, bestimmten historische Stoffe - meist aus der Arbeiterbewegung und in unterschiedlicher Qualität - das Spektrum der DEFA. Kurt Maetzigs „Ernst Thälmann - Sohn seiner Klasse" (1954) und „Ernst Thälmann - Führer seiner Klasse" (1955) bilden in dieser Reihe einen Höhepunkt.

Mit dem Kalten Krieg wuchs der Einfluß der Zensur. Sie kündigte sich an mit dem Klimawechsel, der 1948 mit der sogenannten Formalismus-Debatte eingeleitet wurde. Die allgemeine Ausrichtung auf zentralistische Prinzipien hatte auch die Disziplinierung der Künstler zur Folge. Künstler aus Westdeutschland oder dem kapitalistischen Ausland wurden diffamiert, selbst Sozialisten im eigenen Lande, wie Paul Dessau, wurden scharf angegriffen. Damit fanden Bemühungen in der DEFA, an stilistische Traditionen der zwanziger Jahre anzuknüpfen, ihr frühes Ende. „Wozzek" (1947, Regie: Georg C. Klaren), eine Reminiszenz an den expressionistischen deutschen Film, blieb die Ausnahme. Die der Illusions-Wirkung ferne Formsprache erschien den neuen Machthabern, die meist Kleinbürger waren und naturalistische Darstellungsformen bevorzugten, ähnlich gefährlich wie den Nazis. Antifaschismus war zwar noch der gemeinsame Nenner, dieser erwies sich aber zunehmend als zu klein. Wie den Nazis waren auch den meisten sozialistischen Funktionäre ästhetische Experimente suspekt. Das inhaltlich Neue erschien folglich meist im alten Gewand.

Für frühe Fälle von Zensur stehen, neben weniger bekannten, prominente Beispiele: „Das Beil von Wandsbek" (1951, Regie: Falk Harnack) und „Rotation" (1949, Regie: Wolfgang Staudte).

Für Staudte war der Eingriff vor allem ein Warnschuß. „Rotation" kam in die Kinos, Staudte mußte „nur" auf eine Szene verzichten. In dieser Szene sollte der Held seinen aus der Kriegsgefangenschaft heimkehrenden Sohn mit den Worten begrüßen: „Das ist die letzte Uniform, die du getragen hast". Die Szene mußte geschnitten werden. In der sowjetisch besetzten Zone begann zu dieser Zeit der Aufbau der Volkspolizei. Erst als die Schwierigkeiten größer wurden und sich häuften, entschloß sich Staudte - ähnlich wie später andere gemaßregelte Künstler -, die DEFA zu verlassen und in der BRD zu arbeiten. Daß er in der BRD mit anderen, nicht geringeren Problemen zu kämpfen hatte, steht auf einem anderen Blatt.

Falk Harnack - Bruder des von den Nazis hingerichteten Widerstandskämpfers Arvid Harnack, selbst im Widerstand gegen die Nazis aktiv und ab 1950 Künstlerischer Direktor der DEFA - hatte sich mit Erfolg um die Verfilmung von Arnold Zweigs Roman „Das Beil von Wandsbek" über den Hamburger Schlachtermeister Teetjen bemüht. Teetjen hatte in den ersten Jahren der faschistischen Diktatur als Scharfrichter vier Antifaschisten geköpft. Harnack zielte mit dem Film vor allem auf eine Innenansicht des Faschismus und die Darstellung seiner sozialökonomischen Wurzeln sowie der Verstrickung deutscher Kleinbürger in das Regime. Das war in dieser Zeit bereits ein heikles Unterfangen. Denn damit verbunden war der Vorwurf der Sympathie für die falschen Leute. Auch in der DDR waren ehemalige kleine Nazis und Mitläufer die Mehrheit, aber das wurde nun totgeschwiegen. Betont wurde dagegen die sogenannte antifaschistische Tradition.

Schon die Dreharbeiten und die Endfertigung des Films waren belastet von Vorgaben, Schnitten und Auflagen zum Nachdrehen. Und der fertige Film geriet nicht nur bei der SED-Führung in die Kritik, er erregte auch den Unwillen der sowjetischen Genossen. Er wurde zwar zur Eröffnung des ersten deutschen Kulturkongresses in Leipzig gezeigt und hatte nach vier Wochen Laufzeit etwa 800.000 Zuschauer. Aber nachdem das Politbüro der SED ihn in einer Sondervorführung gesehen hatte, erschienen Leserbriefe in der „Leipziger Volkszeitung" und der „Berliner Zeitung". Sie wiederholten den sowjetischen Vorwurf, der Film mache einen Nazi und Mörder zum Helden, errege Mitleid mit ihm, statt Haß auf den Faschismus zu erzeugen. Trotz des Einspruchs prominenter Künstler - unter anderem von Bertolt Brecht und Arnold Zweig, damals Präsident der Akademie der Künste der DDR - wurde „Das Beil von Wandsbek" aus den Kinos genommen. Das geschah vielleicht auch, um Falk Harnack zu treffen. Der hatte als Partisan im griechischen Widerstand gekämpft. Das machte ihn für das von Moskau gesteuerte Politbüro verdächtig. Und er weigerte sich, seinen Wohnsitz in West-Berlin aufzugeben und in den Osten zu ziehen.

Das Verbot hatte Folgen. Falk Harnack kündigte seinen Vertrag mit der DEFA und arbeitete künftig nur noch in West-Berlin und der Bundesrepublik. Und das Politbüro der SED wies die zuvor im Studio gegründete „DEFA-Kommission" an, sie müsse als „ideologische Kommission beim Vorstand der DEFA" künftig noch besser funktionieren: „Die DEFA-Kommission muß bereits Szenarien prüfen und ebenfalls die Durchführung der von ihr geforderten Änderungen der Drehbücher kontrollieren..."[7]

Die Beispiele für den „Erfolg" solcher Maßnahmen sind zahlreich. Sie folgen den oft kaum nachvollziehbaren Schwankungen und Sprüngen in der Kulturpolitik der SED-Führung und der DEFA-Leitung. Selbst Klassiker-Adaptionen waren betroffen. Aus Fontanes „Frau Jenny Treibel" wurde „Corinna Schmidt" (1951, Regie: Arthur Pohl). Mit der neuen Titelheldin wurde dem Film eine sozialistische Tendenz aufgepfropft. Wenige Monate später wurde diese Willkür im Umgang mit fortschrittlichem Kulturerbe zwar scharf kritisiert. Aber ein Ende der Eingriffe bedeutete die Kritik keineswegs. Drehbücher wurden oft so lange geprüft und geändert und umgeschrieben, bis ihnen der letzte Rest an Kraft und Originalität abhanden gekommen war. Die Kulturpolitik wirkte Bestrebungen nach Liberalisierung entgegen, „bürgerliche" Künstler, vor allem die mit Wohnsitz in West-Berlin, wurden aus dem Studio gedrängt.

Junge Regisseure, die zu Hoffnungen auf künstlerisch und ideell anspruchsvolle Arbeiten Anlaß gaben, konnten diese Entwicklung nicht aufhalten oder wesentlich verändern. Sie machten allerdings auf sich aufmerksam und setzten mit einer Reihe bemerkenswerter Filme Zeichen und Maßstäbe für eine eigenständige DEFA-Filmkunst.

Konrad Wolf, Jahrgang 1925, hatte nach seinem bei der DEFA gedrehten Diplomfilm „Einmal ist keinmal" (1955) mit „Genesung" (1956), „Lissy" (1957) und dem Drehbeginn zu „Sonnensucher" (1957) einen erfolgreichen Einstand bei der DEFA.[8]

Gerhard Klein, Jahrgang 1920 und zunächst Mitarbeiter von DEFA-Regisseur Ballmann, hatte mit „Berlin-Filmen" Erfolg. „Alarm im Zirkus" (1954), „Eine Berliner Romanze" (1956) und „Berlin - Ecke Schönhauser" (1957) entstanden nach Szenarien des Autors Wolfgang Kohlhaase und fanden Anklang beim Publikum. Maßgebliche Funktionäre dagegen reagierten mit Mißtrauen. Die Filme waren ihnen zu dicht an der Realität. Sie spielten in der Gegenwart und waren weder Wunschbilder noch Propaganda. Sie waren genau im Detail und zeigten die Realität im geteilten Berlin in ihrer Widersprüchlichkeit.

Heiner Carow, Jahrgang 1929 und Absolvent der Regie-Klasse des DEFA-Nachwuchsstudios, hatte ab 1952 jährlich mehrere Dokumentarfilme gedreht. Mit „Sheriff Teddy" (1957) und „Sie nannten ihn Amigo" (1959) gelang ihm der Sprung in den dramatischen Bereich.

Talente, die ähnlich schnell zur Entfaltung kamen wie Wolf, Klein oder Carow blieben die Ausnahme. Dem Mangel an Spitzenregisseuren konnten weder das 1947 gegründete „DEFA-Nachwuchsstudio" noch Delegierungen von Studenten an die Filmhochschulen in Moskau und Prag abhelfen. Die Zahl der Auslandsstudenten blieb gering; von ihnen gelang es nur Frank Beyer, bei der DEFA sofort nach dem Studium als Regisseur Fuß zu fassen. Auch die Absolventen des „DEFA-Nachwuchsstudios" konnten den Bedarf an Regisseuren nicht decken.

Die Gründung der Deutschen Hochschule für Filmkunst in Babelsberg im Jahre 1954 sollte das Problem lösen. Auf ihrem Programm standen neben der Regie auch die Ausbildung auf den Gebieten Kamera, Produktion, Dramaturgie und Schnitt. Später kamen Ton und Regie¬ sowie Kamera-Assistenz hinzu. Einige namhafte Künstler engagierten sich für die Hochschule und übernahmen Professuren und Lehraufträge. Viele DEFA-Mitarbeiter zeigten sich skeptisch. Nicht wenige der anerkannten Künstler waren an der Förderung des Nachwuchses nicht interessiert. Für sie waren gut ausgebildete Absolventen unwillkommene Konkurrenz. Kunst, so das oft benutzte Argument, könne man nicht lehren, und das Handwerk lerne man in der Praxis.

Kurt Maetzig als erster Rektor der Deutschen Hochschule für Filmkunst und Leiter der Fachrichtung Regie, Albert Wilkening als Leiter der Fachrichtung Kamera und Martin Hellberg als Chef der Fachrichtung Schauspiel vertraten mit ihrem Engagement für die Filmhochschule und der Weiterführung ihrer Tätigkeit im Spielfilmstudio eine Minderheit.

Die ersten Absolventen verließen die Deutsche Hochschule für Filmkunst 1958. Es dauerte allerdings noch einige Jahre, bis die Ergebnisse der Ausbildung so an Breite gewannen, daß die Hochschule als maßgeblicher Faktor mit eigenständiger Qualität wahrgenommen wurde und im DEFA Spielfilmstudio zu künstlerischen Resultaten führte, die die Merkmale einer „Welle" aufwiesen. Der Öffentlichkeit blieb diese Entwicklung weitgehend verborgen. Denn ihr sichtbarer Ausdruck waren Filme, die nicht ins Kino kamen, weil sie 1965 und 1966 - in Folge des sogenannten 11. Plenums des ZK der SED - verboten wurden.

Großen Einfluß auf die Filmpolitk und die Filme, die gedreht oder nicht gedreht wurden, hatten seit Beginn der fünfziger Jahre Konferenzen und Beschlüsse, die von der SED oder in ihrem Auftrag veranstaltet und gefaßt wurden.

Schon der Beschluß der II. Parteikonferenz der SED vom 9. bis 12. Juli 1952, mit dem Aufbau der Grundlagen des Sozialismus zu beginnen, gehört in diesen Zusammenhang. Seine Langzeit-Folge waren „Thesen-Filme": Filme über die „gesellschaftliche Entwicklung", die bis in die achtziger Jahre im DEFA-Spektrum zu finden waren. Außerdem hatte die II. Parteikonferenz kurzfristige und direkte Wirkung. Die „Organisierung des systematischen Studiums und der Propagierung der Lehren von Marx, Engels, Lenin und Stalin zu den Fragen der Kunst im allgemeinen, des Inhalts und der Methoden der sowjetischen Filmkunst im besonderen"[9] gehörte ebenso dazu wie weitere auf den Film bezogene Beschlüsse. Beispielsweise die Gründung des „Staatlichen

Komitees für Filmfragen" beim Ministerrat der Deutschen Demokratischen Republik und die Einberufung einer Filmkonferenz für den 17. und 18. September 1952 nach Berlin. Bei dieser ersten Filmkonferenz wurde dem Film seine Aufgabe offiziell zugewiesen: Propaganda für Staat und Partei.

Die zweite Filmkonferenz tagte vom 3. bis 5. Juli 1958 in Berlin. Sie war im Oktober 1957 auf der sogenannten Kulturkonferenz beschlossen und im Frühjahr 1958 durch fünf Parteiaktivtagungen vorbereitet worden. Dabei wurde auf den Kurs der 1. Internationalen Filmkonferenz der Sozialistischen Länder vom Dezember 1957 in Prag eingeschworen: auf den Kampf gegen den Revisionismus. Die Filmkonferenz bestätigte diese Linie. Fünfhundert Delegierte - neben Künstlern und Funktionären aus dem Bereich Film kamen Gäste aus der Industrie und der Landwirtschaft - erlebten im Referat von Alexander Abusch, dem Stellvertreter des Kulturministers, eine Rundumkritik am DEFA-Film und eine Erneuerung der Forderungen der ersten Filmkonferenz. Sichtbarer Ausdruck war zunächst der Ausbau des Bereichs des Kulturministeriums, der für die Anleitung der DEFA Studios zuständig war, der vom sogenannten „Filmminister" geleiteten Hauptverwaltung (HV) Film. Mit nunmehr achtzig Stellen wurde die HV Film zur zentralen Kontrollbehörde.

Ende der fünfziger Jahre befand sich das DEFA Spielfilmstudio in der Produktion künstlerisch anspruchsvoller Filme und in der Akzeptanz beim Publikum auf einem Tiefpunkt. Liberalisierungstendenzen wurden endgültig gestoppt. Künstler mit Wohnsitz in West-Berlin oder mit „bürgerlicher Gesinnung" waren zuvor bereits aus dem Studio gedrängt worden. Als letzter der langjährig beschäftigten West-Berliner Künstler hatte 1957 Arthur Pohl nach internen Querelen um seinen Film „Spielbank Affäre" das Studio verlassen. Zwei Jahre später verließ auch Herbert Ballmann die DEFA in Richtung Westberlin.[10]

Internationale Co-Produktionen, mit denen die DEFA versucht hatte, die Hallstein-Doktrin zu unterlaufen und internationale Beachtung zu finden, wurden nach „Die Elenden" (1958, Regie: Jean-Paul Le Chanois, in der Hauptrolle Jean Gabin) eingestellt. Kritisch-realistische Auseinandersetzung mit der Gegenwart war so gut wie ausgeschlossen. Künstlerisch anspruchsvolle Ansätze der vorhergehenden Jahre waren nicht ausgebaut worden. Filme wie „Straßenbekanntschaft", „Frauenschicksale" (1952, Regie: Slatan Dudow), wie die „Berlin-Filme" von Klein und Carow, wie „Schlösser und Katen" (1957, Regie: Kurt Maetzig) oder „Vergeßt mir meine Traudel nicht" (1957, Regie: Kurt Maetzig), die auch in ihrer Entstehungszeit aus dem üblichen Rahmen gefallen waren, hatten in den späten fünfziger Jahren keine Fortsetzung gefunden. „Eine alte Liebe" (1959, Regie: Frank Beyer) oder „Verwirrung der Liebe" (1959, Regie: Slatan Dudow) blieben Ausnahmen.

Der Umgang mit dem wichtigsten Gegenwartsfilm der DEFA in den fünfziger Jahren, „Sonnensucher" (1959/72, Regie: Konrad Wolf), trug maßgeblich zum Abfall der künstlerischen Leistungskraft und des Ansehens des DEFA Spielfilmstudios in der Öffentlichkeit bei. Die Prominenz seines Regisseurs konnte den Film nicht vor dem Verbot bewahren. Das differenzierte Panorama, das der Film von den Gründerjahren der DDR im Uranbergbau der Wismut zeichnet, stieß bei sowjetischen und bei leitenden DDR-Genossen schon im Vorfeld und während der im April 1957 beginnenden Produktion auf zum Teil heftige Kritik. Wolf mußte nachdrehen, die Produktion wurde schließlich unterbrochen, und erst 1959 wurde die Endfertigung abgeschlossen. Als der Premierentermin feststand, legte der sowjetische Botschafter Protest ein. Die USA, so die Befürchtung der sowjetischen Genossen, könnten auf Grund des Handlungsortes unliebsame Schlußfolgerungen ziehen. Die Premiere wurde abgesagt. Versuche maßgeblicher Funktionäre, die sowjetischen Genossen umzustimmen, blieben aus.

Anfang der sechziger Jahre entsprach die Situation im DEFA Studio für Spielfilme der Gesamtlage in der DDR. Was sich knapp dreißig Jahre später in ähnlicher Form wiederholte und zur Implosion des DDR-Systems führte, hätte schon damals den Zusammenbruch bewirkt, wäre diese Entwicklung nicht auf eine Weise unterbrochen worden, die von diesem Zeitpunkt an gleichermaßen Auslöser wie Mahnmal der folgenden Dauerkrise war: durch den „antifaschistischen Schutzwall", die Mauer.

Der Bau der Mauer am 13. August 1961 stoppte die Massenflucht und beendete im Spielfilmstudio die Phase der künstlerischen Stagnation. Wie bei den meisten Künstlern und Intellektuellen in der DDR löste er in der DEFA keine Begeisterung aus. Aber mit der Schließung der Grenze verbanden viele die Hoffnung, daß die Situation in der DDR stabiler und die Kulturpolitik liberaler werde. Mit der Abschottung vom Westen, glaubten auch kritisch-loyale Regisseure, Kameraleute, Autoren und andere Mitarbeiter der DEFA, werde die Filmproduktion freier und offener, könne man sich nun ungehindert über kritische Fragen verständigen.

Zunächst schien sich diese Hoffnung zu bestätigen. Filme wie „Professor Mamlock" (1961, Regie: Konrad Wolf), „Der Fall Gleiwitz" (1961, Regie: Gerhard Klein), „Königskinder" (1962, Regie: Frank Beyer), die in der wichtigsten Traditionslinie der DEFA lagen, der Auseinandersetzung mit der Nazi-Vergangenheit, ließen die Einflüsse der sowjetischen Kino-Erfolge der fünfziger Jahre erkennen, die vom XX. Parteitag der KPdSU und seinen Enthüllungen über den Terror Stalins ausgelöst worden waren. Sie erregten Aufsehen durch ihre ungewöhnliche Sicht auf ihr Thema und/oder ihre expressive Bildsprache. „Karbid und Sauerampfer" (1963, Regie: Frank Beyer) erzählte eine Geschichte aus den schwierigen Anfangsjahren der DDR mit Humor und souveränem Witz. Auch der Gegenwartsfilm wurde belebt. „Auf der Sonnenseite" (1962, Regie: Ralf Kirsten) schien ein Beispiel für einen neuen locker-offenen Ton. Mit „Beschreibung eines Sommers" (1963, Regie: Ralf Kirsten) gewann das Individuelle an Bedeutung.

Ein aktuelles und heikles Thema wurde in „… Und deine Liebe auch" (1962) aufgegriffen. Regisseur Frank Vogel und Kameramann Günter Ost erzählten eine Liebesgeschichte vor dem Hintergrund des Mauerbaus nach dem Vorbild des italienischen Neorealismus. Ungewöhnlich an dem Film und einmalig in der DEFA-Geschichte war, wie schnell und unbürokratisch der Film produziert wurde. Die Dreharbeiten begannen wenige Tage nach dem Bau der Mauer, ohne daß ein Drehbuch vorlag. Sie wurden mit einem extrem kleinem Team realisiert. Mitunter waren nur der Regisseur und der Kameramann auf dem Beiwagen-Krad des Kameramannes mit der Kamera unterwegs. Niemand außerhalb des Stabes wußte, wie der Film aussehen würde. Parallel zu den Dreharbeiten schrieb Autor Paul Wiens an der Dreiecksgeschichte, und nach Abschluß der Aufnahmen an den Originalschauplätzen folgten die Szenen im Atelier. Das Ergebnis war allerdings „Neorealismus auf sozialistisch". Die dokumentaren Sequenzen des Films wirken noch heute authentisch, die Liebesgeschichte ist blutleer und konstruiert und mitunter ähnlich peinlich wie die - von den Autoren beim Drehen offenbar als notwendig empfundene - Rechtfertigung der Mauer.

Eine Parteiaktiv-Tagung im DEFA Spielfilmstudio im Dezember 1962 fragte nach den Gründen für die Mißerfolge der vergangenen Jahre. Sie brachte ausnahmsweise keinen Rückschlag in dieser Phase der Öffnung zu neuen Themen und Erzählweisen sowie zu mehr Souveränität. Partei und Staat reagierten dabei nicht wie gewohnt als Verhinderer dieser Öffnung, sondern förderten sie zunächst. Den DEFA-Studios wurde mehr Selbständigkeit eingeräumt. Auf die Chefsessel des Spielfilmstudios rückten Leute einer Altersklasse, die ab Ende der siebziger Jahre als „Nachwuchs" galt: Studiodirektor Jochen Mückenberger, Chefdramaturg Klaus Wischnewski, „Filmminister" Günter Witt und Kulturminister Hans Bentzien waren nicht älter als Mitte dreißig. Die künstlerischen Arbeitsgruppen, die auf eine Idee von Kurt Maetzig zurückgingen, wurden in ihrer Funktion bestätigt und in ihrer Eigenständigkeit gestärkt. Zu den schon existierenden Gruppen „Roter Kreis", geleitet von Kurt Maetzig, „Berlin", geleitet von Slatan Dudow, „Heinrich Greif", geleitet von Konrad Wolf, und „Gruppe 60", geleitet von Alexander Lösche, kamen noch die Gruppen „konkret", geleitet von Werner Beck, und „Solidarität", geleitet von Siegfried Kabitzke. Die Gruppen arbeiteten nun wirtschaftlich und künstlerisch mit relativ großer Selbständigkeit. Der Posten des Chefdramaturgen wurde abgeschafft. Klaus Wischnewski übernahm die Leitung der Gruppe „Heinrich Greif". Ein bereits formulierter „Perspektivplan 1966 - 1969" sah vor, der künstlerischen Seite der Produktion die Priorität und den Beteiligten mehr Handlungsfreiheit zu geben. Künstler und Studioleitung hielten dies gleichermaßen für notwendig. Sie hatten auch das gleiche Ziel: publikumswirksame, die Gesellschaft „aufrüttelnde" Filme. Die Folge der von Begeisterung und Gemeinsamkeit bestimmten Arbeit war ein kreativer Impuls für die künstlerischen Prozesse. Die Kontakte innerhalb der Gruppen wurden intensiver, die Verantwortung der Beteiligten für ihre Arbeit wurde zu einem produktiven Faktor. Entscheidungen wurden nicht mehr über die Köpfe derjenigen hinweg, die mit der Materie am besten vertraut waren, getroffen, sondern in den künstlerischen Gruppen auf der Basis fachlicher Kompetenz.

Filme wie „Der geteilte Himmel" (1964), Konrad Wolfs Adaption des Romans von Christa Wolf, oder „Die Abenteuer des Werner Holt" (1965, Regie: Joachim Kunert) nach dem Roman von Dieter Noll waren Ausdruck der Veränderungen und der Aufbruchsstimmung, die in jenen Jahren im Studio dominierte.

Der breiten Öffentlichkeit blieb diese Entwicklung verborgen. Sie drückte sich zunächst in den Stoffen und der Vorbereitung von Filmen aus. Die Beteiligten spürten die Aufbruchsstimmung dagegen sehr stark.

Die Hüter der sozialistischen Ordnung stalinistischer Prägung spürten die Bewegung und die damit verbundene „Gefahr" ebenfalls. Sie
registrierten auch, daß sich in Stoffen und Filmen, die diese Stimmung
zum Ausdruck brachten, nachdrücklich eine neue Generation zu Wort
meldete - die ersten Absolventen-Jahrgänge der Babelsberger Filmhochschule. Acht von zehn Filmen, die in den Jahren 1965 oder 1966
ins Kino kommen sollten und in Folge des 11. Plenums verboten wurden, die der DEFA einen wesentlichen produktiven Impuls gegeben
hätten, waren Arbeiten von Absolventen oder Professoren der Fach-
richtungen Regie, Kamera oder Dramaturgie der Babelsberger Filmhochschule.

Vom 15. bis zum 18. Dezember 1965 tagte in Berlin das Zentralkomitee der SED. Diese ZK-Tagung ging als das „11. Plenum" in die Kul-
turgeschichte der DDR ein. Urspünglich sollten ökonomische Probleme erörtert werden. Das seit 1963 propagierte „Neue Ökonomische
System der Planung und Leitung der Volkswirtschaft" hatte die wirtschaftlichen Schwierigkeiten nicht beseitigen können. Fortschritte hätten mehr Demokratie vorausgesetzt. Eine solche Entwicklung war jedoch nach der Restauration der stalinistisch geprägten Parteibürokratie
in der Sowjetunion, nach Chrustschows Sturz und Breshnews Macht-
antritt, undenkbar geworden. In der DDR dominierten nach wie vor die
Dogmatiker.

Der Entwicklung in der Wirtschaft hatte die „Linie" im Bereich der
Ideologie und Kunst zu entsprechen. Sie bestand in einer stärkeren Re-
glementierung. Das Gewicht des Plenums wurde in den Bereich der
Ideologie verlagert. Es war leichter, auf den Gebieten der Kunst und
Kultur dem „Klassenfeind" und seinem Einfluß die Schuld zuzuschreiben als auf dem der Wirtschaft. Die Krise wurde aus der Ökonomie in
die Kultur verlegt. Das 11. Plenum wurde Ablenkungs- und Selbsttäu-
schungsmanöver. Zugleich war es „Warnung" an die Künstler und Intellektuellen - mit katastrophalen Folgen besonders für die DEFA.

Die Verantwortlichen im Studio und in der HV Film erkannten bereits im Vorfeld des Plenums, daß der Wind sich drehte und die Phase
der Lockerung zu Ende war. „Der Frühling braucht Zeit" (1965, Regie:
Günther Stahnke) wurde wenige Tage nach seiner Premiere am 25. November 1965 im Ost-Berliner Kino Colosseum aus den Kinos genommen. In der Produktion befindliche Filme wurden kritisch gesichtet. Die
Produktion ging jedoch bei allen Stoffen weiter. „Das Kaninchen bin

ich" (1990, Regie: Kurt Maetzig) wurde fertiggestellt, obwohl die Schwierigkeiten bei diesem Film weit über das hinausgingen, was bei der Genehmigung heikler Stoffe üblich war. Maetzigs Film war schon vor Drehbeginn in die Kritik des Zentralkomitees der SED geraten. Er beruhte auf einem Roman von Manfred Bieler, der in der DDR nicht zur Veröffentlichung freigegeben worden war. Studio-Direktor Jochen Mückenberger hatte, mit Duldung der Hauptverwaltung Film, seinen Spielraum genutzt und die Dreharbeiten genehmigt. Und Regisseur Kurt Maetzig hatte eine kinoreife Fassung vorgelegt.

Vor der Eröffnung des 11. Plenums, zu dem als Gäste vom DEFA Spielfilmstudio nur Studio-Direktor Mückenberger und Regisseur Frank Beyer eingeladen waren, wurden den Delegierten zwei Filme vorgeführt: „Denk bloß nicht ich heule" und „Das Kaninchen bin ich". Im Bericht des Politbüros an das Zentralkomitee, vorgetragen von Erich Honecker in seinem ersten großen Auftritt zu einem weitreichenden innenpolitischen Thema, wurden beide Filme, neben Kunstwerken anderer Gattungen, scharf kritisiert.[11] Die Kritik wurde während der folgenden zweieinhalb Tage von Walter Ulbricht, dem Ersten Sekretär des Zentralkomitees, und fast allen Diskussionsrednern fortgesetzt. Die Kritik war vernichtend. Sie betraf auch die Literatur, die Dramatik und das Fernsehen, besonders jedoch, über die vorgeführten Filme hinaus, das DEFA Studio für Spielfilme.

### Die Jahre von 1966 bis 1976

Ende Dezember 1965 und Anfang Januar 1966 fanden im Spielfilmstudio zwei Versammlungen der Abteilungsparteiorganisation der SED des künstlerischen Bereichs statt, der APO 1. Dabei wurde das 11. Plenum „ausgewertet" und Selbstreinigung versucht. Die Verantwortlichen des Studios und die kritisierten Künstler reagierten auf die Bezichtigungen der Funktionäre aus dem ZK und dem Kulturministerium mit Selbstkritik und Reuebeteuerungen. Die Hoffnung der Studio-Leitung, das Plenum könne ein Strohfeuer gewesen sein, erwies sich als Irrtum. Gegen eine Reihe Autoren und Regisseure wurde für das Spielfilmstudio Arbeitsverbot erlassen.[12] Nach Kulturminister Bentzien und dessen Stellvertreter Witt wurde Studio-Direktor Mückenberger seines Postens enthoben und durch den Parteifunktionär Franz Bruk ersetzt. Der Posten des Chefdramaturgen wurde wieder eingerichtet und mit Günter Schröder aus dem Apparat des ZK der SED besetzt. Die nach dem Plenum angewiesene Sichtung und Überprüfung der aktuellen Filmproduktion wurde fortgesetzt. Dem vom 11. Plenum verhängten Verbot der Filme „Denk bloß nicht, ich heule" und „Das Kaninchen bin ich" folgte das Stop für die Produktion oder die Endfertigung von „Karla" (1990, Regie: Herrmann Zschoche), „Hände hoch - oder ich schieße" (Regie: Hans-Joachim Kasprzik), „Der verlorene Engel" (1971, Regie: Ralf Kirsten) und „Fräulein Schmetterling" (Regie: Kurt Barthel, Buch: Christa Wolf).

Im Sommer und Frühherbst 1966 trafen die Folgen des 11. Plenums weitere Filme. Nach langwierigen Auseinandersetzungen und noch durchgesetzter Premiere wurde im Juli „Spur der Steine" verboten. Im September wurden „Berlin um die Ecke" (1990, Regie: Gerhard Klein, Buch: Wolfgang Kohlhaase), „Jahrgang 45" (1990, Regie: Jürgen Böttcher, Buch: Klaus Poche) und „Wenn du groß bist, lieber Adam" (1990, Regie: Egon Günther) auf Anweisung des ZK der SED „zurückgezogen", bevor sie staatlich zugelassen beziehungsweise fertiggestellt worden waren. Im September 1966 mußten Regisseur Frank Beyer und der ehemalige Chefdramaturg Klaus Wischnewski das Studio verlassen.

Das 11. Plenum tat auch seine Wirkung bei Autoren und Regisseuren, die weiter im Studio arbeiten konnten, obwohl sie kritisiert worden waren. Öffentliche Selbstkritik hatte ihnen meist die Weiterbeschäftigung ermöglicht, ihr Bleiberecht mußten sie mit ihren nächsten Filmen über Jahre immer wieder neu verdienen.

Die Mitte der sechziger Jahre jüngste, seit der DEFA-Gründung vierte Generation von Regisseuren, die 1965 ihr Debüt noch vor sich hatte, wurde vom 11. Plenum ebenfalls nicht verschont. Die erst wenige Monate vor dem Plenum ins Studio gekommenen Absolventen der Deutschen Hochschule für Filmkunst spürten die Folgen unmittelbar. Egon Schlegel, Dieter Roth und Rainer Simon arbeiteten im Herbst 1965 bereits an ihren Debüt-Filmen. Nach dem Plenum wurden die Projekte von der Leitung des Studios „über Nacht" und ohne Begründung abgesetzt.

Nach dem Plenum war die Situation im DEFA Spielfilmstudio für mehrere Jahre trost- und hoffnungslos. Die Ansätze, die einen Qualitätsgewinn signalisiert hatten, waren dahin. Die meisten Filme sahen aus, wie von den Kulturpolitikern gewünscht: entpolitisiert, apologetisch, auf Rehabilitierung gegenüber der Parteiführung bedacht.

Besonders betroffen waren Gegenwartsstoffe. Groß angelegte Gesellschaftspanoramen hatten keine Chance, sie wurden gar nicht mehr erwogen und bis zum Ende der DEFA nicht mehr produziert. Über Jahre dominierten, mit wenigen Ausnahmen, „kleine" Stoffe. Stärker in den Mittelpunkt rückte das Bemühen um seichte, unverbindliche Unterhaltung. Der Öffentlichkeit blieben die Misere und ihre Hintergründe verborgen. Die Medien berichteten nicht darüber. Die Tragweite des Plenums wurde nur von Kennern des Metiers oder Intellektuellen reflektiert. Das Publikum „entdeckte" statt dessen das Genre, mit dem die DEFA versuchte, aus der Not eine Tugend zu machen: den sogenannten Indianerfilm.[13] Auch musikalische Lustspiele hatten Erfolg. Nach dem Auftakt mit „Heißer Sommer" (1967, Regie: Jo Hasler), dessen Geist und Ästhetik an erfolgreiche UFA-Rezepte erinnerte, folgten eine Reihe ärgerlicher Aufgüsse dieses Musters.

Filme, die auf ein breites Publikum zielten und künstlerisch überzeugten, blieben bis Anfang der siebziger Jahre rar. Den ersten und über Jahre einzigen ästhetischen und ideellen Höhepunkt setzte Konrad Wolf 1968 mit „Ich war neunzehn", seiner autobiografischen Geschichte des neunzehnjährigen Leutnants der Roten Armee Gregor Hecker auf dem Weg von der Oder ins Innere seiner feindlichen Heimat Deutschland, einem in Ton und Perspektive so neuen wie eindrucksvollen Film über ein scheinbar erschöpftes Thema.

Ein Aufschwung in der Spielfilm-Produktion der DEFA setzte erst ein, als Ulbricht erkrankte und von Honecker entmachtet und abgelöst wurde. „Die 16. Tagung entsprach der Bitte Walter Ulbrichts, ihn aus Altersgründen von seiner Funktion als Erster Sekretär des ZK der SED zu entbinden ... Entsprechend einem Vorschlag des Politbüros, den Walter Ulbricht dem Plenum unterbreitete, wählte die 16. Tagung Erich Honecker zum Ersten Sekretär des Zentralkomitees der SED."[14] Der VIII. Parteitag der SED, der vom 15. bis 19. Juni 1971 in Berlin stattfand, beschloß die „weitere Gestaltung der entwickelten sozialistischen Gesellschaft in der DDR" und die „Einheit von Wirtschafts- und Sozialpolitik". Honecker verkündete im Bericht des Zentralkomitees: „Wir kennen nur ein Ziel, das die gesamte Politik unserer Partei durchdringt: alles zu tun für das Wohl des Volkes, für die Interessen der Arbeiterklasse und aller Werktätigen. Das ist der Sinn des Sozialismus. Dafür kämpfen und arbeiten wir."[15]

Mit dem VIII. Parteitag begann eine Phase der scheinbaren Liberalisierung. Sie war nicht von Dauer, trug aber dazu bei, Filme möglich zu machen, die den Ruf der DEFA in der Öffentlichkeit aufbesserten, die Publikum ins Kino lockten und den an Lockerung und Veränderung Interessierten Anlaß zu neuen Hoffnungen gaben .

Märchenadaptionen wie „Sechse kommen durch die Welt" (1972, Regie: Rainer Simon) wurden genutzt, das Handwerk zu erproben und die Gegenwart ironisch zu kommentieren. Die Zulassung des 1966 verbotenen Films über Ernst Barlach, „Der verlorene Engel" (1971, Regie: Ralf Kirsten) war für diejenigen, die auf ideologische Öffnung und gesellschaftliche Wirkung der DEFA-Filme hofften, ein ermutigendes Signal. Ebenso die Fertigstellung des nach dem Tode von Gerhard Klein 1970 abgebrochenen Kriminalfilms über das Berlin der Nachkriegszeit, „Leichensache Zernick" (1972), in der Regie von Helmut Nitzschke. Eine neue Farbe im DEFA-Spektrum war „Wolz - Leben und Verklärung eines deutschen Anarchisten" (1974, Regie: Günter Reisch), der ein lange totgeschwiegenes Kapitel der deutschen Arbeiterbewegung auf die Leinwand brachte. Die Gegenwart kam in „kleinen", genau erzählten und das soziale Umfeld dokumentarisch fassenden Geschichten ins Kino. „Weite Straßen - stille Liebe" (1969, Regie: Herrmann Zschoche), „Männer ohne Bart" (1971, Regie: Rainer Simon), „Es ist eine alte Geschichte" (1972, Regie: Lothar Warneke), „Leben mit Uwe" (1974, Regie: Lothar Warneke), „Ikarus" (1975, Regie: Heiner Carow) oder „Bankett für Achilles" (1975, Regie: Roland Gräf) waren Ausdruck dieser Tendenz. Sie wurden vom interessierten Publikum dankbar angenommen, ohne daß außerhalb des Studios bekannt wurde, wie heftig die Filme mitunter - etwa „Ikarus" - der internen Kritik ausgesetzt waren beziehungsweise mit welchem Einsatz - wie bei „Bankett für Achilles" - darum gerungen werden mußte, sie ins Kino zu bringen.

Ähnliche Probleme hatten Geschichten in größeren gesellschaftlichen Dimensionen, die auf Komik oder hintergründigen Humor, mitunter auch auf Ironie setzten - so der einem Verbot nur knapp entgangene und in die Filmkunsttheater „verbannte" Film von Siegfried Kühn „Das zweite Leben des Friedrich Wilhelm Georg Platow" (1973), so „Die Schlüssel" (1974, Regie: Egon Günther), „Der nackte Mann auf dem Sportplatz" (1974, Regie: Konrad Wolf) oder der erst nach heftigen Anfeindungen zur Premiere gebrachte und danach aus den Kinos genommene Film des Regisseurs Ralf Kirsten „Eine Pyramide für mich" (1975). Die größte Publikumswirkung in dieser Phase erreichten „Der Dritte" (1972, Regie: Egon Günther) und vor allem ein Film, der den Nerv seiner Zeit wie kein anderer traf: „Die Legende von Paul und Paula" (1973) in der Regie von Heiner Carow nach einem Buch von Ulrich Plenzdorf.

Filmkünstlerische Höhepunkte dieser Jahre setzten allerdings historische Stoffe. „Goya" (1971, Regie: Konrad Wolf) bildete den Auftakt. Walter Janka[16] hatte die von Konrad Wolf lange und hartnäckig verfolgte Verfilmung von Lion Feuchtwangers gleichnamigem Roman über den „argen Weg der Erkenntnis", einer in der DDR aktuellen Parabel auf den Kampf zwischen Geist und Macht und die Situation mancher Künstler besonders nach dem 11. Plenum, möglich gemacht. „Jakob der Lügner" (1975, Regie: Frank Beyer) und „Till Eulenspiegel" (1975, Regie: Rainer Simon) waren die nächsten Höhepunkte.

Seit Bestehen der DEFA und bis zu ihrem Ende wies die Mehrzahl der im Studio produzierten Filme mäßiges oder schwaches Niveau auf. Ein Grund lag darin, daß gelungene und herausragende Arbeiten und positive Tendenzen, die durch die genannten Filme ausgedrückt wurden oder die sie hätten einleiten können, meist von Ereignissen behindert und „gestoppt" wurden. Diese Ereignisse wirkten oft - wie das 11. Plenum - von außen in die DEFA hinein, noch öfter wurden sie allerdings von DEFA-Filmen ausgelöst.

Acht Monate nach dem Kino-Start von „Ich war neunzehn" wurde „Abschied" (Regie: Egon Günther) kurz nach der Premiere im Oktober 1968 trotz der Prädikatisierung „besonders wertvoll" aus den Kinos genommen. Auch die Witwe Bechers konnte nicht verhindern, daß der Film als „Verfälschung des Romans" diffamiert wurde. „Die Russen kommen" (1968/1987, Regie: Heiner Carow), die Geschichte eines fünfzehnjährigen Deutschen, der am Tod eines russischen Jungen mitschuldig wird, hätte als ein interesssantes Gegenstück zu „Ich war neunzehn" produktive Diskussionen auslösen können. Er wurde nicht abgenommen, sondern verboten. Das Material wurde vernichtet. Und nur weil die Schnittmeisterin Evelyn Carow die Arbeitskopie heimlich aufbewahrte, konnte der Film 1987 wiederhergestellt und doch noch ins Kino gebracht werden.

1969 scheiterte Plenzdorfs Versuch, „Die neuen Leiden des jungen W." zu verfilmen. Die Leitung des Spielfilmstudios gab das Szenarium nicht zum Drehen frei. Danach sorgte Konrad Wolf dafür, daß der Text ans Theater gelangte. Plenzdorf schrieb eine Bühnenfassung, so daß das Stück 1972 in Halle/S. uraufgeführt werden konnte. Den Erfolg auf der Bühne verstärkte eine Prosafassung, die ebenfalls in der DDR erscheinen durfte. Sie trug dazu bei, daß die „Neuen Leiden des jungen W." 1973 bei der DEFA doch noch verfilmt werden sollten und Plenzdorf und Carow das Drehbuch schrieben. Kurz vor Drehbeginn wurde das Projekt von DEFA-Direktor Wilkening jedoch ohne Begründung abgebrochen.

Zu dieser Zeit war der von Honecker kurz nach seiner Machtübernahme verkündete Satz, daß es keine Tabus mehr gäbe, bereits Geschichte. Die Lockerung, die er signalisierte, war nur von kurzer Dauer gewesen. Der Nebensatz, der ihm gefolgt war, war von den meisten übersehen, von der SED-Führung aber nie außer Kraft gesetzt worden: wenn man vom sozialistischen Standpunkt ausgeht.

Begonnene Entwicklungen wirkten mitunter nach, wenn sie eigentlich schon abgebrochen waren. Das Klima im Lande war bereits 1973 wieder kälter geworden, der Spielraum für die Künstler enger. „Die neuen Leiden des jungen W." wurden zwar 1975 doch verfilmt - nun jedoch in der BRD. Damit begann, was sich später wiederholte: die Verfilmung von DEFA-Stoffen beim „Klassenfeind".

1976 war im Auf und Ab der DEFA ein neuer Tiefpunkt erreicht. Lediglich zwei Filme des Spielfilmstudios, die in diesem Jahr in die Kinos kamen, fielen durch Thema und Anspruch im Mittelmaß auf. Sie waren konventionell gestaltet und spielten in der Vergangenheit: „Die Leiden des jungen Werther" (Regie: Egon Günther) und „Beethoven - Tage aus einem Leben" (Regie: Horst Seemann).

Ende 1976 eskalierte die Krise. Zum permanenten Rückgang des Zuschauerinteresses an den DEFA-Filmen kam die „Biermann-Affäre". Wolf Biermann, der nach Jahren des Totgeschwiegen-werdens in der DDR erstmals in die BRD ausreisen durfte, gab am 13. November 1976 in Köln ein Konzert. Das Fernsehen der ARD übertrug das Konzert, und am 17. November meldete das NEUE DEUTSCHLAND: „Biermann das Recht auf weiteren Aufenthalt in der DDR entzogen. Staatsbürgerschaft der DDR aberkannt". Zu den Künstlern und Intellektuellen, die in der DDR gegen die Ausweisung protestierten, gehörten auch Schauspieler und Regisseure, die bei der DEFA unter Vertrag waren. Der im Spielfilmstudio bereits seit Monaten intern diskutierte Führungswechsel wurde damit überfällig. Im Januar 1977 bekam das Studio einen neuen Direktor. Hauptdirektor Wilkening, geübt im Taktieren, aber von Dogmatikern wie von kritischen Künstlern, aus entgegengesetzten Motiven, als Zauderer wenig geschätzt, wurde abgelöst von Hans Dieter Mäde.

## Die Jahre von 1977 bis 1989

Hans Dieter Mäde, Kandidat des ZK der SED und bis dahin Intendant des Staatstheaters Dresden, kam mit „besten Vorsätzen" ins DEFA Spielfilmstudio. Seine Ziele waren jedoch nicht die Ziele der führenden Künstler. Sie klangen allenfalls ähnlich, solange sie nicht an seinen Taten - an der Zulassung oder Nichtzulassung von Filmen oder Filmstoffen oder an deren Förderung - gemessen werden konnten.

Die Erwartungen an ihn waren unterschiedlich. Schlechter, so die verbreitete Meinung, könne es nicht werden. In der verdeckten Befragung, die der Staatssicherheitsdienst unter künstlerischen Mitarbeitern vornahm, äußerten sich die meisten Befragten wohlwollend und positiv.

Die Skeptiker sahen sich bald und zunehmend bestätigt. Mäde genehmigte zwar einige Projekte, die lange verhindert worden waren, und regte an, „Glück im Hinterhaus" (1979, Regie: Hermann Zschoche) zu verfilmen. Die Adaption von Günther de Bruyns Roman „Buridans Esel" hatte bereits Anfang der siebziger Jahre zu einem Szenarium von Ulrich Plenzdorf geführt. Die Leitung der DEFA hatte die Verfilmung abgelehnt und eine beim Mitteldeutschen Verlag beantragte Option auf den Stoff ablaufen lassen. 1975 war ein Versuch einer westdeutschen Produktionsgesellschaft, die Fernsehrechte zu erwerben, von der Leitung der HV Film und der DEFA vereitelt worden. Nun bot Mäde Plenzdorf an, sein Szenarium für eine Verfilmung durch die DEFA zu überarbeiten. Plenzdorf: „Der Stoff lag schon zu lange, der Dampf war raus, und wir waren beide gebrannte Kinder[17]. Heute würde ich es nicht mehr machen. Es ist ein solider Film geworden, aber er trägt deutliche Zeichen einer gewissen Resignation. Allerdings bot er die Chance, überhaupt wieder in den Film einzusteigen. Davor lag ja eine gewaltige Pause."[18]

Mäde trug nach Kräften dazu bei, daß Plenzdorf die Filmpause anschließend fortsetzen mußte. Er setzte die Direktiven des Politbüros konsequent um. Er lehnte den zweiten Teil von „Paul und Paula", den Plenzdorf und Carow vorschlugen, kategorisch ab. Er reduzierte die Rechte der Dramaturgie und unterband „problematische" Projekte. Die Arbeits- und Verantwortungsteilung, die mit dem Amtsantritt des neuen Chefdramaturgen Rudolf Jürschik am 1. Mai 1977 eingeführt worden war, baute er mehr und mehr ab. Ab Anfang der achtziger Jahre traf er wichtige Entscheidungen oft allein und verweigerte wiederholt Stoffen, zu denen Jürschik die Bücher abgenommen hatte, die Freigabe zur Produktion.

Anderen Autoren und Regisseuren ging es ähnlich wie Plenzdorf. Rücker und Carow mußten lange kämpfen, um „Bis daß der Tod euch scheidet" (1979, Regie: Heiner Carow), den herausragenden Gegenwartsfilm des Jahres 1979, drehen zu können. Autoren wie Jurek Becker, Klaus Poche oder Karl-Heinz Jakobs wurden wie unerwünschte Personen behandelt, sie bekamen keine Aufträge mehr. Und Regisseuren wie Beyer, Simon, Carow, Kühn, Gräf oder Weiß wurden vielversprechende Projekte abgelehnt.

Trotzdem erregte das DEFA Spielfilmstudio Ende der siebziger, Anfang der achtziger Jahre und vereinzelt noch im Verlauf der achtziger Jahre mit herausragenden Filmen Aufsehen. Neben der Hartnäckigkeit der Künstler trug dazu der zunächst noch vorhandene Vorsatz des Generaldirektors bei, die DEFA positiv ins Gespräch zu bringen. Dieser schon bei Mädes Amtsantritt ambivalente Vorsatz versteinerte bald zu dem Dogma, nur zuzulassen, was - nach seiner oder der „führenden Genossen" Meinung - im Einklang stand mit der Politik der SED.

Die Folge waren ab Beginn der achtziger Jahre abermals Stagnation und zunehmend Agonie. Außergewöhnliche und publikumswirksame Filme wie „Das Versteck" (1978, Regie: Frank Beyer), „Bis daß der Tod euch scheidet" (1979, Regie: Heiner Carow), „Max und siebeneinhalb Jungen" (1980, Regie: Egon Schlegel), „Die Verlobte" (1980, Regie: Günther Rücker, Günter Reisch) oder „Solo Sunny" (1980, Regie: Konrad Wolf) ließen die interessierte Öffentlichkeit zwar zunächst das Gegenteil hoffen. Und das Verbot von „Jadup und Boel" (1981/1988, Regie: Rainer Simon) war nur für die Eingeweihten ein Alarmsignal. Filme wie „Bürgschaft für ein Jahr" (1981, Regie: Herrmann Zschoche), „Märkische Forschungen" (1982, Regie: Roland Gräf), „Dein unbekannter Bruder" (1982, Regie: Ulrich Weiß) und „Das Fahrrad" (1982, Regie: Evelyn Schmidt) täuschten über das Ende des kurzen Aufschwungs noch hinweg. Allerdings nur kurze Zeit und nur, wenn man sich mit einem Blick auf die Oberfläche begnügte. Denn entwickelt worden waren die Filme zwei, drei Jahre, bevor sie ins Kino kamen. Und zustande gekommen waren sie fast ausnahmslos unter erheblichen Schwierigkeiten.

Filmkünstlerische Höhepunkte waren im weiteren Verlauf der achtziger Jahre historischen Stoffen vorbehalten. „Der Aufenthalt" (1983,

Regie: Frank Beyer), „Die Schüsse der Arche Noah" (1983, Regie: Egon Schlegel), „Das Luftschiff" (1983, Regie: Rainer Simon), „Fariaho" (1983, Regie: Roland Gräf) oder „Die Frau und der Fremde" (1985, Regie: Rainer Simon) stellten unter Beweis, daß die „Macher" ihr Handwerk nach wie vor beherrschten. Sie offenbarten aber auch, daß die Politik der Studio-Leitung - unliebsame, „politisch unzuverlässige" Regisseure in die Beschäftigung mit der Vergangenheit zu drängen - erfolgreich war.

Der kritisch-ambitionierte Gegenwartsfilm auf hohem Niveau war auf Jahre chancenlos. Der Umgang mit „Insel der Schwäne" (1983, Regie: Herrmann Zschoche), der nach der staatlichen Abnahme der Zensur unterzogen wurde[19], ist dafür ein Beleg. Und ein Sonderfall wie „Blonder Tango" (1986, Regie: Lothar Warneke) mit seiner Geschichte eines Chilenen im DDR-Exil ist nur die erstaunliche Ausnahme. Gegenwartsfilme, die nicht pseudo-kritisch auf Randerscheinungen zielten, sondern wichtige Probleme in größere Zusammenhänge stellten, wurden erst wieder möglich, als die Ereignisse schneller waren als der Weg der Filme durch die Ateliers ins Kino: in den Monaten vor und nach der „Wende".

# Funktion des Staatssicherheitsdienstes im VEB DEFA Studio für Spielfilme

## Ziele und Aufgaben des Staatssicherheitsdienstes

Der Staatssicherheitsdienst der DDR wurde 1950 gegründet. Das „Gesetz über die Bildung des Ministeriums für Staatssicherheit" vom 8. Februar 1950 enthielt keine konkreten Angaben über Struktur, Aufgaben oder Befugnisse des Ministeriums und seiner Organe. Erst eine Richtlinie von 1958 stellte klar: „Das Ministerium ist beauftragt, alle Versuche, den Sieg des Sozialismus aufzuhalten oder zu verhindern - mit welchen Mitteln und Methoden es auch sei -, vorbeugend und im Keim zu ersticken."[20]

Der Staatssicherheitsdienst gliederte sich seit der Auflösung der Länder und der Strukturierung des Territoriums der DDR im Jahr 1952 in fünfzehn Bezirke in die Zentrale in Berlin, das eigentliche Ministerium, sowie in die relativ selbständigen Bezirksverwaltungen (BV) und Kreisdienststellen (KD). Das Ministerium für Staatssicherheit umfaßte als Struktureinheiten Hauptabteilungen (HA), Abteilungen und Zentrale Arbeitsgruppen.

Dieser Struktur entsprach der Aufbau der fünfzehn Bezirksverwaltungen, die die zweite Ebene des Staatssicherheitsdienstes ausmachten. Deren Abteilungen deckten in den Bezirken die Aufgaben der entsprechenden Hauptabteilungen des Ministeriums ab und arbeiteten oft direkt mit diesen zusammen. Die dritte Ebene bildeten die zweihundertelf Kreisdienststellen. Außerdem gab es sieben Objektdienststellen, beispielweise für die großen Chemie-Kombinate im Bezirk Halle und für das Atomkraftwerk Greifswald sowie bis 1982 für die den Bezirksverwaltungen gleichgestellte Verwaltung Wismut.

Der Staatssicherheitsdienst war politisch determiniert. Neben „üblichen" Pflichten eines Geheimdienstes wie Spionage, Spionage- und Terrorabwehr erfüllte er im Landesinneren im Geheimen Funktionen, die in einer Demokratie und auch im öffentlichen Verständnis der DDR Polizei, Staatsanwaltschaft und Nachrichtendienst zu erledigen hatten. Außerdem nahm er so unterschiedliche Aufgaben wahr wie die Sicherung der Grenze vor allem zur BRD und die Überwachung ausländischer Besucher in der DDR, die Einfuhr von Hochtechnologie durch den Bereich Kommerzielle Koordinierung und die Überwachung der Bevölkerung der DDR.

Wirklich verpflichtet und ergeben war der Staatssicherheitsdienst nur dem Politbüro und dem ZK der SED. Im Sinne der Gleichsetzung dieser Machtzentren mit der Partei war er „Schild und Schwert der Partei". In dieser Funktion wurde er im Verlauf der Jahre zunehmend zu einem relativ eigenständigen, die Gesellschaft kontrollierenden Konstrukt.

Die im Laufe des Bestehens der DDR nicht ab-, sondern zunehmende Furcht der SED-Führung, die Macht einzubüßen, führte dazu, daß der Apparat der Staatssicherheit an Umfang und Bedeutung gewann. Einschneidende Ereignisse - etwa der 17. Juni 1953, aber auch der Aufstand in Ungarn 1956 oder das 11. Plenum im Dezember 1965 - trugen dazu wahrscheinlich indirekt bei. Das Ende des Kalten Krieges sowie die internationale Anerkennung der DDR und die Entspannungspolitik hielten diese Entwicklung nicht auf, sie beförderten das Anwachsen des nach innen gerichteten Apparates der Staatssicherheit. An die Stelle des „äußeren Feindes" trat mehr und mehr der „innere Feind".

Der Staatssicherheitsdienst handelte zunehmend „präventiv". Er trachtete, Feinde aufzuspüren, bevor diese sich als solche zu erkennen gegeben hatten. Das schloß ein, daß jeder, auch der beste Genosse, ein Feind sein oder werden konnte. Das bedeutete auch, daß es zweckmäßiger war, einen Feind zu erfinden oder zu machen als keinen zu haben. Logisch war nach diesem Verständnis ebenfalls, daß davon diejenigen ausgenommen waren, die allein berechtigt waren, den Willen der Partei zu formulieren, die ihn verkörperten.

Die Mittel der Repression, die der Staatssicherheitsdienst anwandte, entsprachen seinem Selbstverständnis. Sie reichten von Behinderungen der „bearbeiteten" Personen im Beruf über Observation und Schikane bis zur „Zersetzung", Verhaftung und Verurteilung. Die bevorzugt benutzten Formen waren die „Operative Personenkontrolle" (OPK), der „Operative Vorgang" (OV) und das „strafrechtliche Ermittlungsverfahren" (EV).

## Hauptamtliche Mitarbeiter

Der Staatssicherheitsdienst bestand aus hauptamtlichen militärischen Mitarbeitern, hauptamtlichen Inoffiziellen Mitarbeitern und Zivilbeschäftigten. Nicht zum Apparat der Staatssicherheit, aber zu dessen Funktionsweise gehörten die Inoffiziellen Mitarbeiter (IM). Die hauptamtlichen militärischen Mitarbeiter wurden unterschieden nach den Kategorien Berufssoldaten, Offiziere im besonderen Einsatz (OibE), U-Mitarbeiter, Soldaten auf Zeit (SaZ) beziehungsweise Unteroffiziere auf Zeit (UaZ).

Die Berufssoldaten bildeten den überwiegenden Teil der hauptamtlichen Mitarbeiter, sie erfüllten die sogenannten operativen Aufgaben, zu denen unter anderem die Anleitung und Kontrolle der Inoffiziellen Mitarbeiter (IM) gehörten. Ihre reguläre Mindestdienstzeit betrug seit 1972 fünfundzwanzig Jahre.

Die Offiziere im besonderen Einsatz (OibE) wurden außerhalb des Staatssicherheits-Apparates, vor allem in „sicherheitspolitisch bedeutsamen Positionen im Staatsapparat, der Volkswirtschaft oder in anderen Bereichen des gesellschaftlichen Lebens" in der DDR oder im Ausland eingesetzt. Sie arbeiten verdeckt, hatten eine „legendierte" Biografie und wurden von ihrer offiziellen Arbeitsstelle und vom Staatssicherheitsdienst bezahlt. Eingesetzt als OibE wurden erfahrene Berufsoffiziere oder Inoffizielle Mitarbeiter nach einer Bewährungszeit als IM.

Die U-Mitarbeiter waren Berufsoffiziere des Staatssicherheitsdienstes, deren Konspiration besonders streng reglementiert war. Sie wurden eingesetzt zur Beobachtung von Personen, vor allem bei der Abwehr von Spionageaktionen, und zur Observierung von in Verdacht geratenen Angehörigen der Staatssicherheit.

Die Soldaten auf Zeit (SaZ) und Unteroffizere auf Zeit (UaZ) waren Wehrpflichtige, die sich freiwillig zu einer Dienstzeit von drei Jahren verpflichtet hatten und im Wachregiment Berlin, das ab 1967 „Feliks Dzierzynski" hieß, oder in den Wach- und Sicherungseinheiten (WSE) der Bezirksverwaltungen Dienst versahen. Im politisch-operativen Dienst durften sie nicht eingesetzt werden.

Zivilbeschäftigte waren bei der Staatssicherheit als Handwerker oder Hilfskräfte beschäftigt.

Die Zahl der hauptamtlichen Mitarbeiter stieg von 2.700 im Gründungsjahr 1950 über 12.823 im Jahr 1954, 20.527 im Jahr 1962 und

40.328 im Jahr 1969 auf 72.227 im Jahr 1979. Im Jahr 1989 lag sie schließlich bei 91.015. In der BV Potsdam wuchs die Zahl der hauptamtlichen Mitarbeiter von 645 im Jahr 1954 auf 3.926 im Jahr 1989.

## Inoffizielle Mitarbeiter

Entscheidende Bedeutung im Repressionssystem des Staatssicherheitsdienstes hatten die „Inoffiziellen Mitarbeiter" (IM). Sie waren die „Hauptwaffe im Kampf gegen den Feind". Ihre Aufgaben definierte die Richtlinie 1/79. Danach lagen diese Aufgaben in der Bekämpfung „aller subversiven Angriffe des Feindes", im „Schutz der sozialistischen Gesellschaft vor erheblichen Störungen, Schäden und Verlusten, zum rechtzeitigen Verhindern jeglicher feindlich-negativer Handlungen", in der „Gewährleistung einer wirksamen vorbeugenden, schadensverhütenden Arbeit" sowie im Erkennen und Bekämpfen von „Mißständen, Schlamperei, Unordnung, Planmanipulationen, Fehlinformationen, Gefahren, personellen Unsicherheitsfaktoren, sich anbahnenden feindlich-negativen Handlungen".[21] Das erforderte „flächendeckende" Überwachung und differenzierte Aufgaben für die Inoffiziellen Mitarbeiter.

Danach definierte der Staatssicherheitsdienst IM verschiedener Kategorien:

**IMS** – IM zur politisch-operativen Durchdringung des Verantwortungsbereichs: die Masse der Inoffiziellen Mitarbeiter,
**IME** – IM für einen besonderen Einsatz: IM in verantwortlichen Positionen (in „Schlüsselpositionen") oder mit wichtigen beruflichen Spezialkenntnissen,
**FIM** – IM zur Führung anderer IM,
**IMB** – IM der Abwehr mit Feindverbindung bzw. zur unmittelbaren Bearbeitung der im Verdacht der Feindtätigkeit stehenden Personen,
**IMK** – IM zur Sicherung der Konspiration und des Verbindungswesens: IM die ihre Wohnung, Anschrift und/oder Telefonnummer der Staatssicherheit für konspirative Treffen zur Verfügung stellten,
**GMS** – Gesellschaftliche Mitarbeiter Sicherheit: dem Staat treu verbundene Personen, die konspirativ mit der Staatssicherheit zusammenarbeiteten, ohne wie die IM verpflichtet worden zu sein,
**HIM** – Hauptamtliche Inoffizielle Mitarbeiter: Angehörige des Staatssicherheitsdienstes, die vom Staatssicherheitsdienst und von den Betrieben, in denen sie angestellt waren, entlohnt wurden.

Die Zahl der Inoffiziellen Mitarbeiter läßt sich nach gegenwärtigen Erkenntnissen nicht sicher bestimmen. Nachgewiesen sind für die Zeit des Zusammenbruchs des MfS rund 109.000 IM. DDR-Innenminister Diestel nannte im September 1990 eine Gesamtzahl von 500.000. Nach Aussagen ehemaliger Offiziere der Staatssicherheit soll die Gesamtzahl der IM sogar bei ein bis zwei Millionen liegen. Bisher fehlt der Nachweis für diese Angaben. Unklar ist unter anderem, welche Kategorien der Mitarbeit mit diesen Zahlen erfaßt werden sollen und auf welchen Zeitraum sie sich beziehen. Durch MfS-Statistiken belegte Zahlen liegen gegenwärtig für die Jahre von 1985 bis 1988 vor:[22]

| | IM gesamt, ohne IMK | IMS in % | IMB in % | IME in % | FIM in % | IMK |
|---|---|---|---|---|---|---|
| **1985** | 112.115 | 84,5 | 3,3 | 7,5 | 4,7 | 30.301 |
| **1986** | 112.150 | 84,6 | 3,5 | 7,4 | 4,5 | 31.152 |
| **1987** | 110.846 | 85,2 | 3,6 | 6,9 | 4,3 | 31.588 |
| **1988** | 109.281 | 85,6 | 3,6 | 6,6 | 4,2 | 32.282 |

Etwas mehr als die Hälfte der IM, so eine Statistik des MfS für das Jahr 1988, wurde von den Kreis- und Objektdienststellen des Staatssicherheitsdienstes geführt, 28 Prozent von den Abteilungen und selbständigen Referaten der Bezirksverwaltungen, 21 Prozent von den Hauptabteilungen und selbständigen Referaten des Berliner Ministeriums.

Die Führung der IM oblag den Operativen Mitarbeitern. Deren Zahl lag 1988 bei etwa 12.000. In den Kreis- und Objektdienstellen war 1986 ein Führungsoffizier im Durchschnitt für 11,6 IM zuständig; in den Bezirksverwaltungen kamen auf einen Führungsoffizier 7,9 IM, im Ministerium 4,6. In der Bezirksverwaltung Potsdam und den Kreisdienststellen des Bezirkes Potsdam lag das Verhältnis von Führungsoffizieren zu IM bei 1 : 10,7.

Die Fluktuationsrate der IM betrug pro Jahr ungefähr zehn Prozent. In der Zeit von 1985 bis 1988 registrierte die Staatssicherheit in den IM-Kategorien insgesamt 42.739 Zugänge und 44.316 Abgänge. In dieser Zahl erfaßt sind auch IM, die einer anderen Kategorie zugeordnet wurden. Die Mehrzahl der ausgewiesenen Abgänge wurde nicht mehr „operativ genutzt".

Die Gründe für das Ausscheiden waren unterschiedlich. Sie reichten von mangelnder Eignung und „operativen Gründen" über „Unehrlichkeit/Unzuverlässigkeit" oder Dekonspiration der IM bis zum Verlassen der DDR oder „feindlich-negativer" Entwicklung und der damit verbundenen „Bearbeitung" durch die Staatssicherheit.

Im statistischen Mittel kam in der DDR im Jahr 1986 ein IM - einschießlich IMK und GMS - auf 120 Einwohner. Die höchste Dichte an IM erreichte der Bezirk Cottbus mit einem Verhältnis von 1:80, am anderen Ende der Skala stand der Bezirk Halle mit 1:159. Der Bezirk Potsdam kam auf 1:117, Berlin lag bei 1:148.

Die IM wurden in allen den Staatssicherheitsdienst interessierenden Bereichen eingesetzt. Durch sie kontrollierte die Staatssicherheit praktisch das öffentliche Leben in der DDR - und damit in tausenden Einzelfällen auch privates Leben. Sie lieferten Berichte zu speziellen Problemen oder zur Stimmung im Arbeitsbereich, über Kollegen, Nachbarn, Freunde. Sie führten Aufträge aus und entwickelten Aktivitäten zur Einflußnahme auf Situationen und Personen. Sie waren Instrumente der Überwachung und der „Prävention" wie der gezielten Repression.

## Hauptamtliche Mitarbeiter im VEB DEFA Studio für Spielfilme

Ob und in welchem Maße ein Betrieb vom Staatssicherheitsdienst kontrolliert wurde, war abhängig von seiner Bedeutung. Werner Wirth[23], ein langjähriger Operativer Mitarbeiter der Bezirksverwaltung Potsdam der Staatssicherheit: „Wichtige Betriebe und Institutionen bildeten ‚Sicherheitsschwerpunkte'. Innerhalb dieser Sicherheitsschwerpunkte wurden wieder Sicherheitsschwerpunkte ausgesucht. Und dort wurde verstärkt das ganze unterwandert, mit inoffiziellen Kräften und mit offiziellen, mit IMs und mit staatlichen Leitern."[24]

Der VEB DEFA Studio für Spielfilme war ein Schwerpunkt der Überwachung. Zuständig für seine Kontrolle waren die Hauptabteilung XX/7 des Ministeriums und in der Bezirksverwaltung Potsdam das Referat 7 der Abteilung XX. Struktur und Stellenplan der Abteilung XX veränderten sich im Laufe ihres Bestehens. Im Jahr 1989 weist der Stellenplan für das Referat 7 insgesamt acht hauptamtliche militärische Mitarbeiter aus: neben dem Leiter und seinem Stellvertreter sechs Operative Mitarbeiter.

Im DEFA Spielfilmstudio waren hauptamtliche Mitarbeiter mit unterschiedlichem Status eingesetzt. Sie operierten zum Teil verdeckt, zum Teil offen. Konspirativ tätig waren hauptamtliche IM (HIM) und neben- beziehungsweise hauptamtliche Führungs-IM (FIM bzw. HFIM). Für die siebziger und achtziger Jahre läßt sich bisher die Tätigkeit folgender HIM, FIM und HFIM nachweisen:

HFIM „Friedrich", HFIM „Ruth Blume", HFIM „Menzel", HFIM „Schiller", HFIM „Max Albert", HFIM „Klepzig", HFIM „Norden", HFIM „Franke", HFIM „Kolbe", FIM „Journalist", FIM „Seiler".

Der Status dieser Inoffiziellen Mitarbeiter wechselte im Laufe der Jahre. Die HFIM „Friedrich" und „Schiller" beispielsweise wurden in der BV Potsdam vorübergehend auch als IMS und HIME (Hauptamtliche IME) registriert. Sie gehörten zu dem im DEFA Spielfilmstudio spätestens in der zweiten Hälfte der achtziger Jahre existierenden „HFIM-Netz". Als HFIM kontrollierten und lenkten sie ihrerseits ein Netz von IM. Dabei wechselte ihre Zuständigkeit für die Führung der Inoffiziellen Mitarbeiter. HFIM „Schiller" zum Beispiel übernahm im Oktober 1978 vom FIM „Journalist" unter anderem die IM „Armin Franke", „Dorit", „Franke", „Heinze", „Jan", „Lehmann II", „Margarete", „Mosler", „Norden", „Richter" und „Zöpke".

Die Treffen zwischen HFIM/FIM und IM fanden im Abstand von zwei bis vier Wochen statt. Die Zusammenarbeit entsprach der zwischen Führungsoffizieren und IM. Die IM berichteten mündlich oder schriftlich. Die HFIM/FIM fertigten für die Operativen Mitarbeiter der Abteilung XX/7, von denen sie geführt wurden, schriftliche Berichte an. Sie erarbeiteten Lageeinschätzungen und Einsatz- und Qualifizierungskonzeptionen für die von ihnen geführten IM. An dieser Verfahrensweise änderten sich im Laufe der Jahre nur einzelne Begriffe. Aus „Qualifizierungskonzeptionen" etwa wurden „Entwicklungskonzeptionen", Aufwand und Akribie der Arbeit blieben unverändert hoch.

Zu den Aufgaben der HFIM/FIM gehörten auch Einschätzungen der von ihnen geführten IM. Diese Einschätzungen wurden regelmäßig angefertigt. Auszüge aus den Unterlagen der HFIM „Schiller" und FIM „Journalist" über ihre IM: „… die Bedenken, er könne Dienstgeheimnisse preisgeben, sind überwunden …," „… lehnt es noch ab, schriftliche Berichte zu Personen anzufertigen …", „… ist eine zuverlässige Genossin …", „… sein freundschaftliches Verhältnis mit ‚Frank' wirkt sich negativ aus …", „… ist ein zuverlässiger Genosse, er verhält sich konspirativ, auch gegenüber seiner Ehefrau ...", „... empfindet die IM-Arbeit als Last, ... jammert, ... bewältigt die Anforderungen nicht ...", „... ist in seiner IM-Arbeit unzuverlässig ...", „... die Arbeit mit ihm ist uneffektiv, er zeigt nur Interesse für sein Hobby ...", „... IM-Arbeit nicht effektiv, ... ist nicht gesund und alt ...", „... ist ein zuverlässiger IM, ... braucht ein Erfolgserlebnis ...", „... legt großen Wert auf Geheimhaltung ...", „... hat ein Netz von eigenen Quellen, um das Organ gut zu informieren, ... Vertrauen ist ausgeprägt, er legt auch seine Eheprobleme offen dar ...", „... einige besondere Aufträge hat sie  mit großem Einsatz erfüllt ...". Auch auf den Umgang mit den IM wurde in den Einschätzungen hingewiesen: „... mit sportlich-lässiger Kleidung ihr anpassen ...", „... äußerlich ihm anpassen (Anzug und Krawatte) ...".

Schwerpunkte der HFIM und ihrer Netze waren die sogenannten Sicherungsbereiche. Neben „sensiblen" Abteilungen wie der Abteilung Waffen- und Pyrotechnik gehörten dazu die Kampfgruppe, die Organisation und Übungen der Zivilverteidigung, die Abteilung Betriebssicherheit, die Kaderabteilung, die sogenannte Umdruckstelle. Auch „gesellschaftliche Höhepunkte" wie der 1. Mai, der 7. Oktober oder die Parteitage der SED fielen in das Aufgabengebiet, das bevorzugt den HFIM und den von ihnen geführten Inoffiziellen Mitarbeitern übertragen wurde.

Das Interesse der Staatssicherheit an Material war besonders in diesen Bereichen unersättlich. Kopiert und in den Unterlagen der BV Potsdam archiviert wurden Arbeitspläne, Arbeitsordnungen, von der Kaderabteilung monatlich bis quartalsweise angelegte Listen von sämtlichen neu - auch befristet - eingestellten Mitarbeitern, Aufstellungen von Mitarbeitern, die GENEX-Autos[25] fuhren und vieles mehr. Die Unterlagen wurden teils offiziell durch staatliche Leiter übergeben, teils inoffiziell durch IM beschafft, mitunter durch handgefertigte Abschriften.

Ab und zu ereigneten sich Vorfälle, die genutzt werden konnten, das sogenannte Sicherheitsinteresse im nichtkünstlerischen Bereich zu begründen beziehungsweise zu rechtfertigen. In den siebziger Jahren zählte dazu die Explosion des sogenannten Taubenhauses, des Gebäudes auf dem Studiogelände, in dem die Pyrotechnik untergebracht war. Wirth: „Dort war Material, das im Keller lagerte, naß geworden und hatte sich selbst entzündet. Ein Unfall. Das ganze Haus ging hoch, Gottseidank früh um vier Uhr, so daß es keine Toten gab."

Die zentrale Stellung im Überwachungssystem des Staatssicherheitsdienstes hatten auch im DEFA Spielfilmstudio die Operativen Mitarbeiter. Von ihrem Einfallsreichtum, ihrer „tschekistischen Wachsamkeit" und ihrem Pflichtbewußtsein hing die Effizienz des Kontroll- und Repressionssystem maßgeblich ab. Ihre Aufgabe bestand in der Kontrolle, Anleitung und Führung der HFIM und IM, der Gesellschaftlichen Mitarbeiter Sicherheit (GMS), der Kontaktpersonen (KP) und einiger nicht in diesen Kategorien erfaßter Leiter des Studios und der gesellschaftlichen Organisationen.

Die für das Spielfilmstudio offiziell zuständigen Operativen Mitarbeiter der BV Potsdam verfügten im Studio über ein nicht als Staatssicherheits-Quartier gekennzeichnetes, aber als solches im Studio bekanntes Büro. Dort fanden die Gespräche statt, die offiziell geführt wurden oder für die ein offiziell nutzbarer Vorwand herhalten konnte, also Gespräche zwischen dem Operativen Mitarbeiter und Personen, bei denen der Kontakt zur Staatssicherheit auf Grund ihrer Dienststellung im Studio gedeckt war. Der Charakter der Gespräche konnte dann immer noch unterschiedlich sein. Denn unter diesen Personen waren solche, deren Kontakte lediglich offizieller Natur waren, aber auch solche, deren berufliche Stellung im Studio den Deckmantel des Besuchs abgab, die als Inoffizielle Mitarbeiter kamen und berichteten.

Die weitaus meisten Treffs zwischen Führungsoffizieren und Inoffiziellen Mitarbeitern beziehungsweise zwischen HFIM/FIM und IM fanden jedoch in Konspirativen Wohnungen (KW) statt, mitunter auch in den Wohnungen der IM. Kontaktwohnungen für den Bereich des DEFA Spielfilmstudios waren unter anderem die KW „Atelier", „Wald", „Schiller", „Café", „Kurtze", „Max", „Idyll", „Forsthaus", „Schiller" und „Menzel".

Die für die Betreuung der Inoffiziellen Mitarbeiter im Studio zuständigen Führungsoffiziere wechselten in einem Turnus, der durch das Beförderungssystem des MfS sowie durch ein Rotationsprinzip bestimmt war. Nach bisherigem Kenntnisstand war der VEB DEFA Studio für Spielfilme Einsatzbereich für folgende hauptamtliche Operative Mitarbeiter oder deren Vorgesetzte der Bezirksverwaltung Potsdam des MfS:
Verch (1955 - 1962), Zywicki (1957 - 1961), Unrath (1962 - 1983), Gensecke (1962 - 1969), Wojna (1963 - 1964), Hilker (1964 - 1967), Böhm (1964), Leibholz (1964 - 1981), Puls (1966 - 1981), Kolbe

(1967 - 1969), Pathe (1968 - 1979), Link (1969 - 1976), Gericke (1972 - 1989), Haike (1978 - 1983), Hagedorn (1979 - 1983), Dörr (1978 - 1989), Kleine (1981 - 1989), Kuske (1983 - 1989), Gottschalk (1983 - 1989), Flügel (1984 - 1989), Schindler (1986 - 1989), Blume (1986 - 1989), Groß (1988 - 1989), Genrich (1985 - 1989), Hertzel (1983 - 1989), Materna (1987 - 1989).

Einer der im DEFA Spielfilmstudio eingesetzten Hauptamtlichen Mitarbeiter des Staatssicherheitsdienstes war Werner Wirth. Wirth wurde als Lehrling für den dreijährigen Wehrdienst beim Wachregiment „Feliks Dzierzynski" geworben und kam 1957 nach Berlin in die „Kaderschmiede" des MfS. Nach seiner Entlassung aus dem Truppendienst, 1960, wurde er von der Staatssicherheit nicht übernommen. Der Onkel seiner Frau war ein sogenannter Grenzgänger: Er wohnte in Henningsdorf und arbeitete, als Maurerpolier, in Westberlin.

Nach dem Bau der Mauer am 13. August 1961 trat die Staatssicherheit an Wirth heran. Wirth: „Die kaderpolitische Situation hatte sich von selbst bereinigt. Sie sagten mir: ,Du kannst, wenn du willst'. Ich wollte. Aber da ich kaderpolitisch trotzdem noch ein wenig unzuverlässig war - der Onkel lebte ja hier in der DDR -, dauerte es noch fast ein Jahr bis zur Einstellung. Als mir das Warten zuviel wurde, habe ich bei der Kreisdienststelle angerufen und ihnen gesagt: ,Entweder ihr entscheidet euch, oder ich gehe zur HO.' Dort hätte ich ein Studium an einer Fachschule beginnen können. Danach ging es sehr schnell. Innerhalb von vierzehn Tagen wurde ich Mitarbeiter der Kreisdienststelle Pritzwalk."[26]

Wirth wurde 1962 als Feldwebel eingestellt und zu einem vierteljährlichen Einführungslehrgang nach Potsdam geschickt. Danach wurde er Operativer Mitarbeiter der Kreisdienststelle Pritzwalk. Damit kontrollierte er die Schulen und die wenigen Industriebetriebe im Kreis. Wirth: „Wir waren zuständig für die operative Sicherung - für das, was heute der Verfassungsschutz macht. Ich habe mich mit den Betriebsleitern und mit den Funktionären abgesprochen. Ich habe ihnen mitgeteilt, was ich haben wollte, zum Beispiel Angaben über das Personal, und habe recherchiert, zum Beispiel: Wer war ein ehemaliger Nazi? Man hat dann besser Bescheid gewußt über den Betrieb als jeder Kaderleiter, vor allem über Dinge, die nicht offiziell bekannt waren."

Ausgenommen von Wirths Zuständigkeitsbereich waren die Kirchen damals bereits ein Schwerpunkt für den Staatssicherheitsdienst.

1968 wurde Wirth nach Potsdam in das Referat 1 der Abteilung XX der Bezirksverwaltung versetzt, das spätere Referat 7. Wirth: „Als ich in Potsdam anfing, begann die Organisation der Überwachung in der DEFA erst richtig. Ausgelöst wurde diese Entwicklung durch das sogenannte 11. Plenum. Die Mitarbeiter wurden 1965/66 von den Ereignissen überrollt, die umfassenden Kontrollmechanismen setzten erst später ein. Nach dem 11. Plenum wurden die Sicherheitsbedürfnisse anders gewertet, es wurde ein neues Sicherheitsbedürfnis ermittelt. Das mußte erfüllt werden. Das Referat wurde von einem Mann auf sieben Mann erweitert. Dadurch kam ich nach Potsdam. Zuvor war ein Mann zuständig für das Dokumentarfilmstudio, für das Spielfilmstudio und für die Akademie für Staat und Recht. Danach war jeder Mitarbeiter zuständig für einen Bereich. Zehn Jahre nach dem 11. Plenum war das alles besser organisiert. Da bestand unsere Aufgabe darin, im Vorfeld zu klären, welcher Film könnte ins Auge gehen und welcher nicht. Da wurden wir aktiv, bevor viel Geld ausgegeben wurde, um ökonomischen und vor allem ideologischen Schaden zu verhindern."

Wirth war ab September 1968 zuständig für das DEFA Spielfilmstudio. Wirth: „Betriebe und Institutionen, die bezirklichen oder überbezirklichen Charakter hatten, wurden kontrolliert von der Fachabteilung XX. Ich war zuständig für DEFA Spielfilm, für den produktionstechnischen und bis 1970 auch für den künstlerischen Bereich. Ein anderer Mitarbeiter war verantwortlich für DEFA Dokfilm, ein anderer für die Märkische Volksstimme, einer für den Kulturbund Potsdam. Kleinere Einrichtungen, wie das Kulturhaus Hans Marchwitza, fielen in den Bereich der KD, der Kreisdienststelle."

Die Operativen Mitarbeiter blieben nicht auf Dauer in einem Bereich. Sie wechselten zwischen den Bereichen des Referates und, seltener, zwischen den Referaten einer Abteilung oder zwischen Abteilungen. Wirth: „Die DEFA hatte einen kurzzeitigen Wechsel zur Folge. Wenn man dort jemanden unangenehm angegangen war - man mußte ja IM werben -, gab es schnell eine Beschwerde, und dann war man weg von dort. Ich habe es sieben Jahre ausgehalten."

Schwerpunkt im Schwerpunktbereich DEFA Spielfilmstudio war der künstlerische Bereich. Wirth: „Der künstlerische Bereich war der dominante Bereich; die Schauspieler weniger, mehr die Regisseure, die hatten ja den größten Einfluß auf die Filme. Vor allem aber die Dramaturgie, damit stand und fiel die DEFA. Hier galt es vor allem, bestimmte Szenarien schon im Vorfeld zu prüfen. In den Jahren, in denen ich für die DEFA zuständig war und der OiBE „Siegfried Klett" im Studio eingesetzt war, hat er den künstlerischen Bereich übernommen. Er hatte mehr Möglichkeiten, weil er der Assistent von Prof. Wilkening war."

Wirth absolvierte in der Zeit, in der er für das DEFA-Spielfilmstudio als Operativer Mitarbeiter zuständig war, an der Hochschule des MfS in Potsdam-Eiche ein Fernstudium. 1975 schloß er das Studium als Fachschul-Jurist mit „Auszeichnung" ab. Wirth: „Es war eine Spezialausbildung für das MfS. Für die Arbeit als Operativer Mitarbeiter war das Studium wichtig. Es hat das Selbstbewußtsein gestärkt. Damit hat es schon genützt. Und es hat den Gesichtskreis erweitert. Man hatte Psychologie und lernte, wie man wen einschätzt. Wir haben mit Fallbeispielen gearbeitet, mit Präzedenzfällen. Zum Beispiel: Wie baue ich eine Legende auf, die glaubwürdig und nach außen hin abgesichert ist."

An der Stasi-Hochschule stand auch Filmanalyse auf dem Programm. Als Lehrfilm eingesetzt wurde „Das Kaninchen bin ich", Regie: Kurt Maetzig, 1965 in Folge des 11. Plenums verboten. Wirth: „Sinn dieses Films war die künstlerische Darstellung der damaligen Strafrechtsreform. Und der ist ins Negative umgeschlagen. Der Film wurde der Strafrechtsreform nicht gerecht. Deshalb wurde er verboten. Ich habe das Drehbuch gelesen. Ich habe nichts gelesen, was nicht in Ordnung war. Als ich den Film gesehen habe, habe ich den Widerspruch zwischen Dialog und Bild erkannt. Der Dialog war positiv, das Bild negativ - das war die Kunst."

Mit dem Abschluß der Fachschul-Ausbildung an der MfS-Hochschule wurde Wirth zum Hauptmann und Hauptsachbearbeiter befördert. Im Juli 1977 wurde er Stellvertretender Referatsleiter. Damit verbunden war die Versetzung ins Referat 5.

Wirth: „Die Beförderung nach Dienstgraden war klar geregelt. Nach einer bestimmten Zahl von Jahren rückte man, wenn man nicht enormen Mist gebaut hatte, einen Dienstgrad hoch. Das ging bis zum Rang eines Hauptmanns. Von da an regelte sich Beförderung nur nach der Dienststellung. Und ab Major mußte man Referatsleiter sein, um höher zu klettern. Für einen normalen Hauptsachbearbeiter, wie ich es war, war Hauptmann der höchste Dienstgrad."

Als Sachbearbeiter und Hauptsachbearbeiter hatte Wirth während der Jahre, die er für das Spielfilmstudio zuständig war, immer unmittelbaren Kontakt zum Gegenstand des Interesses der Staatssicherheit. Wirth: „Das MfS hatte für die DEFA ja keinen Kontrollrat eingesetzt. Man mußte sich als Außenstehender der Experten aus dem Studio bedienen. Ich habe das generell so gehalten: Wenn eine Sache heikel schien, hatte ich Leute, denen ich sagte: ‚Sieh dir mal das Drehbuch an oder die Konzeption.' Wenn eine Sache heiß war, hab' ich eine Information an den Chef gerichtet. Der hat die Information in der AKG aufarbeiten lassen. Dann ging sie an die ZAIG nach Berlin, dann zur Partei. Dort war sie auf der richtigen Schiene.

Die Verfahrensweise bei der Klärung dieser Sachen war unterschiedlich. Oft sind die kritischen Fälle erst zur Partei gekommen. Wenn sie bei Hager waren, hat sich Hager dahinter geklemmt und sie auf die richtige Schiene gebracht. Oder wir haben sie im Vorfeld an den Studiodirektor herangebracht - oder an die HV Film oder an das Kulturministerium, je nach Brisanz - und ihm geraten, auf die Sache zu achten oder sie gar nicht anzufangen. Wir konnten keine Filme oder Drehbücher verbieten, wir konnten nur Vorschläge machen. Um Drehbücher einschätzen zu lassen, hat man sich im wesentlichen Experten gehalten, IMs. Die haben die Bücher gelesen und auf Probleme hingewiesen. Wünsche oder Forderungen hat das MfS nicht direkt gestellt. Sie wurden an das entsprechende Ministerium gerichtet und gingen von dort in die DEFA. Es gab schon ein Kontrollorgan im Kulturministerium, in der HV Film. Das war auf der Hut. Da brauchte die Stasi nicht mehr viel zu machen. Wir brauchten nur Anstöße zu geben, dann lief das von allein. Es gab Fälle, wo das Kontrollorgan nicht richtig funktioniert hat, aber die waren selten.

Es gab keine Möglichkeit, als Einzelner zu sagen: ‚Der Film muß verboten werden.' Aber der Einzelne war ein wichtiger Ansatz. Wenn er eine solche Meinung zum Ausdruck brachte, dann lief die Maschine los. Dann kam es letztlich von der Seite, von wo es kommen sollte, dafür gab es die entsprechenden Mechanismen. Es gab aber auch umgekehrte Fälle, wo Filme nicht gemacht wurden und wir sagten: ‚Das kann nicht wahr sein.'"

Ein anderer jahrelang für das DEFA-Spielfilmstudio zuständiger Hauptamtlicher Mitarbeiter des Staatssicherheitsdienstes war Klaus-Peter Gericke. Gericke, Jahrgang 1942, war vom 1. Februar 1970 bis

zur Auflösung des Ministeriums Angehöriger des Staatssicherheitsdienstes.

Der Vorschlag, Gericke als Berufsoffizier aufzunehmen, stammt
vom 6. Oktober 1969. Zu dieser Zeit arbeitete Gericke als persönlicher Referent des Hauptdirektors Albert Wilkening im DEFA Spielfilmstudio. Für den Staatssicherheitsdienst aktiv war er bereits seit
1968 als IM „Siegfried Klett". Nach seiner Übernahme in das MfS als
Leutnant blieb er bis 1972 in der Funktion des Referenten. Sein Einsatz im Studio erfolgte damit weiter konspirativ - nun als Offizier im
besonderen Einsatz (OibE). Neben seinem Gehalt für seine Tätigkeit
im Studio erhielt er ein Entgelt vom MfS in Höhe von 500 DM pro
Monat.

In der Begründung zur Einstellung Gerickes als Hauptamlicher Mit-
arbeiter heißt es:
*Der Kandidat wurde bereits 1968 als Kader für unserer Organ aufgeklärt.*
*Auf Grund kaderpolitischer Erwägungen wurde vorerst von der direkten*
*Einstellung Abstand genommen, um ihn in der inoffiziellen Arbeit gründ-*
*lich zu erproben.*
*Der Kandidat wurde aus diesem Grunde für die inoffizielle Zusammenarbeit*
*geworben und als IME im Bereich des DEFA Spielfilmstudios eingesetzt.*
*Er übernahm im Studio die Schlüsselposition des persönlichen Referen-*
*ten des Hauptdirektors. Obwohl er auf dem Gebiet der Filmproduktion*
*und Kultur im weitesten Sinne weder praktische noch theoretische Vor-*
*aussetzungen mitbrachte, hat sich der Kandidat sehr schnell und umfas-*
*send einen gründlichen Überblick über die Probleme verschafft und sich*
*dabei von den operativen Interessen unserer Diensteinheit leiten lassen.*
*Er hat sich darüber hinaus durch das Studium entsprechender Literatur*
*Grundkenntnisse über dramaturgische und künstlerische Probleme der*
*Filmproduktion angeeignet. Damit schuf er sich Voraussetzungen, um im*
*Bereich leitender Mitarbeiter der DEFA als Partner anerkannt zu werden*
*und den Hauptdirektor bei entsprechenden Fragen beraten zu können.*
*Durch sein taktisch klug ausgewogenes Auftreten hat sich der Kandidat*
*außerdem notwendige Kontakte zur Erfüllung operativer Aufträge ver-*
*schafft und sich einen festen Stand erworben.*
*...*
*Das Durchsetzungsvermögen des Kandidaten bei der Lösung der vom*
*MfS gestellten Aufgaben ist besonders hervorzuheben. Aber nicht nur die*
*vom Organ gestellten Aufgaben wurden durch ihn ideenreich und kon-*

*sequent gelöst, sondern auch in der Parteiarbeit entwickelte der Kandidat bedeutende Initiative. So trug man sich bereits in der Parteileitung nach 6-monatiger Tätigkeit des Kandidaten im DEFA Spielfilmstudio mit dem Gedanken, ihn als hauptamtlichen Parteisekretär im Studio einzusetzen.*

*...*

*In diesem Zusammenhang ist besonders zu erwähnen, daß es ihm gelungen ist, im Bereich der Fernsehfilmproduktion die Bildung einer Parteigruppe durchzusetzen, so daß er damit aus einem bisher auch operativ nicht erfaßten Bereich Informationen erarbeiten und Einfluß auf die bisher vernachlässigte politische Arbeit nehmen kann.* [27]

Im Juni 1972 wurde Gericke vom Staatssicherheitsdienst aus der Tätigkeit als Referent abberufen. Das Arbeitsverhältnis mit dem Studio wurde „im gegenseitigen Einvernehmen" gelöst. „Grund: Übernahme einer gesellschaftlich notwendigen Tätigkeit".

Sein Arbeitsfeld mußte Gericke deshalb nicht aufgeben. OibE „Siegfried Klett" legte seinen Decknamen ab, wechselte jedoch nur das Büro: Kurz nach Beendigung seiner Arbeit als Referent kehrte er ins Studio zurück. Er bezog, unter seinem Klarnamen Klaus-Peter Gericke, ein im Spielfilmstudio vielen DEFA-Kollegen sattsam bekanntes Zimmer in der Chefetage: als offizieller Mitarbeiter der BV Potsdam der Staatssicherheit, zuständig für das DEFA Spielfilmstudio. Der ehemalige Hauptmann Wirth: „Als „Siegfried Klett" offizieller Mitarbeiter im Studio wurde, haben einige geschluckt. Es ließ sich nicht mehr vermeiden. Seine Konspiration ging in die Brüche. Außerdem war sein Betätigungsfeld zu eng geworden. Er war zu qualifiziert, um nur diesen Bereich zu machen. Wir mußten ihn rausziehen, weil er Assistent des Filmministers werden sollte. Wenn wir das nicht getan hätten, hätten sie ihn wahrscheinlich irgendwann zum Kulturminister gemacht. Und das war nicht unsere Absicht. Es wäre nicht gegangen. Er wäre als Kulturminister auf der einen Seite dem Politbüro mit Hager und damit Honecker unterstellt gewesen - und auf der anderen Seite dem anderen Erich."

Gerickes Karriere verlief geradlinig. Am 11. November 1974 wurde er „als Nachwuchskader für die Dienststellung stellvertretender Referatsleiter" benannt, am 26. Februar 1976 folgte die Aufnahme in die „Kaderreserve, Dienststellung stellvertretender Referatsleiter, Kategorie I". Zu diesem Zeitpunkt hatte er bereits begonnen, „seine Kenntnisse auf dem Gebiet der Spezialdisziplin und der Rechtsdisziplin an der Juristischen Hochschule, Eiche durch ein Fernstudium" zu erweitern; außerdem war er „Lehrbeauftragter in der Fachschulausbildung".

Im April 1986 wurde Gericke zur „Auszeichnung mit dem Kampforden für Verdienste um Volk und Vaterland" vorgeschlagen; am 29. September wurde die Auszeichnung befürwortet, am 8. Februar durch Befehl Nr. K 102/87 bestätigt. Im Mai 1987 wurde Gericke, als Major und Stellvertretender Leiter der Abteilung XX der Bezirksverwaltung Potsdam, „in die Kaderreserve mit dem Entwicklungsziel - Leiter einer Abteilung -" aufgenommen. Am 22. September 1988 wurde er zur Beförderung zum Oberstleutnant vorgeschlagen, im gleichen Jahr wurde er aus Anlaß des 39. Jahrestages der Bildung des MfS befördert.[28]

## Inoffizielle Mitarbeiter (IM) im VEB DEFA Studio für Spielfilme

Grundlage der Zusammenarbeit mit der Staatssicherheit war bei den meisten Inoffiziellen Mitarbeitern die politische Überzeugung. Karrierismus, im Beruf nicht ausgelebter Geltungsdrang oder Spielarten von Opportunismus kamen als von der Staatssicherheit wirkungsvoll genutzte Motive hinzu und überlagerten sich häufig mit der Grundhaltung. Daß IM zur Zusammenarbeit genötigt oder erpreßt wurden, war die Ausnahme.

### Werbung und Einsatz

Die Zusammenarbeit mit der Staatssicherheit zu verweigern oder sich ihr zu entziehen, war möglich und wurde nicht selten praktiziert. Nachteile aus der Verweigerung oder Aufkündigung der Zusammenarbeit entstanden den Verweigerern nur in seltenen Fällen. Allerdings dürfte die Furcht vor derartigen Nachteilen, neben dem Mangel an Mut, Nein zu sagen, ein häufiger Grund für die Zusammenarbeit gewesen sein. Wirth: „Die Zusammenarbeit lief ja auf freiwilliger Basis. Wer das nicht wollte, hat das abgelehnt. Dann wurde der Vorlauf eingestellt, mit der Begründung: lehnt Zusammenarbeit ab. Dann war das erledigt. Nachteile aus der Ablehnung gab es mitunter. Ich hab das nie praktiziert."

Ohne Inoffizielle Mitarbeiter hätte das Überwachungs- und Repressionssystem der Staatssicherheit auch im DEFA Spielfilmstudio nicht funktioniert. Sie bildeten im Spielfilmstudio ein gut organisiertes

„flächendeckendes" Spitzel-Netz. Rekrutiert wurden sie entsprechend des „Sicherheitsbedarfs" und der „Sicherheitsschwerpunkte". Wirth: „Die Werbung von IMs wurde nicht nach Berufsgruppen vorgenommen. Wenn IMs geworben wurden, dann mit einer bestimmten Absicht. Es ging darum, Feinde der DDR zu bearbeiten. Also Vorgänge, OPKs. Dazu mußte man zielgerichtet Leute suchen, die zu den Leuten, die unter Verdacht standen, etwas sagen können. Das war der Grund, weshalb man einen bestimmten Personenkreis ausgewählt und den scheinbar geeignetsten Kandidaten ausgesucht hat. Den hat man dann aufgeklärt und versucht anzuwerben oder zumindest abzuschöpfen. Es gab Leute, wo schon bei den ersten Kontaktgesprächen klar wurde, daraus wird keine Werbung. Dann hat man die Person, um sie nicht zu verschrecken, nur ab und zu getroffen, zu einem kleinen Schwätzchen, die Fragen wurden nebenbei mit eingebettet. Die Person durfte bei oder nach dem Kontaktgespräch nicht merken, was man wollte - das war das Prinzip.

Wenn man einen IM hatte, der geworben war - der wurde richtig beauftragt. Man hat einen bestimmten Informationsbedarf erarbeitet. Und den hat man mit dem IM dann abgearbeitet. Zu einer bestimmten Person oder zu einem Sachverhalt."

Die soziale Zugehörigkeit der Kandidaten war für den Erfolg oder Mißerfolg der Werbung kein entscheidendes Kriterium. Auch nicht die Mitgliedschaft in einer Partei. Wirth: „Man konnte beim Aschefahrer genauso auf Ablehnung stoßen wie beim Professor oder Schriftsteller oder selbst bei einem Genossen. Wobei Genossen ohnehin nicht geworben werden sollten. Von einem Genossen hat man auf Grund seiner Mitgliedschaft in der Partei erwartet, daß er Auskunft gibt. Das hat aber nicht funktioniert. Sechzig Prozent der SED-Mitglieder waren nur in der Partei, weil sie sich einen Vorteil versprachen, waren Karrieremacher und Angeber. Einen Genossen durfte man nur werben, wenn er eine ganz spezifische, operativ wertvolle Aufgabe erfüllen konnte. Sonst hat man ihn gar nicht durchgekriegt als Kandidaten."

Der Grundsatz, SED-Mitglieder nicht als IM anzuwerben, war im DEFA Spielfilmstudio graue Theorie. Entscheidend für die Staatssicherheit waren, neben der persönliche Eignung der Kandidaten, deren Informations-, Kontroll- und Führungswert. Und in dieser Beziehung erwiesen sich Genossen im DEFA Spielfilmstudio als besonders geeignet. Die wichtigen Posten im Studio waren fast ausnahmslos mit SED-Mitgliedern besetzt. Folglich war es kein Zufall, daß ab Mitte der siebziger Jahre Genossen mit Leitungsfunktionen überproportional unter den IM vertreten waren.

Verzichtet auf eine Werbung zum IM wurde lediglich auf der Ebene „Generaldirektor". Bis 1976 geschah das notgedrungen. Hauptdirektor Wilkening galt dem Staatssicherheitsdienst als unsicherer Kantonist und wurde ensprechend „bearbeitet". Sein Nachfolger, Generaldirektor Mäde, verhielt sich auch ohne Anwerbung nicht weniger kooperativ als ein gut funktionierender Inoffizieller Mitarbeiter.

Für die Werbung der IM galten feste Regeln. Wirth: „Wenn ein IM-Kandidat bestätigt worden war, wurde er verpflichtet. Im Normalfall geschah das mit einer handschriftlichen Verpflichtung des IM. In Ausnahmefällen gab es die Verpflichtung auf Handschlag. Diese Fälle waren sehr selten, und dafür gab es bestimmte Kriterien.

Jede IM-Werbung mußte man beim Werbungsvorschlag richtig begründen. Dafür gab es fünf Kriterien:

1. Notwendigkeit der Werbung.
2. Tauglichkeit des Kandidaten.
3. Motive des Kandidaten für seine eventuelle Zusammenarbeit mit dem MfS.
4. Möglichkeiten zur Zusammenarbeit. Zum Beispiel: Steht er zu Hause so unterm Pantoffel, daß er nicht wegkommt? Bei besonders wichtigen Leuten wurde auch die Frau geworben.
5. Zuverlässigkeit des Kandidaten. Dazu gehörte eine ganze Skala von Anforderungen, zum Beispiel eine loyale Haltung zur DDR und eine bestimmte Haltung zur Arbeit. Es war auch möglich, einen Asozialen zu werben. Wert gelegt wurde darauf, daß der Führungsoffizier auf die Zuverlässigkeit Einfluß nimmt. Es wurde erstmal keiner ausgespart, auch kein Krimineller. Ein Kriterium für Zuverlässigkeit war auch, daß der Kandidat Angst hat, daß die Zusammenarbeit bekannt wird.

Die Anträge durchzukriegen, war fast eine wissenschaftliche Arbeit. Mitunter wurden Anträge von der Leitung auch abgelehnt. Man mußte anhand der Aufklärungsergebnisse nachweisen können, was man behauptet. Es gab bestimmte Anforderungsbilder. Entsprechend der Dienstanweisung mußtest du davon ausgehen, was du mit dem IM erreichen willst und ein Anforderungsbild erarbeiten. Dann mußtest du den IM dafür vorschlagen. Aber wenn du einen guten Kandidaten hattest, dann hast du auch mal ein entsprechendes Bild nach dem erforderlichen Kandidaten gemacht. Wir standen ja immer unter Leistungsdruck, wir hatten unseren Plan. Die Werbung wurde nach Plan gemacht. Jeder Operative Mitarbeiter mußte einen Jahresplan erarbeiten, anhand der analytischen Werte, die man sich erarbeitet hat: Schwerpunkte, Operativ-Vorgänge, Werbung, Zielsetzung - solche Kriterien bestimmten den Plan. Der Plan wurde mitunter im Laufe der Zeit korrigiert - wenn andere Schwerpunkte sich herausbildeten oder wenn eine andere Situation eintrat oder weil der IM, den man vorgesehen hatte zur Bearbeitung des Mannes, den man im Vorgang bearbeitet hat, nicht funktionierte und man sich einen anderen Kandidaten suchen mußte. Den Plan zu achtzig Prozent zu erfüllen, war schon sehr gut.

Nach dem Plan war das Minimum, vier IMs pro Jahr zu werben. Da hat man drauflos geworben, weil man seinen Plan erfüllen mußte. Man hat die unterschiedlichsten Leute geworben. Bei manchem wußte man, den sieht man im Jahr vielleicht einmal. Man hat sich natürlich auch welche rangezogen, von denen man wußte, man kann mit ihnen etwas machen. So viel, wie man geworben hat, hat man auch wieder abgeschrieben.

Das schwierigste war, an die Leute heranzukommen und einzuschätzen: Sind sie geeignet? Das war die tschekistische Arbeit, wie es hieß. Bevor der Kandidat angesprochen wurde, wurde er erst mal ‚aufgeklärt'. Dazu gehörte die offizielle Ermittlung über die Polizei, im Wohngebiet, im Betrieb. Und dazu gehörten Informationen über die Person durch Inoffizielle Mitarbeiter, außerdem inoffizielles Material, Postkontrolle. Das alles hat man analysiert und ermittelt, welche Ansatzpunkte man wählen könnte, um mit dem Kandidaten ins Gespräch zu kommen. Man hat die Informationen zusammengetragen und verdichtet. Dann hat man gemerkt: Hier hast du noch Schwierigkeiten, da mußt du noch ein bißchen mehr wissen. Dann ist man noch ein bißchen tiefer gegangen. So habe ich es gemacht, so war es Vorschrift nach Dienstanweisung.

Bei Leuten aus der Intelligenz mußtest du dir schon was einfallen lassen, worüber du aus der Vergangenheit mit ihnen sprechen kannst. Es war ja wichtig, daß dir der Kandidat zu der Situation etwas sagen konnte. Und wenn er zum Beispiel in einem Seminar mit einer bestimmten Person war, konnte er dir darüber etwas sagen.

Bevor du den Mann angesprochen hast, mußtest du über ihn soviel wissen, daß du mehr wußtest als er selbst über sich wußte. Dann bist du mit einer Legende zu ihm gegangen, mit einer hieb- und stichfesten Legende, die überprüfbar war durch ihn, in der Realitäten mit Wunschvorstellungen gemischt waren.

Legenden wurden sehr sorgfältig entwickelt, manchmal zum Teil als operative Kombination. Die setzte sich aus verschiedenen Legenden zusammen. Zum Beispiel: Du willst mit jemandem ins Gespräch kommen. Dann bereitest du gegen ihn etwas vor, so daß er zur Polizei bestellt wird. Er bekommt zum Beispiel eine Vorladung zur Polizei, weil er eine Strafanzeige gekriegt hat oder weil angeblich eine anonyme Anzeige erstattet wurde. Mit der Polizei wurde dann abgestimmt: Wie weit haben die zu gehen, und wann tritt der Mitarbeiter in Aktion. Man plante und organisierte eine Gesamtheit von mehreren Maßnahmen mit dem Ziel, eine bestimmte Sache mit dem Kandidaten zu machen."

### Inoffizieller Mitarbeiter (IME) „Gerhard Lorenz"

IM „Gerhard Lorenz", der Dramaturg und Autor Wolfgang Ebeling, wurde - nachdem er bereits bereits seit 1970 als „Vorlauf IM" geführt worden war - am 1. Februar 1972 geworben und registriert unter der Nr. 577/70. Bis zu dieser Zeit hatte der IM-Kandidat, zur Zufriedenheit der Staatssicherheit, bereits detaillierte Informationen geliefert.

Ein zehnseitiger Bericht nach einem „Kontaktgespräch" mit dem IMV-Kandidaten „Wolf" am 7. Dezember 1971 zu „den Problemen des Informationsbedarfes an den Minister, Gen. Generaloberst Mielke" beispielsweise enthielt die ausführliche Einschätzung der Situation im Studio sowie einzelner Filme und Personen.

In der Begründung zur Werbung des IM heißt es nach einer Aufzählung von Dramaturgen, Schriftstellern und Regisseuren, die der IM-Kandidat durch seine Tätigkeit „recht umfangreich und gut" kennt:

... Er ist auch hier jederzeit in der Lage, ... engere Verbindungen herzustellen. Der IMV-Kandidat betonte dabei, daß er neben diesen ausgeführten Verbindungen bzw. Bekannten noch weitere hat, die er jederzeit kontaktieren kann. Da der IMV-Kandidat relativ gut bekannt ist in den Kreisen der Schriftsteller, Regisseure und Dramaturgen, fällt es ihm nicht schwer, kurzfristige Verbindungen herzustellen. Der IMV-Kandidat ist von seiner Mentalität her in der Lage, schnell Kontakte zu schließen und auch schnell zu festigen.[29]

Der Bericht über die Verpflichtung des IMV „Gerhard Lorenz" nennt noch einmal dessen Vorzüge. Er enthält außerdem konkrete Aufträge an den IM.[30] In den Treffs mit den im Laufe der Jahre wechselnden Führungsoffizieren berichtete IM „Gerhard Lorenz" - entsprechend der Aufträge und eigenen jeweiligen Intentionen und Ambitionen - ausführlich und konkret. Neben „Schwerpunkten" wie Frank Beyer und Rainer Simon, über die er zwischen 1974 und 1982 jeweils mindestens acht mal informierte, warnte er vor weiteren „gefährlichen" Entwicklungen und Projekten.

„Lorenz", das belegen seine Berichte, bewies Einfallsreichtum und Initiative - zum Beispiel, wenn es galt, mit Kollegen, für die sich die Staatssicherheit interessierte, Kontakt aufzunehmen oder Arbeitsbeziehungen herzustellen. Er lieferte unter anderem Berichte und Urteile zu Wolf Biermann, Heiner Carow, Walter Janka, Egon Günther, Jo Hasler, Angel Wagenstein, Wolfgang Kohlhaase, Rolf Römer, Christa Wolf, Berhard Stephan, Rainer Simon, Siegfried Kühn, Regine Kühn, zu Konrad Wolf, Jurek Becker, Frank Beyer, Klaus Wischnewski, Lothar Warneke, Barbara Rogall, Maria Seidemann, Klaus Poche, Rudolf Jürschik, Dieter Wolf, Manfred Freitag, Joachim Nestler, Helmut Nitzschke, Erwin Strittmatter, Manfred Wolter, Erich Loest, Gotthold Gloger, Walter Harig, Hans Bentzien, zu „Regie-Debütanten" wie Karl-Heinz Heymann, Karl Heinz Lotz, Ulrich Weiß, zu DEFA-Generaldirektor Mäde und zu dem als Generaldirektor ins Gespräch gebrachten Intendanten des Rostocker Theaters, Hans Anselm Perten. Er schätzte zu den wichtigen und für wichtig gehaltenen Ereignissen die aktuell-politische Situation ein und informierte und urteilte über oder warnte vor Filmen und Projekten wie „Till Eulenspiegel", „Der geteilte Himmel", „Eine Pyramide für mich", „Franziska Linkerhand"/„Unser kurzes Leben", „Doppelhelix"/„Leben mit Uwe", „Der König und sein Narr", „Buridans Esel"/„Glück im Hinterhaus", „Die neuen Leiden des jungen W.", „Solo Sunny", „Bankett für Achilles", „Jadup und Boel", „Dein unbekannter Bruder", „Märkische Forschungen" oder „Schwarzweiß und Farbe".

„Gerhard Lorenz" war als IM aktiv bis in den Herbst 1989. Im Juni und im Juli 1989 berichtete er über die „Situation im DEFA-Studio nach Ausscheiden des Generaldirektors H. D. Mäde". Und am 19. Oktober 1989 informierte er über „Stimmungen und Meinungen zur Wahl des Genossen Krentz als Generalsekretär." Seine Berichte, die meist als Tonbandabschriften, teils handschriftlich vorliegen, füllen vier Bände.

Wie seine Akte belegt, gab es kaum etwas, was von Interesse für die Staatssicherheit war oder was „Gerhard Lorenz" von Belang schien, worüber er den Staatssicherheitsdienst nicht informiert hätte. Der Staatssicherheitsdienst war sich des Wertes dieses IM bewußt. „Aufgabenstellungen" und „Einsatz- und Entwicklungskonzeptionen" drücken das ebenso aus wie Geldprämien.

### Inoffizieller Mitarbeiter (IME) „Wassili"

Bis 1989 aktiv und nicht weniger „verdienstvoll" als „Gerhard Lorenz" war der als IM „Wassili" geführte Dr. Reinhard Wagner. Wagner wurde am 29. November 1974 von Oberleutnant Gericke als IMV geworben und war registriert als Nr. 1571/74.

„Wassilis" Berichte füllen fünf Bände. Wie bei „Lorenz" gelten sie politischen Ereignissen sowie der Situation in der APO, im Studio und in der DDR, aber noch öfter geplanten, in Arbeit befindlichen oder gedrehten Filmen und daran beteiligten Künstlern. Er berichtete über

„Stimmung und Meinungen unter den DEFA-Filmschaffenden", über Beratungen mit Funktionären der Bezirksleitung oder des Zentralkomitees der SED, über Mitgliederversammlungen der SED, über Beratungen der Regisseure mit Hager und deren Vorbereitung, über Parteiaktivtagungen, über Vorbereitung und Ergebnisse von Kongressen des Verbandes der Film- und Fernsehschaffenden.

Mit Namen wie Konrad Wolf, Frank Beyer, Heiner Carow, Rainer Simon, Egon Schlegel, Egon Günther, Ulrich Plenzdorf, Inge Heym, Siegfried Kühn, Lothar Warneke, Walter Janka, Christa Müller, Gerd Gericke, Roland Gräf oder Dieter Wolf ähnelte eine Liste von Personen, über die „Wassili" auftragsgemäß berichtete, der, die sich für „Lorenz" aufstellen ließe.

Wie „Lorenz" wurde „Wassili" dem Staatssicherheitsdienst im Laufe der Zusammenarbeit besonders wichtig und ab 1981 als IME eingestuft. Ein Studium der Filmwissenschaft an der Babelsberger Filmhochschule und in Moskau und die Tätigkeit als Sekretär der APO 1 des DEFA Spielfilmstudios waren für seine qualifizierte Spitzel- und Anleitungstätigkeit eine gute Voraussetzung. Dazu kamen Servilität, Eifer und Hemmungslosigkeit.

„Wassili" berichtete besonders intensiv über Heiner Carow und Frank Beyer, zum Beispiel über dessen offenen Brief an Mäde und Reaktionen auf den Brief. Der gleiche Eifer galt Rainer Simon. Über „Till Eulenspiegel" urteilte er nach der Rohschnittabnahme: „Wir sollten uns diesen Film nicht leisten". Nach der Studioabnahme informierte er erneut. Er verfaßte Berichte über Simons Erklärung, aus der SED auszutreten, und über das Gespräch, das er, der Sekretär der Betriebsparteiorganisation und zwei Mitglieder der Zentralen Parteileitung mit Simon geführt hatten, um ihn umzustimmen. Er informierte die Staatssicherheit über das Verhalten von Mitarbeitern des Studios zur Wahl und berichtete über Interna wie „das persönliche Parteigespräch mit Rainer Simon".

Er informierte über Filme wie „Eine Pyramide für mich" (Regie: Ralf Kirsten) und „Bankett für Achilles" (Regie: Roland Gräf), über Projekte wie „Paul und Paula II" von Ulrich Plenzdorf. Er berichtete über auftragsgemäßgemäß geführte Gespräche, unter anderem mit Konrad Wolf oder Albert Wilkening.

In einem „Treffvermerk" vom 11. Dezember 1974 notierte Oberleutnant Gericke:

54

... Wichtigster Instruktionsgegenstand war, daß es für ihn jetzt darauf ankommt, intensiveren Kontakt zu ... offensiv herzustellen. „Wassili" wird ihn
im individuellen Gespräch mit dem Ziel provozieren, das polit. Motiv für die
Produktion von Eulenspiegel zu erklären. Aufgaben: 1) Gespräch mit ... und
Bericht darüber, 2) Information über das Gespräch mit Prof. Wilkening[31]

„Wassili" führte die Aufträge weisungsgemäß aus. Am 6. Dezember
1974 traf er DEFA-Direktor Wilkening am 7. Dezember .... Am 12. Dezember 1974 fertigte Oberleutnant Gericke aus den auf Tonband ge-
sprochenen Berichten Protokolle. Aufschluß über die Bedeutung des
IM „Wassili" gibt die „Generelle Aufgabenstellung für den inoffiziellen Mitarbeiter IMV „Wassili", Arbeitsaufgabe 1975".

Die „Einsatzkonzeption 1976" bestätigt die dort formulierte Wertschätzung:
*Der IMV „Wassili" arbeitet seit 1974 als Inoffizieller Mitarbeiter des MfS.
Auf Grund seiner umfangreichen kulturtheoretischen Kenntnisse und seiner fundierten weltanschaulichen Bildung sowie seinem Vermögen, zu
wichtigen Kultur- und Kunstschaffenden Kontakt herzustellen, erarbeitete er 1974 und 1975 wertvolle Informationen zu den im ausgewählten
Schwerpunkt „Skorpion" bearbeiteten Personen und zur Situation im Bereich des Filmwesens der DDR.
Alle ihm übertragenen Aufgaben erfüllte er bisher zuverlässig und ver-
antwortungsbewußt.
Im Mittelpunkt seines Einsatzes 1976 steht die Dramaturgengruppe „Ba-
belsberg" sowie die Fachrichtung Film- und Fernsehwissenschaft an der
Hochschule für Film und Fernsehen der DDR.
Seine Stellung in der Betriebsparteiorganisation des Spielfilmstudios nutzt
„Wassili" für die Intensivierung der politischen Auseinandersetzung mit
den negativ angefallenen Kultur- und Kunstschaffenden.
Er vertieft ständig seine Kontakte zu ...., Heiner Carow, Ulrich Plenzdorf,
....., Walter Janka sowie zu den Vertretern des sogenannten künstleri-
schen Nachwuchses.
Treffolge: 14-tägig*

Aufschlußreich ist auch ein Treffen von Oberleutnant Gericke mit IMV
„Wassili" am 10. Februar 1976 von 18.00 bis 22.00 Uhr in der Konspirativen Wohnung „Café". In dem von Gericke handschriftlich verfaßten Treffvermerk heißt es unter anderem:

*Entsprechend der Aufforderung des Gen. Hager am 8. 12. 75, sich mit nega-*
*tiven Haltungen bei Kulturschaffenden polemisch auseinanderzusetzen, er-*
*hielt „Wassili" den Auftrag in seiner Eigenschaft als APO-Sekretär ein kriti-*
*sches Gespräch mit Plenzdorf zu führen.*
*P. ist der künstlerische Mitarbeiter der DEFA, der durch sein „allgemeines Auf-*
*treten" am sichtbarsten gegen das Parteistatut verstoßen hat, schon aus die-*
*sem Grund bot sich an mit ihm diese Diskussionsrunde zu beginnen.*
*„Wassili" geht davon aus, daß es ratsam gewesen wäre in dieser Art schon*
*vor 2 Jahren mit P. zu sprechen, zu damaliger Zeit jedoch wurde von der Kul-*
*turabteilung d. ZK (...) die Weisung erteilt, „jede Konfrontation" mit den*
*Künstlern zu vermeiden. ...*

„Wassilis" Einsatzbereitschaft sowie der Grad an Zusammenarbeit
drückt sich auch in dem „Treffvermerk" von Oberleutnant Gericke mit
„Wassili" am 20. Dezember 1976 von 21.30 bis 23.00 Uhr in der Kon-
spirativen Wohnung „Kurtze" aus:
*Wassili, der die APO-Versammlung am 20. 12. 76, die von 15.00 - 21.00 h*
*dauerte, leitete, dokumentierte beim daran anschließend durchgeführten*
*Treff seine wichtigsten Eindrücke.*
*Der IMV war stark erschöpft und hatte Schwierigkeiten sich zu konzentrieren.*
*Bis zum 20. 12. 12.00 h war durch die Parteileitung geplant, Plenzdorf aus der*
*Partei auszuschließen. Der Gen. ....., Stellv. Ltr. der Abt. Kultur beim ZK der*
*SED informierte noch 12.00 h den Sekretär der GO der DEFA darüber, daß die*
*Genn. Ragwitz am Vormittag noch ein Gespräch mit dem Gen. Honecker hat-*
*te, der empfahl, den Plenzdorf nicht auszuschließen, sondern zu streichen. ...*
*Insgesamt sprachen 26 Gen. zur Diskussion. Alle Diskussionsbeiträge wurden*
*stenografisch protokolliert. Unsere DE erhält am 21. 12. 17.00 h alle Beiträ-*
*ge ungekürzt. ...*
*Die Berichte der IM „Lorenz", „Reburk" und „Schiller" werden noch in die-*
*ser Woche entgegengenommen...*

Im Mai 1980 teilte „Wassili" dem Staatssicherheitsdienst mit, er wolle das Spielfilmstudio verlassen und an der Hochschule für Film und
Fernsehen der DDR, in der Fachrichtung Filmwissenschaft, tätig werden. 1981 wechselte er zur HFF. Der Staatssicherheit blieb er erhalten.
Zum 1. April 1981 wurde er, notierte der ihn bis dahin führende Oberleutnant Gericke, als IME an Leutnant Dörr übergeben. Unter dessen
Führung setzte er an der Filmhochschule bis 1989 seine IM-Tätigkeit
fort.

## Das Spektrum der im DEFA Studio für Spielfilme eingesetzten IM

„Gerhard Lorenz" und „Wassili" waren zwei Inoffizielle Mitarbeiter, die Ihrer Tätigkeit für den Staatssicherheitsdienst mit besonderem Eifer nachgingen. Andere IM spitzelten weniger lustvoll, wieder andere nur widerwillig. Umfang und Intensität der Tätigkeit der IM für den Staatssicherheitsdienst im DEFA Spielfilmstudio lassen, wie ihre Motivation, erhebliche Unterschiede erkennen.

IM „Jörg Ratgeb" beispielsweise hielt seine Mitteilungen in dem Rahmen und dem Charakter, die seine Kontakte als staatlicher Leiter vorgaben. Zurückhaltung übte weitgehend auch IM „Rose". Er informierte seinen Führungsoffizier mitunter zwar über private Details von Personen, über die er berichtete. Aber das war die Ausnahme. „Rose" war außerdem unter den von der BV Potsdam als IM registrierten Personen dadurch eine Ausnahme, daß er im Zusammenhang mit seiner Tätigkeit als staatlicher Leiter jahrelang selbst inoffiziellen Verdächtigungen und Anfeindungen ausgesetzt war. Er war seit August 1975 bis zu seiner Registrierung als IM im Dezember 1978 Objekt zielgerichteter Spitzeltätigkeit und wurde in einer OPK „bearbeitet".

Den Zwiespalt, in dem er sich befand, bemerkte die Staatssicherheit. Oberstleutnant Unrath, Leiter der Abteilung XX, am 19. Mai 1980 im Zusammenhang mit „Jadup und Boel" an „den Stellvertreter Operativ, Gen. Oberst Ribbecke":

*Beachtenswert ist in diesem Zusammenhang die Rolle des IM „Rose". Während er einerseits über die Vorgänge mit Simon gut informierte und teilweise versuchte, positiven Einfluß auf ihn auszuüben, ist andererseits nicht zu übersehen, daß seine politische Position noch nicht so stark gefestigt ist, um sich klassenmäßig auch unter Verlust von persönlichem Ansehen bei negativen oder wankelmütigen Kulturschaffenden konsequent durchzusetzen. Die Informationenen beweisen die Richtigkeit der Festlegung bei „Rose", auf die Überprüfung seiner Ehrlichkeit und die politische Erziehung besonderen Schwerpunkt zu legen. Die bisherigen Überprüfungsergebnisse ergaben keine Anhaltspunkte zur Unehrlichkeit, wohl aber zur Inkonsequenz.*[32]

„Rose" war auch insofern eine Ausnahme, als er sich im Frühjahr 1992 nach seiner Enttarnung an frühere Kollegen wandte, über die er berichtet hatte.

Differenzierter als die Haltung von „Wassili" oder „Lorenz" erscheint auch die IM-Tätigkeit von IME „Mirko", der ab Mitte der achtziger Jahre als IME „Werner Weber" geführt wurde. „Werner Weber" blieb IME bis 1989. Manche seiner Berichte vermitteln besonders dann, wenn der IM am Gegenstand der Berichterstattung beteiligt war, den Eindruck eines Plädoyers für den Gegenstand, dem sie galten, für den Film oder den Regisseur.

Das Spektrum der Haltungen innerhalb der Kategorie „IM" war ähnlich breit und unterschiedlich wie die verschiedenen Tätigkeitsbereiche, in denen die Inoffiziellen Mitarbeiter angestellt waren, und wie die unterschiedliche Motivation, der unterschiedliche Charakter und Intellekt der IM. Einschätzungen von IM durch Führungsoffiziere oder FIM bestätigen das. Sie stellten Spitzenkräften positive Urteile aus. Dazu gehörten beispielsweise IM „Norden", ab Mitte der achtziger Jahre HFIM, dem 1979 der „schrittweise Aufbau eines eigenen Quellennetzes" attestiert wurde, oder IM „Richter", in dessen Beurteilung 1977 stand, er „schafft eigene Quellen, um gut zu informieren".

Die Zahl der im DEFA Spielfilmstudio eingesetzten IM war bisher nicht exakt zu ermitteln. Werner Wirth: „Im produktionstechnischen Bereich waren in den siebziger Jahren schätzungsweise dreißig Inoffizielle Mitarbeiter im Einsatz, und etwa ebensoviel im künstlerischen Bereich. Aber die Zahl ist geschätzt, dafür kann ich mich nicht verbürgen."

In den fünfziger und sechziger Jahren lag die Zahl, das legen die verfügbaren Akten und bisherige Untersuchungen nahe, wahrscheinlich unter dieser Größe; in den achtziger Jahren dürfte die Zahl der IM etwa der der siebziger Jahre entsprochen haben. Eine unvollständige Übersicht über im Spielfilmstudio eingesetzten IM wurde möglich durch die Auswertung der Unterlagen, die für die Studie, die dieser Publikation zugrunde liegt, gesichtet wurden (siehe Anhang, Dokument 1).

### Inoffizielle Mitarbeiter „in Schlüsselpositionen"

„Einen Genossen durfte man nur werben, wenn er eine ganz spezifische, operativ wertvolle Aufgabe erfüllen konnte. Sonst hat man ihn gar nicht durchgekriegt als Kandidaten", so der ehemalige Hauptmann der Staatssicherheit Wirth.

Grundsatz des Handelns des Staatssicherheitsdienstes war in bezug auf das DEFA Spielfilmstudio das Gegenteil dieser Aussage. Das Prinzip, SED-Mitglieder nicht als IM anzuwerben, implizierte mit der von

Wirth genannten Einschränkung die Ausnahme und erhob diese für bestimmte Bereiche oder Leitungsebenen zur Regel. Der Staatssicherheitsdienst schlug keinen Bogen um die im DEFA Spielfilmstudio besonders interessierenden Bereiche, zum Beispiel die Dramaturgie oder die Betriebssicherheit. Er begnügte sich weder dort noch anderswo mit Nicht-Genossen. Wichtige Positionen und damit Kontroll- und Einflußmöglichkeiten wären ihm sonst verloren gegangen.

Der Staatssicherheitsdienst reduzierte sein Interesse an Helfern aus den Reihen der SED-Mitglieder auch nicht auf sogenannte Kontaktpersonen. Die Informanten mußten kontrolliert, an „das Organ" gebunden werden. Das war in der Regel nur zu sichern durch eine wirksame Verpflichtung, die die „Quellen" zur Konspiration zwang.

Wenn ein Genosse operativ wertvolle Aufgaben erfüllen konnte und sich werben ließ, wurde er geworben. Und da in wichtigen Bereichen und auf wichtigen Positionen meist Genossen saßen, waren in Schwerpunkt-Bereichen die IM überwiegend Mitglied der SED.

Inoffizielle Mitarbeiter, die in wichtigen Leitungsfunktionen arbeiteten und dem MfS zu besonderen Aufgaben geeignet schienen, wurden auch im DEFA Spielfilmstudio als IM „in Schlüsselpositionen" geführt. Die Leitungen der mit dem oder im Studio arbeitenden gesellschaftlichen Organisationen waren von Inoffiziellen Mitarbeitern dieser Kategorie durchsetzt. Die Leitungen der Gesellschaft für Sport und Technik (GST), die die Jugendlichen in der DDR auf den Militärdienst vorbereiten sollte, und der Kampfgruppe waren unter anderem durch die IM „Richter", „Lehmann II", „Jan", „Fritz", „Schirrmeister" oder den HFIM „Schiller" fest unter Kontrolle und Führung der Staatssicherheit.

Nachgewiesen ist bis Mitte der achtziger Jahre der Einsatz von IM auch für die entscheidende gesellschaftliche Organisation im Studio, die Grundorganisation der SED. Deren wichtigste Abteilungsparteiorganisation, die die künstlerischen Mitarbeiter umfassende APO 1, wurde bis 1981 geleitet vom IMS/IME „Wassili" und anschließend vom IMS „Ulrich".

Die IM „in Schlüsselposition" besetzten im DEFA Spielfilmstudio außerdem über wenigstens zwei Jahrzehnte in den wichtigen Bereichen die entscheidenden Leitungsposten. IMV „Mirko"/IME „Werner Weber" und IMB „Rose" leiteten zwei der vier Dramaturgengruppen; hinzu kamen auf dieser Ebene mit KP Thea und KP Ursula weitere

wichtige „Quellen". IM „in Schlüsselpositionen" waren Leiter in den
Bereichen Dekorationsbau/Ausstattung, Kopierwerk, Produktionslen-
kung, Betriebsschutz, Auslandsbeziehungen, Tricktechnik, Kleindar-
stellervermittlung, Kaderabteilung. Und selbst in der zweithöchsten
Leitungsebene des Studios war der Staatssicherheitsdienst vertreten.
Mit GMS/IMS „Werner", IME „Hans Werner" und IMS „Jörg Ratgeb"
waren ab Ende der siebziger Jahre drei der sechs dem Generaldirektor
unterstellte Direktoren als Inoffizielle Mitarbeiter des MfS registriert.

### Kontaktperson (KP) Hans Dieter

Die Kategorisierung als Inoffizieller Mitarbeiter, Gesellschaftlicher Mitarbeiter Sicherheit oder Kontaktperson (KP) bezeichnete die Bedeutung der entsprechenden Personengruppen für den Staatssicherheitsdienst lediglich abstrakt beziehungsweise in der Tendenz. Sie sagt
wenig über den Wert einzelner Person für das MfS. Deren Zusammenarbeit mit dem Staatssicherheitsdienst kann nicht nach der Zugehörigkeit zu einer dieser Kategorien eingeschätzt werden, sondern
nur am konkreten Verhalten.

Inoffizielle Mitarbeiter wie „Wassili", „Gerhard Lorenz" oder „Schiller" waren für den Staatssicherheitsdienst zweifellos „Gold wert", andere IM waren wenig brauchbar. Selbst IME oder IMB zeigten mitunter, obwohl die Einordnung Bedeutsamkeit signalisierte, kaum Initiave.
Manche IM entwickelten im Laufe der Zeit Skrupel oder erwiesen sich
gegenüber der Staatssicherheit als unzuverlässig.

Dagegen waren manche Kontaktpersonen sehr zuverlässig und aktiv. Die Operativen Mitarbeiter des MfS waren zwar gehalten, sich in
dieser Kategorie Beschränkung aufzuerlegen. Denn die Beziehung
durch das MfS war zu den Kontaktpersonen formal weit weniger sta-
bil geregelt als zu den IM. Aber da sich die Werbung mancher Personen für die Staatssicherheit wegen drohender Loyalitätskonflikte verbot oder wegen funktionierender Kooperation erübrigte, verzichtete
der Staatssicherheitsdienst nie gänzlich auf diese freiwilligen Helfer.
Kontaktpersonen lieferten nicht selten aufschlußreiche Informationen
und übertrafen mitunter die Wirksamkeit Inoffizieller Mitarbeiter.

Uneingeschränkt gilt dies für den DEFA-Generaldirektor Hans Dieter Mäde. Daran ändert nichts, daß der Staatssicherheitsdienst Mäde
durch Inoffizielle Mitarbeiter einschätzen ließ, nachdem bekannt ge-

worden war, daß er Hauptdirektor Wilkening ablösen sollte. Dem steht auch nicht entgegen, daß Mädes Tätigkeit gelegentlich durch Inoffizielle Mitarbeiter beurteilt wurde, nachdem er sein Amt angetreten hatte. Das entsprach der üblichen Verfahrensweise des MfS.

Mädes kulturpolitische Ziele zu beurteilen, helfen seine offiziellen Verlautbarungen. Aufschluß über seine Absichten und Motive geben jedoch vor allem seine Gespräche mit Operativen Mitarbeitern der Abteilung XX/7 der Bezirksverwaltung Potsdam der Staatssicherheit. Hauptmann Gericke notierte am 9. März 1977:

*Das Gespräch, um das der Gen. Mäde nachgesucht hatte, fand am 9.3.1977 in der Zeit von 8.15 - 10.00 Uhr in seinen Büroräumen statt.*
*Der Generaldirektor wollte in erster Linie die Bezirksverwaltung für Staatssicherheit davon in Kenntnis setzen, daß das Sekretariat des Zentralkomitees einen Beschluß über den Einsatz eines Chefdramaturgen im VEB DEFA-Studio f. Spielfilme gefaßt hat.*
*...*
*Gen. Mäde bemerkte dazu, daß der Einsatz des Genossen Jürschik eine alternative Lösung ist, die eine gute Voraussetzung dafür bieten kann, die dramaturgische Arbeit im Spielfilmbereich für die Zukunft mit höherer Qualität durchsetzen zu können.*
*Er brachte aber in dem Gespräch Bedenken dahingehend zum Ausdruck, daß Jürschik als ehemaliger Absolvent der Filmhochschule eine Reihe von traditionellen Verbindlichkeiten zu solchen Dramaturgen unterhält, die in der Vergangenheit nicht zum konstruktiven Teil der künstlerischen Mitarbeiter gehört haben.*
*...*
*Als nächste praktische Schritte hat der Gen. Mäde mit wesentlichen Filmschaffenden folgende Aufgabenentwicklung vor:*
*1. Heiner Carow - Regisseur im Spielfilm-Studio ...*
*2. Wolf, Konrad, Präsident der Akademie der Künste ...*
*...*
*Zum anderen bat er um Unterstützung bei der Findung eines persönlichen Referenten für ihn selbst. ...*
*Gen. Mäde geht davon aus, daß ein persönlicher Referent für ihn politisch absolut zuverlässig und ehrlich sein muß und er möchte diese Funktion auf jeden Fall in Abstimmung mit unserem Organ besetzen. Er bat darum, unter den Absolventen oder Assistenten der Filmhochschule suchen zu helfen. Er wäre auch damit einverstanden, einen Mitarbeiter des*

*MfS zu übernehmen, wenn der aus gesundheitlichen Gründen oder ähnlichen nicht weiter beim Organ arbeiten kann.*
*Der Gen. Mäde versicherte bei diesem Gespräch mehrmals, daß er es als notwendig anerkennt, alle wesentlichen Kaderprobleme mit dem Organ zu beraten. Er sagte dazu sinngemäß, daß er als Kandidat des ZK der SED und als Generaldirektor eines so wichtigen Betriebes es sich nicht leisten kann, auf die Erfahrungswerte der Staatssicherheit zu verzichten.*
*...*
*Das nächste Gespräch findet nach telefonischer Vereinbarung in spätestens 14 Tagen statt.*[33]

Auf dieses Gesprächsprotokoll bezieht sich eine Notiz von Oberstleutnant Unrath, Leiter der Abteilung XX, an Oberst Ribbecke, Stellvertreter des Leiters der Bezirksverwaltung Potsdam der Staatssicherheit, vom 11. März 1977. Darin heißt es unter anderem:
*– Auf Auswahl eines PR sollte Einfluß genommen werden, jedoch unter der Maßgabe, daß der Generaldirektor über die fachliche und politische Eignung voll selbst entscheidet.*
*– Bei den durch den Generaldirektor zur Einstellung vorgesehenen Kadern darf unsererseits nur zu sicherheitspolitischen Problemen ein Hinweis gegeben werden. Sollte aus operativen oder politischen Erwägungen eine Ablehnung erforderlich sein, müssen offiziell verwendbare Gründe erarbeitet werden.*

Am 13. April verfaßte Hauptmann Gericke eine „Information über ein Gespräch, das der Genosse Prof. Kurt Hager mit Vertretern des Filmwesens ... hatte". Ein Auszug:
*Die Aufforderung zu diesem Gespräch erhielt der Genosse Mäde am 06.04.77 telefonisch. Eine thematische Vorgabe wurde dabei nicht gegeben.*
*Inoffiziell konnte erarbeitet werden, daß der Präsident der Akademie der Künste, Konrad Wolf, am 1.4.77 ein ausführliches Gespräch mit der Genossin Dr. Erika Hinckel hatte, in dem er umfangreiche Aussagen gegen die Konzeption der Leitungstätigkeit der Genossen Mäde und Pehnert machte.*
*Genosse Konrad Wolf vertritt zu dieser Konzeption die Auffassung, daß die neue Leitung im Spielfilmstudio und in der HV Film dogmatisch an die Lösung der kulturpolitischen Aufgabenstellung herangeht und durch ihre Leitungspraktiken eine Konfrontation zwischen den talentiertesten Filmschaffenden und den kulturpolitischen Leitern provoziert. In den letzten Monaten sammelte Konrad Wolf eine Reihe von labilen Filmschaffenden*

um sich, um auf der Grundlage ihrer Unzufriedenheiten zu belegen, daß besonders die Leitungsmethoden des Genossen Mäde ungeeignet sind, im Spielfilmstudio die Voraussetzung dafür zu schaffen, daß Filme von Weltgeltung gemacht werden. Dabei nutzte er den Umstand aus, daß solche Projekte wie „Bis daß der Tod euch scheidet" von Heiner Carow und Günter Rücker, „Auf Deutsch" von Egon Günther sowie „Das Doktorspiel" von ... und Rainer Simon aus politischen Gründen abgelehnt werden mußten.

In individuellen Gesprächen vertritt Konrad Wolf die Meinung, daß den Regisseuren besonders mehr Vertrauen durch die kulturpolitischen Leiter entgegengebracht werden muß, denn sie würden, nach seiner Auffassung, auch aus mittelmäßigen Büchern gute Filme realisieren. Dabei argumentierte er mit dem Film „Das Versteck" der unter der Regie von Frank Beyer nach einer literarischen Vorlage von Jurek Becker unlängst im Spielfilmstudio entstanden ist. Er sagte, daß dieser nach Einschätzung der staatlichen Leitung gute Film nicht entstanden wäre, wenn Mäde darüber zu entscheiden gehabt hätte, ob dieses Buch realisiert wird oder nicht.

Im Anschluß daran brachte der Genosse Hager zum Ausdruck, daß es darauf ankommt, alle positiven Kräfte unter den Filmschaffenden so zu organisieren, daß sie befähigt werden, sozialistische Gegenwartsfilme mit großer Massenwirksamkeit zu produzieren. Es muß ein hartnäckiger Kampf gegen das Überbetonen der Konflikte beim Aufbau der sozialistischen Gesellschaft in den Kunstwerken geführt werden. Dabei darf jedoch nicht das Prinzip vergessen werden, daß wir uns um jeden Kunstschaffenden bemühen müssen, daß alle Handlungen zu unterlassen sind, die die Konfrontation zwischen Geistesschaffenden und der Partei auslösen können. Dabei müssen auch Kompromisse eingegangen werden, die die produktiv machen, die zur Zeit die kulturpolitische Linie der Partei nicht akzeptieren.

Im Anschluß daran teilte der Gen. Prof. Hager den Anwesenden mit, daß ab 1.5.77 der Genosse Prof. Dr. Rudolf Jürschik auf Beschluß des Sekretariats des ZK im Spielfilmstudio als Chefdramaturg arbeiten wird.

Die Einführung des J. durch den Stellvertretenden Minister für Kultur erfolgt am 2.5.77, so daß am Tag der Eröffnung des Verbandskongresses darüber eine Pressenotiz im ND erscheinen kann.

Durch Genossen Prof. Hager wurde dem Genossen Mäde und Gen. Pehnert bescheinigt, daß sie die richtigen Prinzipien für die Leitung des Filmwesen der DDR entwickelt haben. Sie wurden aufgefordert, ihren Weg, unter Beachtung der gegebenen Hinweise, konsequent weiter zu verfolgen. Beide Genossen sollen sich intensiv darum bemühen, gute persön-

*liche Beziehungen zu den Filmschaffenden herzustellen und dabei nie versöhnlerisch auftreten. Die derzeitige außenpolitische Situation erfordert eine konsequente und straffe Leitung aller künstlerischen Prozesse. Die Arbeit auf kulturpolitischem Gebiet bezeichnete er als risikovoll, die ein großes politisches Verantwortungsbewußtsein voraussetzt.*
*Quelle: Gen. Hans-Dieter Mäde[34]*

Vom 10. Mai 1977 stammt folgende „Information" von Hauptmann Gericke über ein Gespräch mit Hans Dieter Mäde:
*Am 09.05.1977, 14.00 Uhr informierte der Gen. Hans Dieter MÄDE Unterzeichner über das Gespräch, das der Generalsekretär unserer Partei mit ihm am 09.05.1977 in der Zeit von 11.30 bis 12.45 Uhr hatte. Zu diesem Gespräch ist er am 7.5. aufgefordert worden.*
*Das Gespräch, das unter vier Augen geführt wurde, hatte nach den Aussagen von M. folgenden Inhalt und Gegenstand:*
*- Als erstes hatte M. Gelegenheit, dem Generalsekretär die kulturpolitische Konzeption der staatlichen und Parteileitung der DEFA vorzutragen.*
*- Der Generalsekretär bemerkte dazu, daß es darauf ankommt, so schnell wie möglich mit allen zur Verfügung stehenden Kräften diese Konzeption, die er für richtig hält, in die Praxis umzusetzen.*
*- In diesem Zusammenhang führte der Generalsekretär aus, daß nach dem VIII. Parteitag eine Reihe von Beschlüssen auf kulturpolitischem Gebiet durch einige Kulturpolitiker und Kunstschaffende falsch ausgelegt worden sind, was zur Folge hatte, daß ideologische Schwankungen bei einigen Kunstschaffenden auftraten, die ihren konkreten Niederschlag in ihren Werken fanden. Als Beispiel dafür führte er den Film „Ikarus", Regie: HEINER CAROW, Buch: KLAUS SCHLESINGER nach der Erzählung „Der weiße Dampfer" von D. Aitmatow an. Diesen Film hält er für genauso gefährlich wie den Film „Das Kaninchen bin ich". Seine Meinung begründete er damit, daß wir unter den konkreten Klassenkampfbedingungen beispielsweise keine Filme machen dürfen, die die Schattenseiten der sozialistischen Entwicklung hervorheben. Konkret sagte er dazu, uns allen sei bekannt, daß die BRD das kinderfeindlichste Land ist. Wenn wir den westdeutschen Arbeiter davon überzeugen wollen, daß der Sozialismus die Alternative für die Entwicklung der Gesellschaft ist, dann dürfen wir keine Filme zeigen, in denen dem Zuschauer klargemacht wird, daß es die Kinder in der DDR auch nicht einfach haben.*
*Genosse MÄDE machte darauf aufmerksam, daß einige profilierte Filmschaffende sich darum bemühen, mit Mitgliedern des Politbüros bzw. mit*

dem Generalsekretär selbst über strittige Probleme ihres Schaffens zu verhandeln. Darauf erklärte der Generalsekretär, daß ihm bekannt sei, daß ..... und Konrad Wolf bei Kurt Hager waren und der Genosse Hager sich dem Generalsekretär gegenüber geneigt zeigte, auf den Generaldirektor der DEFA dahingehend einzuwirken, die durch die Studioleitung nicht für die Produktion freigegebenen Projekte „Auf deutsch" (Egon GÜNTHER) und „Bis daß der Tod Euch scheidet" (Heiner CAROW/Günter RÜCKER) in den Produktionsplan aufzunehmen.

- Der Generalsekretär führte in diesem Zusammenhang aus, daß der Genosse MÄDE genau wie jedes andere Mitglied der Partei nur dem Zentralkomitee rechenschaftspflichtig ist. Auf Beschluß des Sekretariats des ZK wurde der Genosse Mäde Generaldirektor im Spielfilmstudio und ist mit allen Vollmachten für diese Funktion ausgestattet. Kein Politbüromitglied hat das Recht, in die Leitungsentscheidungen des Generaldirektors einzugreifen.

- In diesem Zusammenhang bemerkte der Generalsekretär, daß er es als politisch falsch empfindet, daß der Genosse HAGER einen Tag vor Beginn des Verbandskongresses der Film - und Fernsehschaffenden am 2.5.77 Egon GÜNTHER empfangen hat, um mit ihm über sein Filmvorhaben „Auf deutsch" zu sprechen. Dem Generalsekretär war bekannt, genau wie dem Genossen Hager, daß Egon GÜNTHER in provozierender Weise aus dem Verband der Film- und Fernsehschaffenden ausgetreten ist und öffentlich erklärt hat, durch Nichtteilnahme den Kongreß zu boykottieren.

- Der Generalsekretär wird sich nach Rückreise der Partei- und Regierungsdelegation von Laos mit Konrad WOLF treffen, um ihm letztmalig die Forderungen der Partei an den Präsidenten der Akademie der Künste der DDR klarzumachen.

- Der Genosse MÄDE hatte den Eindruck, daß der Generalsekretär über das politische Auftreten des Konrad WOLF seit Anfang 1977 im Spielfilmstudio und unter den Filmschaffenden umfassend informiert war.

- Dafür, daß dieses Gespräch mit dem Genossen Mäde so kurzfristig zustande kam, war für den Generalsekretär die Tatsache ausschlaggebend, daß am 10.5.77 der 1.Sekretär der Bezirksleitung Potsdam, Genosse Günther JAHN dem Sekretär des Zentralkomitees eine Einschätzung über die Entwicklung unter den Kunstschaffenden des Bezirkes Potsdam gibt.

- Der Generalsekretär erwartet vom Genossen Mäde, daß er seine politischen und fachlichen Erfahrungen ohne Einschränkung dafür einsetzt, daß zukünftig Filme produziert werden, die unvermittelt die Klassenauseinandersetzung mit dem BRD-Imperialismus unterstützen.Dabei geht es

*nicht in erster Linie um das Machen von Kunst, sondern der agitatorische*
*Effekt muß in den Filmwerken erhöht werden.*
*- Der Genosse MÄDE soll alle positiven Kräfte sammeln, um die labilen*
*und negativen zu zwingen, an dieser Aufgabe mitzuwirken. Störende Ele-*
*mente dabei müssen rigoros abgedrängt werden.*
*Der Genosse Mäde machte darauf aufmerksam, daß er Auftrag hat, die-*
*ses Gespräch nirgendwo zu erwähnen und ebenfalls den Generalsekretär*
*nicht zu zitieren.* [35]

Die von der Bezirksverwaltung Potsdam des MfS über Hans Dieter
Mäde angelegte Akte endet mit Unterlagen vom Februar 1980. Das
Material ist nicht geordnet. Außerdem fehlen Aufzeichnungen, die in
anderen Akten auftauchen, etwa Notizen Gerickes über Gespräche mit
Mäde, wie sie in der Akte OV „Schreiber" und in zusammenfassenden
Berichten zu „Jadup und Boel" zu finden sind:
*... Bereits Anfang Januar stimmte Genosse Mäde dieser Einschätzung im*
*wesentlichen zu, verwies jedoch auf die besondere Problematik des Re-*
*gisseurs R. S., dem gestattet wurde, diesen Stoff zu machen, um ihn vom*
*Projekt mit offenen Feinden der DDR wegzubekommen.*
*... Gen. Mäde informiert sich laufend bis ins Detail über die Produktion*
*und nimmt auf alle zu entscheidenden Fragen, die für den Inhalt des Films*
*bedeutsam sein können, persönlich Einfluß (u. a. Besetzungsfragen). ...*
*... Gen. Mäde teilte dabei vertraulich mit, daß bei Einschätzung der Po-*
*sition von R. S. dieser Film eine antimarxistische Geschichtsauffassung*
*enthalten könnte. Das würde zur sofortigen ideologischen Auseinander-*
*setzung mit S. und den Dramaturgen führen. ...*

Ebenfalls nicht in der zu Mäde angelegten Akte enthalten ist die Notiz vom 15. Februar 1983 aus der Akte OV „Zweifler" zu einem Gespräch mit „Quelle: Dieter":
*Im Dezember '82 mußte ich durch Weisung die Produktion eines Debüt-*
*filmes, der vom Debütanten Hannes Schönemann geschrieben war, unter*
*dem Titel „Unterbrechung" unterbinden. Es handelte sich um einen Vor-*
*schlag der Gruppe „Berlin", der in der Beratung beim Chefdramaturgen*
*abgenommen war.* [36]

Die verfügbaren Akten des MfS zu Hans Dieter Mäde erlauben es
nicht, den ehemaligen Generaldirektor einer der Kategorien, mit denen der Staatssicherheitsdienst seine verpflichteten Helfer bezeichne-

te, zuzuordnen. Eine Verpflichtungserklärung liegt nicht vor und existiert wahrscheinlich nicht. Die Klassifizierungen, mit denen Mäde vom Staatssicherheitsdienst bezeichnet wurde, wechseln. Mitunter wurde er als GMS genannt, so von Major Puls auf der Rückseite einer Quittung über 70,- Mark im Februar 1980 für ein Präsent der Staatssicherheit zu seinem 50. Geburtstag; des öfteren als Kontaktperson.

Ob Mäde vom Staatssicherheitsdienst als Kontaktperson geführt wurde oder nicht, ist von zweitrangiger Bedeutung. Ebenfalls unwesentlich erscheint, ob er als GMS registriert war oder nicht und ob er von einer Registrierung als GMS oder KP wußte. Er erscheint in den meisten Berichten und Informationen, die auf Gesprächen mit ihm beruhen, mit dem Klarnamen. Das bedeutet, daß er die Gespräche mit dem jeweiligen Operativen Mitarbeiter der Staatssicherheit „offiziell", in seiner Eigenschaft als staatlicher Leiter, geführt hat.

Mäde unterschied sich von einem Spitzen-IM vor allem dadurch, daß von ihm keine Verpflichtungserklärung vorliegt und daß seine Treffen mit den Staatssicherheits-Offizieren nicht konspirativ stattfanden. Er wußte bei seinen Gesprächen mit den Vertretern des Staatssicherheitsdienstes, mit wem er redet. Er lieferte Informationen wie ein IM, er nahm Geschenke entgegen, er verhielt sich kooperativ wie ein IM.

Zwischen Mäde und der Staatssicherheit gab es keine Diskrepanzen, die Zusammenarbeit funktionierte reibungslos. Der Generaldirektor setzte durch, was die Staatssicherheit wollte oder empfahl. Und die Staatssicherheit wollte, was der Generaldirektor durchzusetzen trachtete. Im Staatssicherheitsdienst sah der Generaldirektor die Verkörperung des Willens der Partei, ihrer führenden Genossen; seine Mitarbeiter waren für ihn seine natürlichen Verbündeten.

Generaldirektor und Staatssicherheitsdienst stimmten schon deshalb überein, weil Mäde - wie die Staatssicherheit - sorgsam darauf bedacht war, es den führenden Genossen in möglichst allem möglichst recht zu machen. Ihr Wille war ihm heilig, in dessen Erfüllung sah er seine revolutionäre Klassenpflicht, ihr entsprach er mit vorauseilendem Gehorsam. In der Produktion der diesen Zielen gemäßen Filme und in der Gewährleistung der dafür geeigneten Voraussetzungen im Studio sah er seine Aufgabe.

Nicht Mäde wahrte Distanz zum Staatssicherheitsdienst, sondern der Staatssicherheitsdienst gelegentlich zu Mäde. Zumindest in einer Situation sah sich das MfS genötigt, auf der üblichen Rollenverteilung zu bestehen. Mädes Ansinnen, die Auswahl seines persönlichen Referenten der Staatssicherheit zu übertragen, ging der Leitung der BV Potsdam zu weit.

Sich auf diesem Wege Mädes zu versichern, hatte das MfS allerdings auch nicht nötig. Mäde stellte die Welt gewissermaßen auf den Kopf. Selbst Mitglied des ZK der SED, bewies er „dem Organ" gegenüber, das dem ZK der SED verpflichtet war, ein Maß an Eifer und Beflissenheit, das die Tschekisten irritiert haben dürfte. Daß ein Mitglied des Zentralkomitees über ein vertrauliches Gespräch mit dem ersten Mann im Staate, dem Herrn aller Genossen und Tschekisten, unmmittelbar danach berichtete, obwohl der oberste Dienstherr das Gespräch vertraulich behandelt wissen wollte, mußte selbst bei hartgesottenen Mitarbeitern des Staatssicherheitsdienstes zwiespältige Empfindungen auslösen.

Als wertvolle Quelle wurde Mäde natürlich trotzdem gepflegt und gelegentlich mit kleinen Präsenten bedacht. Mäde revanchierte sich standesgemäß. Dokumentiert ist eine liebevoll mit Fotos von DEFA-Filmen gestaltete Glückwunschkarte an den Leiter der Bezirksverwaltung für Staatssicherheit, Gen. Oberst Siegfried Leibholz:
*Viele gute Wünsche für Glück und Erfolg 1979!*
*In fester Verbundenheit! Hans Dieter Mäde*

# DEFA-Regisseure im Spannungsfeld von staatlichem Druck und individuellem Anspruch

## Operativer Vorgang „Karbid" – Frank Beyer

Frank Beyer wurde 1932 in Nobitz bei Altenburg geboren. Sein Vater war kaufmännischer Angestellter, er fiel 1943 als Soldat der deutschen Wehrmacht. Die Mutter war Verkäuferin.

### Schulzeit und Studium

Mit dem Film kam Frank Beyer auf nachhaltige Weise in den Wirren der Nachkriegszeit in Berührung. Er wollte Lebensmittel beschaffen und fand sie, mit anderen Leuten, in einer Kaserne, die von amerikanischen Soldaten im Stunden-Rhythmus kontrolliert wurde. Zwischen den Kontrollgängen wurde geplündert, wenn die Soldaten kamen, verließen die Leute die Kaserne und warteten am Straßenrand. Nachdem Frank Beyer mehrere Fahrradladungen Lebensmittel nach Hause gebracht hatte, sah er, wie ein Mann eine Schreibmaschine aus einem Fenster im dritten Stock der Kaserne warf. Er suchte und fand eine Schreibmaschine - und einen Schmalfilmprojektor sowie einen 16 mm-Stummfilm, „Die Hochzeit vom Tegernsee". Am Abend hatte er die Beute im Keller verstaut, als es dunkel war, flimmerte der Projektor. Mehrere Versuche, den Film auf die Kellerwand zu projizieren, scheiterten: die Perforation begann zu reißen. Am nächsten Tag wurde bekanntgegeben, daß alle aus Kasernenbeständen stammenden Lebensmittel und Gegenstände abzuliefern seien - bei Straffreiheit. Die Lebensmittel, da war er sich mit seiner Mutter einig, sollten bleiben, wo sie waren. Aber unehrlich wollte er auch nicht sein: Er brachte die Schreibmaschine zum Amt, Projektor und Film behielt er. Sein Onkel, der von dem Fund wußte, erzählte dem Chef der Kreisbildstelle davon, und der forderte ihn über den Onkel auf, den Projektor abzuliefern. Zähneknirschend und mit klopfendem Herzen kam Frank Beyer der Aufforderung nach. Der Leiter der Kreisbildstelle empfing ihn als Retter wertvollen Volksvermögens und lobte ihn für sein beispielhaftes Verhalten in den Wirren der Nachkriegszeit. Er bot ihm an, Schmalfilmvorführer in der Volksbildung zu werden. Frank Beyer nahm an. Dabei erfuhr er, wie er einen Film einlegen mußte, ohne die Perforation zu beschädigen. Und er sah endlich „Die Hochzeit vom Tegernsee". Frank Beyer: „Seitdem habe ich ein gebrochenes Verhältnis zu Helden. Ich vermute, jeder Held verfolgt auch höchst eigennützige Interessen. Diese Auffassung hat mir als Regisseur bei unseren Kulturbehörden nicht nur Freunde gemacht."[37]

1950, kurz vor dem Abitur, wurde Frank Beyer Mitglied der SED. „Ich bin aus gefühlsmäßigen Gründen eingetreten. Alle in unserer Familie waren Sozialdemokraten, und die SED galt in unserem Dorf als die Nachfolge-Partei."[38]

Trotz seiner Neigung zum Kino wollte Frank Beyer Chemie studieren. Die im Alter von zwölf Jahren ausgebrochene Lese-Leidenschaft änderte daran nichts. Beyer: „Mit der gleichen Intensität, mit der ich vorher meine Chemiestudien betrieben hatte, konzentrierte ich mich nun auf Literatur und Theater. Ich war aktiv in einer Laienspielgruppe, wollte allerdings Geschichte studieren. Dafür war ich in Leipzig schon immatrikuliert. Da geschah der erste Zufall. Kurz nach dem Abitur wurde ich in die SED-Kreisleitung bestellt. Dort empfing mich der erste Kreissekretär und sagte: ‚Den Studienplatz gibst du zurück, wir brauchen hier junge Genossen für hauptamtliche Funktionen. Du wirst für ein Jahr Kreissekretär des Kulturbundes in Altenburg.' Ich hatte wenig Einwände, verdiente ich doch in dieser Funktion mein erstes Geld: 350 DM brutto."[39]

Nach einem knappen Jahr Arbeit als Kulturbund-Sekretär bekam Frank Beyer ein Angebot, als Dramaturg und Regieassistent am Theater in Crimmitschau zu beginnen. Er nahm an. Beyer: „Damit endete meine Karriere im Kulturbund, trotz des Angebots, in die Landesleitung Weimar oder sogar nach Berlin zu wechseln. Aber Funktionär wollte ich nicht werden. Ich verbrachte das zweite Jahr nach dem Abitur am Theater Crimmitschau/Glauchau."[40]

Nach einem halben Jahr war Frank Beyer Chefdramaturg und mit dem Angebot konfrontiert, als Chefdramaturg und Regisseur am Theater zu bleiben. Er wollte jedoch studieren und bewarb sich in Leipzig um ein Studium der Theaterwissenschaft. Dieser Studienplan zerschlug sich.

Ein paar Monate später kam ein Abgesandter des Zentralkommitees der SED zu Frank Beyer und fragte an, ob er in Moskau an der Filmhochschule studieren wolle. Beyer sagte zu. Er hatte die Koffer schon gepackt, als er erfuhr, daß die Moskau-Studenten bereits abgereist waren. Beyer: „Später stellte sich heraus, daß zwei verschiedene Gruppen ausgewählt worden waren, sowohl vom Staatssekretariat für Hochschulwesen als auch vom Zentralkommitee der SED. Als ich im NEUEN DEUTSCHLAND von der Abreise der Gruppe nach Moskau las, rief ich in Berlin an. Ich wurde ins Staatssekretariat für Hochschulwesen bestellt. Dort fragte man mich, was ich studieren wolle. Ich sagte: ‚Theaterwissenschaft an der Humboldt Universität.' Ich wäre als Thüringer normalerweise chancenlos gewesen, aus dem Bezirk Leipzig rauszukommen. Die Angelegenheit wurde aus dem Staatssekretariat per Telefon erledigt. Am nächsten Tag war ich in Berlin immatrikuliert. Einige Wochen später kam wieder eine Anfrage: ‚Ob ich in Prag Dramaturgie studieren möchte.' Kurz darauf fuhr ich, mit meinen späteren Kollegen Ralf Kirsten und Konrad Petzold, nach Prag. Dort habe ich mich nach ein paar Wochen umschreiben lassen in die Filmregie."[41]

## Die ersten Filme

Nach drei Jahren, im Herbst 1955, stellte Frank Beyer den Antrag, im DEFA Spielfilmstudio als Regieassistent zu arbeiten. An der Prager Filmhochschule gab es keine Einwände, und er wurde Regieassistent bei Kurt Maetzig, der zu dieser Zeit den Zweiteiler „Schlösser und Katen" vorbereitete. Beyer: „Im Frühjahr 1956, nach den Außenaufnahmen zu „Schlösser und Katen", kam Maetzig zu mir und gab mir ein Szenarium. Es stammte aus dem Jahre 1948, Vorlage war ein Spanien-Roman von Eduard Claudius: „Grüne Oliven und nackte Berge". Die DEFA hatte den Stoff in Jugoslawien verfilmen wollen, den Plan jedoch aufgeben müssen. Nun war der Stoff wieder ausgegraben worden. Die DEFA war in einer zu Jahresbeginn üblichen Situation: Sie hatte wenig drehreife Bücher, und die Jahres-Produktion war gefährdet. Wie gewohnt, wurde nun auf Teufel-komm-raus gesucht, um die Produktion in Gang zu setzen. Maetzig war mit dem Zweiteiler „Schlösser und Katen" bis in den Spätsommer ausgelastet. Er sagte zu mir: ‚Sieh dir das Buch an; wenn es dich interessiert, werde ich mich bei der Direktion dafür verwenden, daß du den Stoff bekommst. Ich bin auch bereit, eine Art Mentorenschaft zu übernehmen.' Mir gefiel der Vorschlag, ich fand den Stoff wunderbar. Maetzig entließ mich aus der Assistenz, ich setzte mich mit Claudius zusammen, wir schrieben ein Drehbuch. Es hieß „No paseran". Das Drehbuch war fertig, und ich fing an mit der Vorbereitung, mit Probeaufnahmen und Motivsuche. Und eines Tages hörte ich per Gerücht, den Film „No paseran" macht Martin Hellberg."[42]

Das Gerücht war kein Gerücht. Martin Hellberg drehte den Film. Er gehörte damals mit Maetzig und Dudow zum „Triumvirat" des Studios. Er hatte das Drehbuch in die Hand bekommen, es hatte ihm gefallen, und er meinte, den Film sollte kein Anfänger machen, sondern er selbst. Hellberg, Dudow, Maetzig und Beyer kamen bei Wilkening, dem damaligen Direktor des Spielfilmstudios, zusammen. Wilkening sagte, er hätte gedacht, Beyer plane eine Art Kammerspiel und keinen so teuren und aufwendigen Film. Er sagte zu Maetzig, sie hätten angenommen, er, Maetzig, würde Beyer beaufsichtigen und jeden Tag die Muster ansehen. Aber er drehe ja bis zum Herbst in Mecklenburg. Das alles war Wilkening, Dudow und Hellberg schon bekannt gewesen, als Beyer das Projekt übertragen worden war. Ebenso, daß nach Claudius' in der spanischen Sierra spielendem Roman kein Kammerspiel möglich war. Dudow sagte zu Beyer, er könne ihm nicht zuraten, der Roman sei kein fabelsicherer Stoff. Und Hellberg sagte: Junger Freund, was denken Sie, was mir alles passiert ist in meinen jungen Jahren. Kurt Maetzig wurde duch den Vorstoß der anderen ebenso überrascht wie Frank Beyer.

Frank Beyer: „Das war schlimm für mich. Aber im Endeffekt habe ich eine Erfahrung machen können, die nicht jeder macht. Ich habe mir diesen Film, dessen Drehbuch mir so gefallen hat, später im Kino angesehen. Und es fiel mir wie Schuppen von den Augen. Ich wäre mit diesem Film auch auf die Nase gefallen. Es war tatsächlich so, wie Dudow gesagt hatte. Es war kein fabelsicherer Stoff. Wie man den hätte zum Leben erwecken können, weiß ich nicht. Hellberg hat ihn nicht zum Leben erweckt. Ich hatte zwar das Gefühl, daß ich viele Szenen besser inszeniert hätte. Aber ob das stimmt, ist natürlich nicht nachprüfbar."[43]

Nach der Entscheidung, Frank Beyer „No paseran" wegzunehmen, hatte Wilkening ein schlechtes Gewissen und bot Beyer sofort einen anderen Stoff an: „Zwei Mütter" von Leonie Ossowski[44], eine am Kriegsende und in der Nachkriegszeit in der amerikanischen Besatzungszone spielende „Kreidekreis"-Geschichte um ein Kind zwischen zwei Frauen. „Mir gefiel die Geschichte nicht so gut wie „Grüne Oliven...", ich hatte Schwierigkeiten mit dem Stoff. Aber sie war gut erzählt. Und ich hatte plötzlich im Kopf: ,Ich muß jetzt unbedingt schnell einen Film machen, und der Stoff ist gut genug, daß ich beweisen kann, daß ich das handwerklich kann.' Ich stürzte mich in das Unternehmen."[45]

„Zwei Mütter" wurde mit Lob aufgenommen. Ein neues Angebot blieb trotzdem aus. Auch die von Frank Beyer erwartete Anstellung bei der

DEFA kam nicht zustande. Wilkening teilte ihm mit, daß an eine erneute Regie zunächst nicht gedacht sei. Er bot ihm einen Vertrag als Regieassistent an, ohne ihm darin ein Mitspracherecht zuzusichern, bei wem die Assistenz zu machen sei.

Frank Beyer lehnte ab und arbeitete freischaffend. Er schrieb an eigenen Szenarien und mit Kurt Jung-Alsen am Drehbuch zu dessen Spielfilm „Polonia Express", bei dem er auch als Regieassistent arbeitete. Außerdem führte er Regie bei zwei 1957 uraufgeführten Kurzfilmen, bei „Fridericus Rex - 11. Teil" und „Das Gesellschaftsspiel", Produktionen der Reihe „Das Stacheltier".[46]

Im Frühjahr 1957 bot die DEFA Frank Beyer seinen zweiten Spielfilm an: „Eine alte Liebe", eine politisch akzentuierte Ehe-Geschichte von Walter Reinowski um eine lebenstüchtige LPG-Vorsitzende, ihren rückständigen Mann und den Freund des Mannes, SED-Mitglied und Mittelbauer, der nicht in die LPG eintreten will.

Hintergrund der Entstehung des Films waren der notorische Mangel der DEFA an Gegenwartsstoffen, der bereits seinen Schatten werfende zehnte Jahrestag der DDR im Herbst 1959 und die bevorstehende Filmkonferenz der SED. Der Stoff war außergewöhnlich konfliktreich. Er schien Frank Beyer geeignet, unmittelbar in die Wirklichkeit eingreifen zu können.

Die Geschichte ging zurück auf die Situation im Bezirk Halle. Dort gab es in der zweiten Hälfte der fünfziger Jahre, wie in anderen Bezirken der DDR, Hunderte von Mittelbauern, die Mitglied der SED waren und nicht in die LPG eintreten wollten. Die Landwirtschaftlichen Produktionsgenossenschaften stagnierten, sie konnten ihre Vorzüge nicht entfalten: Zwischen ihren Flächen lagen überall Felder von Einzelbauern. Frank Beyer: „Das schien mir politisch wichtig zu sein. Ich wollte unbedingt meinen zweiten Film machen. Und ich hatte damals noch den Gedanken, daß Kunst sich auf eine sehr unmittelbare Weise an der Lösung von gesellschaftlichen Problemen beteiligen kann. Ich dachte: ‚So etwas zu machen, ist eine ehrenhafte Sache, und du wirst sie so gut machen, wie es geht.'"[47]

Der Film wurde zum zehnten Jahrestag aufgeführt, ein halbes Jahr später, nachdem Walter Ulbricht ihn gesehen hatte, verschwand er ohne Kommentar aus den Kinos. Frank Beyer: „Das habe ich damals nicht erfahren. Sonst wäre ich in einen ziemlichen Konflikt gekommen: Wie es passieren konnte, daß ich mit dem ‚richtigen Bewußtsein' einen Film mit ‚falschem Bewußtsein' gemacht hatte."[48]

## „Fünf Patronenhülsen"

Während Frank Beyer „Eine alte Liebe" drehte, brachte ihm ein Dramaturg ein Drehbuch, das mehrere Jahre im Archiv gelegen hatte: „Fünf Patronenhülsen". Frank Beyer: „Ich war sofort Feuer und Flamme; ich wußte: Das war's. Über diesem Stoff saß ich wie der Geier. Als das Buch dann vervielfältigt wurde, stieß es bei verschiedenen Kollegen auf reges Interesse. Aber mit der „Alten Liebe" war es gut gegangen, und ich hatte mich mit Wilkening ganz gut verstanden. Und so war „Fünf Patrosenhülsen" mein nächstes Projekt."[49]

Die Vorbereitung lief problemlos. Erwin Geschonnek, Edwin Marian, Ernst-Georg Schwill, Günther Naumann und Ulrich Thein sowie die noch unbekannten Armin Mueller-Stahl und Manfred Krug bildeten den Kern der erstklassigen Besetzung. Und eine plötzliche Absage wegen Devisenmangels der für Bulgarien geplanten Dreharbeiten war ebenso plötzlich wieder aufgehoben worden.

Zu einem Konflikt, der sich über Monate hinzog, kam es bei den Dreharbeiten in Bulgarien. Der Produktionsleiter Willi Teichmann, der schon mit Staudte gearbeitet hatte und Beyer und seine Mitarbeiter als Anfänger behandelte, wollte die Dreharbeiten zum vorgesehenen Termin beenden, obwohl bis dahin eine Reihe wichtiger Szenen wegen schlechten Wetters nicht gedreht werden konnten. Er erklärte, die Schauspieler hätten Termine in Berlin und die Devisen seien aufgebraucht. Beides war erfunden. Am vorletzten Drehtag stellte sich heraus, daß nur etwa die Hälfte der Devisen ausgegeben worden war und daß der Produktionsleiter das Geld einsparen wollte. Frank Beyer zwang ihn, die Drehzeit in Bulgarien um zwei Wochen zu verlängern. Bei den sich anschließenden Dreharbeiten in der DDR, die sich wegen eines Unfalls von Edwin Marian über Monate hinzogen, erweiterte und verschärfte sich der Konflikt durch Auseinandersetzungen mit der DEFA-Direktion. Gegenstand war ein „28er" Objektiv, das in der Kamera-Werkstatt der DEFA angefertigt werden sollte. Es war nötig, um Nahaufnahmen mit solcher Tiefenschärfe machen zu können, daß auch die Landschaft im Hintergrund noch scharf ins Bild kam. Das Objektiv war zugesagt und dann doch verweigert worden.

Frank Beyer: „Es war ein böses Kapitel. Wenn der Film nicht gut geworden wäre, wäre es im Studio mein Ende gewesen. Die hätten mich rausgeschmissen. Ich wollte auf den für uns notwendigen technischen Standard nicht verzichten. Ich setzte eine Frist. Man verlang-

te von mir, ohne das Objektiv weiter zu drehen. Der Drehtag wurde angesetzt, und das Objektiv war nicht da. Ich fuhr nach Hause. Das galt als Arbeitsverweigerung. Mir wurden entsprechende Konsequenzen angedroht. Es war eine Machtfrage. Wilkening und Teichmann waren befreundet, und Teichmann war im Studio unter den Produktionsleitern ein Star. Aber die Beschränkung, die er mir auferlegen wollte, konnte ich nicht hinnehmen. Mir ging es darum, aus diesem Stoff ein Maximum herauszuholen. Ich wußte, was ich mit diesem Film in der Hand habe. Wir hatten eine gute Besetzung. Wir hatten ein sorgfältig ausgearbeitetes Storyboard. Das hatte ich mit Alfred Hirschmeier, dem Szenenbildner, gemacht, jede einzelne Einstellung war vorgezeichnet. Wir hatten sorgfältig ausgewählte Motive. Und ich wußte: Es ist eine Art Western, ein politischer Film mit einer abenteuerlichen Geschichte."[50]

Frank Beyer bekam das Objektiv, und der Film wurde ein Erfolg. Sowohl dem Publikum wie der Kritik gefiel vor allem die spannende Geschichte, die expressionistischen Einflüsse und Fragen der Gestaltung blieben bei der Bewertung meist im Hintergrund.

## „Königskinder"

In den Vordergrund traten stilistische Fragen bei Frank Beyers nächstem Film, bei „Königskinder". Das Buch stammte wie das zu „Fünf Patronenhülsen" von Walter Gorrish. Frank Beyer: „Der Film hängt unmittelbar mit „Fünf Patronenhülsen" zusammen. Als ich Gorrish kennenlernte, arbeiteten er und seine Frau im Auftrag des Studios an „Königskinder". Und wir haben während der Arbeit an „Fünf Patronenhülsen" verabredet, daß wir anschließend „Königskinder" machen. Mir stand zwar der Sinn immer nach Gegenwartsfilmen. Aber die Gegenwartsstoffe, die damals kursierten, waren ausgedacht und schematisch. Die einzige Ausnahme war „Sonnensucher", und der war verboten. Bei „Königskinder" hatte ich ein wenig ein schlechtes Gewissen, hintereinander zwei Stoffe zu machen, die eigentlich nicht mein erstes Interesse waren. Der Film ist optisch überheizt. Er ist interessant als Dokument für diese Zeit. Man sieht ihm die Einflüsse an, diese expressive Bildsprache, die sich an frühen deutschen und an sowjetischen Filmen wie „Die Kraniche ziehen" orientiert hat. Dabei hat Alfred Hirschmeier, der Szenenbildner, mit den Storyboards, die bei uns damals noch optische Drehbücher hießen, eine wichtige Rolle gespielt. Diese Stilistik war allerdings auch mein fester Wille und Entschluß. Ich hatte das Gefühl: ,Ich muß hier mal versuchen, die ästhetischen Grenzen auszuweiten.' Und der Hintergedanke war: Die ersten beiden Episoden sind für sich genommen nicht so stark, daß sie nicht eines solchen Schubes bedürften."[51]

### „Nackt unter Wölfen"

Bei Beyers folgendem Film dominierte wieder die Geschichte, eine packende Kino-Story. Frank Beyer war noch mit „Königskinder" im Atelier, als ihm Wilkening als nächstes Projekt Bruno Apitz' Roman über seine Haft im Konzentrationslager Buchenwald anbot, „Nackt unter Wölfen". Frank Beyer: „Ich war gar nicht begeistert: drei Vergangenheits-Stoffe hintereinander. Außerdem gab es „Nackt unter Wölfen" schon als Fernsehspiel. Aber Wilkening drängte, und ich sagte: ,Gut, ich sehe mir das Fernsehspiel an und lese den Roman, und wenn ich eine Idee dazu habe, dann überleg ich mir das'".[52] Zu der Entscheidung, „Nackt unter Wölfen" zu drehen, trug bei, daß Beyer in diesen Monaten keine für ihn akzeptable Alternative hatte. Die Entscheidung lag jedoch zuerst in der Geschichte begründet. Beyer: „In dem Augenblick, als ich in den Stoff eingetaucht bin, war alles wunderbar. Ich habe mich dann sehr schnell entschieden."[53]

„Nackt unter Wölfen" kam im April 1963 ins Kino und hatte großen Erfolg. Der Film wurde als Wettbewerbsbeitrag der DDR zum Moskauer Filmfestival geschickt. Er geriet dort in den Beginn der Kämpfe gegen die sogenannte ideologische Koexistenz. Im Wettbewerb lief Fellinis „Achteinhalb", an ihm spaltete sich die Jury. Die aus dem Westen stammenden Jury-Mitglieder drohten abzureisen, wenn verhindert würde, daß „Achteinhalb" den Großen Preis bekommt. Schließlich gab die Zentrale der KPdSU für die Preisvergabe an „Achteinhalb" grünes Licht, und bei der Verteilung der übrigen Preis blieb für den als Favorit für eine Goldmedaille oder sogar den Großen Preis gehandelten Beyer-Film „nur" der Regie-Preis. Die DDR-Funktionäre waren verärgert, sie fühlten sich brüskiert. Der Regie-Preis lag unter ihren Erwartungen. In der DDR bekam der Film daraufhin - als politische Demonstration gegen diese Entscheidung - den Nationalpreis erster Klasse.

### „Karbid und Sauerampfer"

„Nackt unter Wölfen" sollte die Reihe der Vergangenheits-Filme abschliessen. Der nächste Film, so Frank Beyers Vorsatz, sollte ein Gegenwartsfilm sein. Aber noch während der Endfertigung bot ihm der Regisseur Günther Reisch ein Buch von Hans Oliva an. Oliva hatte eine Komödie geschrieben, die das Studio noch 1963 drehen wollte. Reisch konnte entgegen der Planung die Regie nicht übernehmen, weil er sich verpflichtet hatte, den ersten Teil des „Liebknecht"-Films zu drehen, und diese Verpflichtung auch einhalten wollte. Frank Beyer: „Ich habe das Buch gelesen und gesagt: ‚Günther, diesen Stoff kannst du doch nicht weggeben'. Er blieb bei seinem Angebot. Er wollte nicht, daß irgendjemand das Buch in die Hand bekommt und es verdirbt. Das gefiel mir natürlich."[54]

„Karbid und Sauerampfer" wurde schnell produziert und fertiggestellt. Während „Nackt unter Wölfen" beim Moskauer Festival lief, befand sich Frank Beyer bereits im Drehprozeß. Im November 1963 wurde der Film abgenommen, im Dezember hatte er Premiere. Probleme gab es bei der Abnahme. Nach der Vorführung wagte niemand, sich zu äußern. Jeder fragte sich, ob der komödiantische Umgang mit der schweren Zeit nach dem Krieg und vor allem mit den Russen toleriert werden würde. Günther Witt flog mit dem Film im Gepäck nach Moskau. Dort organisierte er in der DDR-Botschaft für die richtigen Leute eine Vorführung. Die Gäste amüsierten sich, das Problem war gelöst.

### „Spur der Steine"

Der Film, der wie kein anderer das Leben von Frank Beyer beeinflußt hat, war ein sogenannter Auftragsfilm. Frank Beyer: „Ich hatte nicht das Gefühl, tollkühn zu sein oder auch nur besonders viel zu wagen. Der Stoff war mir von der Direktion der DEFA und besonders von Hans Rodenberg angeboten worden. Und im Lande war so etwas wie Aufbruchstimmung. Wir meinten, nun kritischer miteinander umgehen zu können."[55]

Beyer reagierte auf das Angebot zunächst skeptisch. Die Handlung des gleichnamigen neunhundert Seiten starken, in der DDR erfolgreichen Romans von Erik Neutsch war sehr verzweigt. Die Brisanz des Stoffes und damit die Hoffnung, an einen Film wie Konrad Wolfs „Sonnensucher" anknüpfen zu können, gaben jedoch den Ausschlag, den „Auftrag" zu übernehmen.

Neutsch wollte das Drehbuch nicht schreiben, und Beyer gewann Karl Georg Egel, den Co-Autor von „Sonnensucher", als Partner für das Drehbuch. Gemeinsam entwickelten sie eine linear erzählte Fassung, die trotz starker Beschneidung der Nebenlinien und Motive sowie der Konzentration auf die Hauptpersonen aus zwei Teilen bestand. Einen mehrteiligen Kinofilm wollten jedoch weder die Studio-Leitung noch Egel und Beyer. Und nachdem als Alternative ein mehrteiliger Fernsehfilm in Betracht gezogen worden war, hatte Frank Beyer die Idee, die gegen Ende des Romans stattfindende Parteiversammlung zur Rahmenhandlung zu machen.

Die Rahmenhandlung ermöglichte die nötige Verknappung und war der Schlüssel zum erfolgreichen Abschluß im insgesamt komplizierten und langwierigen, sich über etwa ein Jahr hinstreckenden Prozeß des Drehbuchschreibens. Wesentliche Wirkungsfaktoren ließen sich bei diesem Ansatz auf glückliche Weise verbinden: ein klassisches Kinomuster, wie die an die Westernkonstellation Sheriff – Out-cast erinnernde Beziehung zwischen dem Parteisekretär Horrath und dem Brigadier Balla; die Dreiecksbeziehung Balla – Kati – Horrath; die Konzentration auf die Hauptfiguren und die Hauptmotive; das weite gesellschaftliche Panorama.

Mit der Rahmenhandlung und der damit möglichen Verknappung gelang es außerdem, Freiräume zu bewahren, die nötig waren, die Figuren als Individuen zu entwickeln. Diese Freiräume ermöglichten den nicht im Roman angelegten Komödienton des Films. Die Besetzung der Hauptrolle mit Manfred Krug verstärkte diesen Akzent. Krug trug durch seinen respektlosen Witz und seine lockere Souveränität maßgeblich zur subversiven Wirkung des Filmes bei.

Die Dreharbeiten zu „Spur der Steine" begannen am 3. Mai 1965. Sie dauerten bis zum 5. Oktober 1965. Im November war Rohschnittabnahme. Frank Beyer: „Als der Rohschnitt abgenommen wurde, hat niemand diskutiert. Da wurde nur Schnaps getrunken, alles war in Hochstimmung."[56]

Beyer zeigte Wolf Biermann den Rohschnitt und bat ihn, ein Lied für den Titelvorspann zu schreiben. Biermann schrieb den gewünschten Prolog. Da der Text ihm zu sehr Loblied auf den Regisseur war, entschloß sich Beyer, das Lied für einen Trailer zu verwenden und für den Titelvorspann ein anderes Biermann-Lied zu nehmen: „Warte nicht auf bessere Zeiten".

Die Erwägung blieb Absicht. Im NEUEN DEUTSCHLAND erschien am 5. Dezember ein Artikel von Klaus Höpcke über Biermann: „... der nichts so fürchtet wie Verantwortung - Über ‚Antrittsrede' und ‚Selbstporträt' eines Sängers". Höpckes Beitrag war ein Verdikt, acht Tage zuvor im Sekretariat des ZK beschlossen. Mit der Veröffentlichung war klar, daß ein Biermann-Text für einen DEFA-Film nicht mehr in Frage kam.

In der DEFA reagierten die Verantwortlichen auf die Anzeichen heraufziehenden Unheils. Über fertiggestellte und in Produktion befindliche Filme wurden Diskussionen geführt. „Spur der Steine" schien das Unheil nicht zu gelten. Zwar hatte Heinz Kimmel, Stellvertreter der von Siegfried Wagner geleiteten Kulturabteilung des ZK der SED, eine kritische Einschätzung des Drehbuchs geliefert. Aber das Studio und die Hauptverwaltung Film standen hinter der Verfilmung. Sie erhofften von „Spur der Steine" die dringend nötige Aufwertung des Studios beim Publikum und Anerkennung durch die Parteiführung.

Am 15. Dezember 1965 trat das Zentralkomitee der Sozialistischen Einheitspartei Deutschlands zum „11. Plenum" zusammen. Die sich bis zum Mittag des 18. Dezember hinziehende Tagung verlief in einer Atmosphäre der Hysterie. Das Politbüro des ZK der SED stellte neben der Jugendpolitik und einer Vielzahl von Werken der Literatur, der bildenden Kunst und einer Reihe von Fernsehfilmen mit den genannten Filmen die gesamte Politik der DEFA an den Pranger.

Frank Beyer reagierte auf das Plenum mit einem Brief an die Studio-Leitung. Er bat für die Fertigstellung von „Spur der Steine" um zusätzliche Zeit, „um den Film ‚in Ruhe und im Zusammenhang mit den vom 11. Plenum aufgeworfenen Fragen' zu überprüfen, in Wirklichkeit um Zeit zu gewinnen und den Film aus der hektischen Atmosphäre herauszuhalten."[57] Beyers Hoffnung schien sich zu erfüllen. Die Arbeit an „Spur der Steine" wurde nicht eingestellt.

Nach einer Vorführung für die Studio-Leitung mit anschließender Diskussion am 7. März 1966 wurde der Film am 11. März 1966 in der Hauptverwaltung Film des Ministeriums für Kultur gezeigt und diskutiert. Teilnehmer der Diskussion waren neben Frank Beyer, Karl Georg Egel, Erik Neutsch, Klaus Wischnewski, dem neuen Studiodirektor Franz Bruk und dem neuen Chefdramaturgen Günter Schröder führende Genossen: ZK-Sekretär Kurt Hager, der stellvertretende Ministerpräsident Alexander Abusch, der neue Kulturminister Klaus Gysi, Staatsratsmitglied Hans Rodenberg, Staatssekretär Horst Brasch sowie der neue stellvertretende Kulturminister und Leiter der HV-Film, „Filmminister" Dr. Wilfried Maaß.

Die Diskussion verlief sachlich, aber kontrovers. Die Fronten waren klar: Die Filmemacher verteidigten ihre Arbeit, die Funktionäre kritisierten den Film, besonders die Rolle der SED und der Genossen. Hager beispielsweise verurteilte nahezu all das, was auch später, beim Verbot, gegen den Film ins Feld geführt wurde. Keiner der leitenden Genossen wollte den Film. Ihr Problem war, daß sie ihn nicht verbieten konnten, ohne Aufsehen zu erregen. Vorlage des Films war ein mit dem Nationalpreis ausgezeichneter Roman. Ein Kompromiß mußte gefunden werden. Er wurde erreicht und sah vor, über Änderungen nachzudenken.

Am 15. März 1966 verfaßte Chefdramaturg Schröder eine Anweisung, in der auf vier Seiten siebzehn Szenen aufgeführt wurden, die verändert werden sollten. Frank Beyer antwortete am 29. März 1966 mit der Mitteilung, welche „Schnittkürzungen oder Veränderungen" er vorgenommen hatte. Am 13. April 1966 wurde die geänderte Fassung den Leitungen des Studios und der HV Film sowie dem Genossen Kimmel vorgeführt.

Kimmel verfaßte am 18. April 1966 eine SED-Hausmitteilung:
*Lieber Genosse Hager!*
*In der vergangenen Woche fand die Aufführung und Aussprache zum geänderten Film „Spur der Steine" statt. Übereinstimmend ist unsere Auffassung, daß er durch die Veränderungen wesentlich gewonnen hat. Über 3 Stellen gab es keine einheitliche Meinung.*
*Davon sind 2 von nicht ausschlaggebender Bedeutung:*
*1.) In der „Weihnachtsszene" sagt Elbers - „und hier bin ich ein halber Kriegsverbrecher"*
*2.) Im Saal nach der Aktivistenauszeichnung droht Balla-Horrath, daß er ihn von der 1. Etage hinunterstürzen wird*
*3.) Balla verläßt Horrath mit den Worten "er hat mir abgeraten, in die Partei einzutreten".*
*Wir glauben, daß es trotz dieser noch vorhandenen Meinungsverschiedenheiten möglich wäre, den Film einer kleinen Gruppe von Genossen des Politbüros - evtl. auch dem Genossen Walter Ulbricht - zu zeigen.*
*Wir könnten sichern, daß er hier im Haus laufen kann. (In Wandlitz kann er noch nicht gezeigt werden, da zweistreifig)*
*Kannst Du uns bitte einen Termin nennen?*
*Kimmel, Stellv. Abteilungsleiter* [58]
Hager entschied anders. Handschriftlich notierte er auf der Hausmitteilung von Kimmel:
*Beirat des Min. f. Kultur soll sich den Film ansehen und entscheiden.*

Am 12. Mai 1966 sah und diskutierte der Filmbeirat des Kulturministeriums „Spur der Steine". Das Ergebnis faßte ein Schreiben von Brasch und Maaß zusammen, das am 14. Mai 1966 im Büro Hager einging. Brasch und Maaß teilten Hager mit, daß sich der Filmbeirat für die Aufführung des Films ausgesprochen hatte, und baten Hager, ihrem Vorschlag zuzustimmen, den Film bei den Arbeiterfestspielen im Juni 1966 in Potsdam zu zeigen und ihn als Beitrag der DDR zum Internationalen Filmfestival nach Karlovy Vary zu schicken.[59]

Mit dem Votum des Beirats schien für „Spur der Steine" der Weg in die Kinos frei. Der Film wurde für das Internationale Filmfestival Karlovy Vary gemeldet und am 15. Juni 1966 bei den Arbeiterfestspielen der DDR in Potsdam uraufgeführt. Anschließend lief er eine Woche im ausverkauften Kino Thalia in Potsdam-Babelsberg.

Die Gegner des Films blieben jedoch aktiv. Der 1. Sekretär der SED-Bezirksleitung Leipzig, Paul Frölich, ließ Material gegen eine Aufführung zusammenstellen. ZK und Politbüro befaßten sich erneut mit dem Film, die öffentliche Aufführung wurde wieder in Frage gestellt. Ende Juni 1966 hatte sich der Wind abermals gedreht. Nachdem erst die Anhänger des Films einen Sieg errungen hatten, hatten sich jetzt die Gegner durchgesetzt. Siegfried Wagner, Leiter der Abteilung Kultur des ZK der SED, übermittelte Hager, Honecker und Ulbricht am 24. Juni 1966 den Standpunkt der Abteilung Kultur des ZK zum Film „Spur der Steine". Er formulierte die bekannten Argumente gegen den Film, brachte aber zum Ausdruck, daß „Spur der Steine" in wesentlichen Aspekten nicht die Positionen der vom 11. Plenum kritisierten Produktionen vertrete, und empfahl die Aufführung.

Am 28. Juni 1966 tagte das Politbüro der SED. Der dritte Tagesordnungspunkt galt dem Film „Spur der Steine", Berichterstatter war der 1. Sekretär des ZK, Walter Ulbricht. Zum Umgang mit dem Film legte das Politbüro fest:

*1. Das Sekretariat des ZK wird beauftragt, entsprechend der Diskussion im Politbüro einen Beschluß über die weiteren Maßnahmen zu diesem Film zu formulieren.*

*2. Genosse Sindermann wird beauftragt, mit Genossen Neutsch entsprechend der Diskussion im Politbüro eine Aussprache zu führen.*[60]

Im Ergebnis der Politbüro-Tagung rief Hager Gysi, Maaß und Kimmel zu sich, um die „weiteren Maßnahmen zu diesem Film" zu formulieren. Dabei wurde festgelegt, für die schon angekündigte Premiere in

Berlin und die Bezirkspremieren des Films keine Werbung und auch keinerlei Veröffentlichungen vorzunehmen und den Film nach einigen Tagen abzusetzen.

Anzeichen, daß „Spur der Steine" nur mit Einschränkungen aufgeführt werden würde, konnten intern schon zuvor registriert werden. In einer Aktennotiz des VEB Berliner Filmtheater vom 29. Juni 1966 heißt es zum „Einsatz des DEFA-Films „Spur der Steine"" unter anderem:

*.... Am 28.06.66 kam folgender Anruf von VEB Progreß Film-Vertrieb um 14.45 Uhr. „Der Film „Spur der Steine" wird nur 8 Tage laufen, dann flaut der Einsatz langsam ab. Mas-*  *senstart gar nicht. Es sind keine Plakate mehr zu kleben. Es sind nur kleine Verleihsätze auszugeben. Keine Matern mehr ausgeben. Dias sollen auch nicht in den Theatern geschoben werden. Keine Handzettel ausgeben. Keine Filmschleife zeigen. Wenn der Film läuft sollen Plakate überklebt werden mit „Der Zug" und „Sommerfilmplakate". Die Kopien werden dann wohl so langsam zurückgezogen. Es wird noch Näheres mitgeteilt. Das ist nur eine Schnellinformation...*[61]

Am 29. Juni 1966 ging in der Redaktion des Neuen Deutschland folgendes Telegramm vom ZK der SED ein:
*– hinweis:–*
*wir bitten, keinerlei veröffentlichungen - auch keine werbung - für den film „spur der steine" vorzunehmen. = gez. Lamberz +* [62]

Am 30. Juni 1966 sandte das Büro des Politbüros an die 1. Sekretäre der Bezirksleitungen der SED ein gleichlautendes Telegramm. In der Bezirksleitung Potsdam wurde es dokumentiert:
*Eingehendes Telegramm Nr. 140183*
*Eingangsdatum: 30.6.66, Uhrzeit 13.30 Nr. 11/66*
*Absender Zentralkomitee:*

*An 1. Sekretär der Bezirksleitung*
*Werter Genosse!*
*In den Kinos der DDR wird in diesen Tagen der Film „Spur der Steine"*
*aufgeführt. Dieser Film wurde schon vor dem 11. Plenum des ZK herge-*
*stellt. Trotz schwerster Bedenken einiger leitender Genossen des Min.*
*f. Kultur wurde er vom Filmbeirat beim Ministerium für die Aufführung*
*freigegeben. Gleichzeitig setzte eine Propaganda für diesen Film ein, die*
*auf Grund der schlechten Qualität des Films nicht angebracht war. Da*
*der Film in seiner Tendenz die Rolle der Partei und des Staates in gröb-*
*ster Weise verunglimpft, hat der Minister für Kultur veranlaßt, daß die*
*weitere überschwängliche Propaganda für diesen Film unterbleibt und*
*festgelegt, daß der Film in der Zeit am 1. bzw. 8.7.66 (höchstens 8 Tage)*
*in den bereits festgelegten Filmtheatern der Bezirksstädte zum Einsatz*
*gebracht wird. Während des kurzfristigen Einsatzes des Films „Spur der*
*Steine", der bestimmt vom Publikum nicht unkritisch aufgenommen*
*wird, werden in den Bezirksstädten einige publikumswirksame Filme wie*
*„Spartacus", „Gestern, heute, morgen" u. a. eingesetzt. Im „Neuen*
*Deutschland" erfolgt eine kritische Besprechung des Films, in den Be-*
*zirkszeitungen sollen keine Rezensionen erscheinen. Die Direktoren der*
*Bezirkslichtspieltheater wurden von der Entscheidung des Ministers für*
*Kultur informiert.* [63]

Am gleichen Tag schrieb Siegfried Wagner an Kurt Hager:
*...Während des Empfangs in der deutschen Akademie der Künste anläßlich*
*des 75. Geburtstags von John Heartfield sprach mich Genosse Konrad Wolf*
*an und fragte, was mit dem Film „Spur der Steine" werde. Er würde laufend*
*von verschiedenen Künstlern angerufen. Der Abbau der Werbung habe zu*
*vielseitigen Spekulationen und Gerüchten geführt. ... Konrad Wolf vertrat*
*den Standpunkt, daß man das unbedingt v o r der Entscheidung über die*
*Zulassung bis zum Ende hätte klären müssen. Er sehe sich außerstande, in*
*der Diskussion den von mir angedeuteten Standpunkt auch nur im ge-*
*ringsten zu unterstützen. ... Es wurde von mir nicht erwähnt, daß leitende*
*Genossen sich den Film angesehen haben. Ebenfalls sagte ich kein Wort,*
*über die Festlegung im Sekretariat des ZK.* [64]

Die von Wagner erwähnten „leitenden Genossen", die sich den Film
angesehen hatten, waren Honecker und Ulbricht. Alle anderen „leitenden Genossen", die sich mit der Problematik befaßten, kannten
„Spur der Steine" bereits.

Ebenfalls am 30. Juni 1966 wurde Frank Beyer zum Kulturminister Klaus Gysi bestellt. Von dessen Stellvertreter Dr. Maaß wußte er, daß Gysi ihm mitteilen würde, wie mit „Spur der Steine" verfahren werden würde. Beyer hatte eine Protesterkärung vorbereitet und verlas sie bei Gysi. An dem Gespräch bei Gysi nahm auch Erik Neutsch teil. Als Gysi den Vorwurf erhob, der Film verfälsche den Roman, widersprach Neutsch: Er habe in manchen Details Einwände gegen den Film, insgesamt halte er ihn jedoch für eine Verfilmung seines Buches. Gysi darauf: Er, Neutsch, sei befangen und könne das gar nicht beurteilen.

In die Premiere am 30. Juni 1966 im Berliner Kino International waren neben dem normalen Premierenpublikum etwa hundert bis hundertfünfzig Leute geschickt worden, die instruiert waren, mit Zwischenrufen zu provozieren, und an Störaktionen der Nazis gegen den Film „Im Westen nichts Neues" gemahnten. Frank Beyer, der mit Manfred Krug und anderen Darstellern an der Premiere teilnahm: „Das war für mich ein Grunderlebnis. So etwas kannte ich bis dahin nur vom Hörensagen, aus der Nazizeit. Daß die Partei, der ich angehörte, etwas Derartiges inszeniert, hätte ich nicht für möglich gehalten."[65]

Besonders krass waren die Provokationen in Leipzig. Mitglieder der Kampfgruppe demonstrierten dort den „Willen der Arbeiterklasse" und bereiteten so die geplante Entscheidung vor: Die zweite Vorstellung ging im Tumult unter und wurde nach zwanzig Minuten abgebrochen. Der Film wurde vorfristig abgesetzt. In Rostock hatte man vergessen, den Kinoleiter zu instruieren. Als der organisierte Tumult begann, rief er die Polizei. Die kam und unterband den Krawall. In Halle, dem Bezirk des relativ liberalen SED-Chefs Horst Sindermann, verliefen die Vorführungen ohne Störung. Aber auch hier wurde „Spur der Steine" planmäßig nach wenigen Tagen abgesetzt. Damit fand auch die Wallfahrt Leipziger Jugendlicher in die Halleschen Goethe-Lichtspiele zu „Spur der Steine" ihr Ende.

In der DEFA reagierten die Verantwortlichen wie befohlen. Am 5. Juli 1966 trat im DEFA Studio für Spielfilme das Parteiaktiv zusammen. Das Thema: „Spur der Steine". Ein Protokoll dieser Parteiaktiv-Sitzung existiert nicht oder nicht mehr; es war zumindest nicht auffindbar. Frank Beyers Aufzeichnungen geben Aufschluß über Verlauf und Charakter der Versammlung. Beyer selbst kam auch zu Wort. Er verteidigte - als einziger - seinen Film. Die Versammlung wurde nicht beendet, sondern abgebrochen und, da noch zahlreiche Wortmeldungen vorlagen, auf den 13. Juli 1966 vertagt.

Die zweite Tagung des Parteiaktivs zum Film „Spur der Steine" am 13. Juli 1966 war in Geist und Klima die Fortsetzung der vorangegangenen Versammlung. Die Redner bemühten sich, die eigene parteikonforme Haltung unter Beweis zu stellen, indem sie den Film und seine Schöpfer angriffen oder/und erklärten, daß ihnen die Augen über dessen Gefährlichkeit zu spät aufgegangen seien. Frank Beyer ließ sich abermals nicht hinreißen, seinen Film zu verurteilen. Einen Fürsprecher hatte er nur im abwesenden Konrad Wolf, dem Präsidenten der Akademie der Künste der DDR.

Konrad Wolf hatte sich bei der ersten Versammlung nicht zu Wort gemeldet, obwohl er sehr empört war - vor allem über eine Bemerkung des ZK-Abteilungsleiters Wagner, der die Situation der Regisseure im DEFA Studio für Spielfilme mit der der Nazilehrer nach der Kapitulation verglichen und gedroht hatte, mit den Regisseuren könne ähnlich verfahren werden wie nach 1945 mit den Nazi-Lehrern. Vor dem zweiten Parteiaktiv hatte sich Konrad Wolf mit Klaus Wischnewki beraten und war daraufhin nach Moskau gereist. Seine Haltung hatte er in einem Brief an das Parteiaktiv, der nach Abstimmung gegen den Willen der Parteileitung im Forum verlesen wurde, zum Ausdruck gebracht.[66]

Am 23. August 1966 trat die Zentrale Parteileitung des DEFA Studios für Spielfilme zusammen. Siegfried Wagner dazu an Kurt Hager in einer SED-Hausmitteilung des ZK:

*... Im Bericht der Parteileitung werden Genosse Klaus Wischnewski, ehemaliger langjähriger Chefdramaturg des Studios, Genosse Konrad Wolf, Genosse Frank Beyer und Genosse Dr. Günther Karl als Hauptvertreter und geistige Urheber der falschen ideologisch-ästhetischen Auffassungen bezeichnet. Es wurde betont, daß Genosse Mückenberger und Genosse Kühn durch ihr falsches unparteimäßiges Verhalten und falsche Kaderpolitik die Ausbreitung der durch das 11. Plenum kritisierten und im Film „Spur der Steine" konzentriert zum Ausdruck kommenden schädlichen ideologischen Positionen begünstigt haben. ...*

*Die Genossen erklärten, daß nicht länger geduldet werden könne, daß in der grundsätzlichen Einschätzung des Filmes von Mitgliedern der Zentralen Parteileitung entgegen dem Beschluß der Leitung nicht parteimäßige Ansichten in der Parteiorganisation vertreten werden. Die Genossen kritisierten in diesem Zusammenhang vor allem das Auftreten des Genossen Wolf, der in seiner schriftlichen Stellungnahme vor dem Parteiaktiv und in seiner Rede auf der Mitgliederversammlung der APO I am*

*17. August gegen den Beschluß der Parteileitung aufgetreten ist, obwohl er in der Parteileitung darauf hingewiesen wurde, daß die Einheit und Geschlossenheit der Parteiorganisation in ideologischen Fragen auf dem Spiel steht. ... Auf der Grundlage des Berichtes und im Ergebnis der Diskussion wurden folgende Festlegungen getroffen: ... Die ideologische Auseinandersetzung ist zuende zu führen und die notwendigen Konsequenzen zu ziehen: Genossen Beyer und Wischnewski wird in einem Gespräch bei Genossen Maaß nahegelegt, das Studio zu verlassen. In der APO I wird mit beiden die parteimäßige Auseinandersetzung geführt.*

*Genosse Konrad Wolf und Günther Simon werden auf der nächsten Sitzung der Parteileitung noch einmal aufgefordert, ihren Standpunkt darzulegen. Beziehen beide Genossen keinen klaren Standpunkt in der politischen Einschätzung des Filmes, werden sie von ihren Funktionen als Parteileitungsmitglieder entbunden und zwei andere Genossen aus dem künstlerischen Bereich in die Leitung kooptiert.*[67]

### Verbannung ans Theater

Frank Beyer ahnte zu diesem Zeitpunkt nicht, was auf ihn zukam. Er bereitete einen neuen Film vor - „Jakob der Lügner", nach einem Original-Szenarium von Jurek Becker - und war zusammen mit dem Autor in

Polen auf Motivsuche. Vlastimil Brodsky, der für die Titelrolle vorgesehene tschechische Darsteller, hatte bereits einen Vertrag; die Dreharbeiten sollten im Herbst in Krakow beginnen.

Die polnischen Behörden waren an einem Film über ein jüdisches Getto in Polen nicht interessiert. Das Verhältnis der Polen zur Vergangenheit der in Polen ansässigen Juden war kompliziert und nicht frei von Antisemitismus. Die Partner in Polen teilten im Sommer 1966 mit, sie könnten sich im laufenden Jahr an Dreharbeiten nicht beteiligen. Ohne Außenaufnahmen in Polen war der Film für Frank Beyer aber nicht denkbar. Er schlug der Studio-Leitung eine Verschiebung vor. Die Leitung war einverstanden. Frank Beyer nahm Urlaub. Im Urlaub erreichte ihn ein Brief des Leiters der HV Film, Dr. Wilfried Maaß:

*Werter Genosse Frank Beyer!*
*Aus verständlichen Gründen halte ich ein Gespräch mit Ihnen über Ihre Tätigkeit für dringend erforderlich. Ich möchte Sie bitten, trotz Ihres Urlaubs, am Freitag, dem 9. September 1966 um 10.00 Uhr bei mir zu sein.*

Das Gespräch beim Leiter der HV Film setzte den Schlußpunkt unter zehn Jahre DEFA und eineinhalb Jahre Arbeit an einem großen Film. Am 9. September teilte Maaß im Beisein von DEFA-Direktor Wilkening Frank Beyer mit, daß seine Beschäftigung im Bereich des Filmwesens in der nächsten Zeit nicht möglich sei und daß auch eine Anstellung beim Fernsehen oder eine freischaffende Tätigkeit „nicht empfehlenswert" seien. Maaß stellte Beyer eine Beschäftigung an einem Theater der Republik in Aussicht. Beyers Forderung, die Studio-Leitung solle ihn kündigen, lehnte Maaß ab. Es handele sich nicht um eine Kündigung, sondern um eine Aufhebung des Vertrags auf Initiative der HV Film. Dies sei auch kein Berufsverbot. Der Staatssicherheitsdienst sah das anders. In einem Vermerk des MfS vom 8. April 1970 heißt es:
*... Diese Maßnahme kam einem Berufsverbot gleich.*[68]

Helene Weigel bot Frank Beyer an, am Berliner Ensemble zu inszenieren. Beyer durfte das Angebot nicht annehmen. Das Potsdamer Theater wurde ihm ebenfalls verboten. Er konnte wählen zwischen den Theatern in Dresden, Rostock und Leipzig. Er entschied sich für Dresden.

Das Dresdner Ensemble wußte, weshalb Frank Beyer ans Haus kam. Er wurde freundschaftlich aufgenommen, trotz der mit der Verbannung verbundenen Diskriminierung der Dresdner Theaterleute. Intendant in Dresden war Hans Dieter Mäde. Er bot Beyer Stücke an, die Beyer nicht zusagten. Beyer inszenierte deshalb zunächst in Zittau. Erst danach folgten vier Arbeiten in Dresden und 1968 mit dem Ensemble des Dresdner Theaters die Inszenierung von Molieres „Der Geizige" für das Fernsehen der DDR sowie Schillers „Fiesco".

## „Rottenknechte" und „Die sieben Affären der Dona Juanita"

Das Verbot, Filme zu machen, sollte - so interne Andeutungen gegenüber Frank Beyer - auf zwei Jahre befristet sein. Der Kontakt zur DEFA riß in Dresden nicht ab. Beyer bekam Drehbücher zugeschickt und sogar ein Angebot, das ihm die Rückkehr ins Studio ermöglicht hätte. Er sollte den zweiten Teil des „Liebknecht"-Films inszenieren, „Trotz alledem". Beyer lehnte ab. Die Zwangspause verlängerte sich über die angekündigten zwei Jahre hinaus. Daran änderte auch ein Gespräch im Frühjahr 1968 mit Studio-Direktor Bruk und die dabei getroffene Verabredung nichts, zum 1. August 1968 zu den alten Bedingungen ins Studio zurückzukehren, um „Die Aula", den Roman von Hermann Kant, zu verfilmen.

Nach einer Gastinszenierung am Berliner Maxim Gorki Theater bot ihm statt dessen 1969 das DDR-Fernsehen Arbeit an. Zunächst bekam er einen Vertrag als Gastregisseur und ab 1970 eine Festanstellung. Der Staatssicherheitsdienst registrierte seine Rückkehr, unternahm jedoch nichts, sie zu verhindern.

Frank Beyers erster Fernsehfilm war ein Fünfteiler nach einem Buch von Klaus Poche: „Rottenknechte". Bereits Ende 1967 hatte der Leiter des Bereichs Fernsehspiel des DDR-Fernsehens bei ihm anfragen lassen, ob er den Film machen wolle, und Beyer hatte zugesagt. Dann war „Rottenknechte" - wie Beyer im Herbst 1968 zufällig erfuhr - von einem anderen Regisseur begonnen worden. Ein weiteres halbes Jahr später fragte abermals der Fernsehspiel-Chef an, ob Beyer noch an „Rottenknechte" interessiert sei. Nach Dreharbeiten für etwa zwei Stunden Film war das Projekt abgebrochen worden.

Frank Beyer sah sich Material und Drehbücher an und erklärte, er werde den Film nur dann übernehmen, wenn dies nach der ursprünglichen - in der Bearbeitung stark veränderten - Konzeption von Klaus Poche geschehen könne und wenn er von dem vorliegenden Material nichts verwenden müsse. Seine Bedingungen wurden akzeptiert, auch die Neubesetzung fast aller Rollen. Der Leiter der Fernsehspielabteilung erklärte ihm, es dürfe kosten, was es wolle. Nach intensiver Arbeit mit

Klaus Poche und Gerhard Stuchlik am Drehbuch drehte Beyer - mit seinem langjährigen Partner Günter Marczinkowski als Kameramann - vom August bis zum Dezember 1969 und vom April bis zum September 1970. Im Januar 1971 wurde der Film gesendet.

„Rottenknechte" brachte Frank Beyer uneingeschränkte Anerkennung. Mit Autor Poche hatte er sich nicht darauf beschränkt, das bewegende Schicksal von Matrosen der Nazi-Marine, die von fanatischen Offizieren noch nach Ende des zweiten Weltkrieges in den Tod getrieben werden, in einer konventionell erzählten Geschichte darzustellen. Er hatte vielfältige Möglichkeiten des Mediums Fernsehen - Spielhandlung, Kommentar, Dokumentarmaterial, Aussagen authentisch an den Ereignissen Beteiligter, ungewöhnliche Montage, Spiel mit Zitaten - einfallsreich in Einklang gebracht.

Auf „Rottenknechte" folgte eine Episode als Darsteller in Kurt Maetzigs Spielfilm „Januskopf". Danach drehte er für das Fernsehen abermals einen Mehrteiler: „Die sieben Affären der Dona Juanita" nach einem Roman von Eberhard Panitz.

### „Jakob der Lügner"

Während der von Januar bis Oktober 1972 sich hinziehenden Dreharbeiten zu „Dona Juanita" erfuhr Frank Beyer von Jurek Becker, der nach dem Scheitern der Verfilmung von „Jakob der Lügner" das Szenarium zu einem Roman umgeschrieben hatte, das ZDF interessiere sich für den Stoff. Beyer informierte den Leiter des DDR-Fernsehens, Adameck, verwies auf seinen Vertrag, der es ihm erlaubte, als Gast für die DEFA zu arbeiten, und schlug die Verfilmung als Co-Produktion zwischen DDR-Fernsehen und DEFA vor. Adameck und DEFA-Direktor Wilkening stimmten zu, und bereits im Februar 1974, zehn Monate nach der Ausstrahlung des Vierteilers „Dona Juanita", begannen die Dreharbeiten zu „Jakob der Lügner".

In der Konzeption änderte sich gegenüber der ursprünglichen Planung wenig. Beyer: „1966 hätte ich „Jakob der Lügner" sicher schwarz/weiß gedreht. Das hätte eine mehr dokumentarische Gangart bedeutet, und das wäre mit Sicherheit nicht richtig gewesen. Aber ich denke, daß ich auch 1966 das Projekt schon verstanden habe, ich habe ja nicht zufällig daran festgehalten. Es war für mich ein optimaler Fall, wie ein Filmdrehbuch aussehen soll. Daß es eine originelle, komische und tragische Geschichte ist, hat mich beim ersten Lesen fasziniert. Und ich bin heute noch der Meinung, daß das eine der wirklich

guten, originellen Filmstories ist, die wir hier in den vielen Jahren gehabt haben. Vielleicht ist es meine schönste gewesen."[69]

„Jakob der Lügner" wurde Beyers erfolgreichster Film. Er brachte - „im Kollektiv" - den Nationalpreis der DDR und für DEFA-Filme ungewöhnliche bedeutende internationale Anerkennungen: den Silbernen Bären der Internationalen Filmfestspiele Berlin und, als einzigem Film der DEFA in ihrer fünfundvierzigjährigen Geschichte, eine Oscar-Nominierung in der Kategorie „bester ausländischer Film".

### „Das Versteck"

Nach „Jakob der Lügner" verabredete Frank Beyer mit Jurek Becker, der keinen Originalstoff mit Aussicht auf ein baldiges Szenarium in Arbeit hatte, „Pause für Wanzka", einen Roman von Alfred Wellm, zu bearbeiten. Becker schrieb einen ersten Szenariumsentwurf. Die DEFA-Leitung stimmte dem Vorschlag widerwillig zu. Im Studio ahnte man, welche Vorbehalte und Kritik die Verfilmung des Romans beim Ministerium für Volksbildung auslösen würde. Als der Szenariumsentwurf abgeschlossen war, wurden Beyer und Becker ins Ministerium bestellt. Ein Stellvertreter der Volksbildungsministerin Margot Honecker erzählte ihnen, was an dem Roman alles schlecht und falsch sei. Damit war klar, daß es keine Chance für die DEFA gab, den Film zu machen. Die Leitung der DEFA stoppte die Arbeit an dem Projekt.

Im März 1975 kam „Szenen einer Ehe" von Ingmar Bergman in die bundesdeutschen Kinos. Beyer interessierte sich zunehmend für Stoffe mit Konflikten im privaten Bereich. „Diese Stoffe begannen für mich eine Rolle zu spielen, als ich selbst solche Konflikte durchgestanden hatte."[70] Er sah „Szenen einer Ehe" während der Berlinale und bewog Jurek Becker, ihn sich ebenfalls anzusehen. Beyer: „Eine Ehegeschichte zu machen, in die eigene Erfahrungen eingehen, ohne daß sie autobiografisch wird, hatte ich schon längere Zeit im Hinterkopf. Wir wollten allerdings eine Komödie machen, und als wir Bergmans Film gesehen hatten, haben wir begonnen, ernsthaft zu überlegen. Im Frühjahr 1976 rief Becker mich an und sagte: ‚Ich hab' eine Idee.' Dann schrieb er dreißig Seiten auf. Die hab' ich gelesen, und dann hab' ich gesagt: ‚Ja, das ist ein Film, den will ich machen. Das ist ein Film für die Hoffmann und den Krug, damit geh ich jetzt zur DEFA.' Das hab' ich getan. Dann hab' ich Krug und Jutta Hoffman angekündigt, es gebe in zwei oder drei Monaten ein Drehbuch, das ich gern mit ihnen machen möchte. Das Drehbuch war im Juni fertig. Es kam zur DEFA, und drei Tage später saß der Chefdramaturg auf meinem Sofa und sagte: ‚Wir wollen das machen.' Ich sagte: ‚Ich könnte noch in diesem Jahr beginnen.' Darauf er: ‚Wir würden ihn gern in diesem Jahr abliefern.'"[71]

Die Dreharbeiten zum „Versteck" begannen Ende September 1976 und endeten Anfang Januar 1977. Frank Beyer: „Alles ging ganz reibungslos, ganz wunderbar. Bis wir dann plötzlich in die Biermann-Geschichte hineingerieten. Von da an wurde es schizophren. Wir mußten uns am Tag darauf konzentrieren, im Atelier den leichten Ton der Komödie zu halten. Und abends wurde man von einer Versammlung in die nächste geschleppt und mit den wahnwitzigsten Beschuldigungen konfrontiert."[72]

Am 17. November 1976 verbreitete das NEUE DEUTSCHLAND unter der Schlagzeile „Biermann das Recht auf weiteren Aufenthalt in der DDR entzogen - Staatsbürgerschaft der DDR aberkannt" eine Meldung der staatlichen Nachrichtenagentur ADN. Ihr folgte unter der Überschrift „Angemessene Antwort auf feindseliges Auftreten gegen DDR" ein Kommentar, der die Ausbürgerung als Folge von Biermanns Konzert in Köln zu begründen suchte.

Die Ausbürgerung löste Proteste aus. Robert Havemann schrieb einen Text, der im SPIEGEL veröffentlicht wurde. Vier Schauspieler aus der DDR übergaben der Nachrichtenagentur Reuter eine Erklärung, in der die DDR-Regierung zur Überprüfung ihrer Entscheidung aufgefordert wurde. Zwölf Berliner Schriftsteller verfaßten am 17. November 1976 einen Protestbrief. Dieser Protestbrief wurde mit der Bemerkung „Wir sind mit der Erklärung und dem Protest der Berliner Künstler gegen die Ausbürgerung Wolf Biermanns solidarisch" von sechsundzwanzig weiteren Künstlern unterschrieben. Am 18. November 1976 unterschrieben weitere dreiundzwanzig, am 19. November kamen noch einmal dreiunddreißig Unterschriften dazu, darunter die von Frank Beyer, am 20. und 21. November weitere elf.

Frank Beyer: „Von der Erklärung wußte ich zunächst gar nichts. Ich war vollauf mit den Dreharbeiten beschäftigt, und Jutta Hoffmann und Manfred Krug hatten mir absichtlich nichts erzählt, damit sich der Ärger von 1966 für mich nicht wiederholte. Von dem Protestbrief erfuhr ich durch meinen damaligen Chef im Fernsehen. Der versuchte, mich zu verpflichten, nicht an Aktionen gegen die Ausbürgerung teilzunehmen. Ich habe darüber nachgedacht, und am nächsten Morgen im Atelier habe ich Krug gefragt, wie und wo man den Brief unterschreiben könne. Krug meinte: ‚Du mußt mir nur sagen, daß du unterschreiben willst.' Ich sagte: ‚Ich sage es Dir jetzt.' "[73]

Beyers Entscheidung wurde vom Staatssicherheitsdienst sofort registriert. Von diesem Zeitpunkt an wurde er von der Staatssicherheit kontinuierlich überwacht. Nach mehreren Informationen und einer achtseitigen Auskunft vom 30. 11. 1976 mit einer „Darstellung der beruflichen und politischen Entwicklung" sowie „Operativen Aufklärungsergebnissen" eröffnete das MfS am 4. Dezember 1976 gegen ihn unter dem Decknamen „Karbid" eine „Operative Personenkontrolle" (siehe Anhang, Dokument 2)

Öffentlich aktiv wurde die Parteiorganisation des DDR-Fernsehens. Frank Beyer war aus dem Bereich des Fernsehens unter den Unterzeichnern des Protestbriefes der einzige Genosse. Die Parteileitung führte mehrere Aussprachen mit ihm, das MfS dokumentierte sie unter anderem in folgender Notiz:

*Frank Beyer wurde von der APO-Leitung des Bereiches Kunst und Kulturpolitik im Fernsehen der DDR, deren gewähltes Mitglied er ist, eine nochmalige Frist des Überdenkens seines Standpunktes bis zum 3.12.1976 gegeben. Er steht nach wie vor auf dem Standpunkt, die Methode der Ausbürgerung sei falsch, wenn er auch von Biermann nichts hält. Außerdem ist er dafür, Widersprüche offen auszudiskutieren, die Einmischung westlicher Medien sieht er nicht als Gefahr für den Sozialismus in der DDR an.[74]*

Beyers Arbeit bei der DEFA an dem Spielfilm „Das Versteck" ging weiter. Im ZK der SED wurde jedoch bereits darüber nachgedacht, den Film einer breiten Öffentlichkeit vorzuenthalten. Auf die „Unterzeichner" wurde offen oder versteckt Druck ausgeübt. Bereits während der Endfertigung zeichnete sich ab, daß es schwierig werden würde, den Film ins Kino zu bringen.

Manfred Krug startete im Januar 1977 mit Günther Fischer seine alljährliche Jazz-Tournee durch die DDR. Als er zurückkam, war er empört. Er wurde als Rädelsführer der Proteste gegen die Ausbürgerung von Biermann behandelt, die Tournee war ein organisierter Boykott gewesen: Statt wie sonst in überfüllten Sälen vor seinen Fans, hatte er diesmal vor bezahlten und instruierten Nichtstuern gespielt, an die die Karten größtenteils verteilt worden waren. Hinzu kam, daß ihm keine Rollen mehr angeboten wurden. Krug stellte am 19. April 1977 einen Ausreise-Antrag. Damit war zu erwarten, daß „Das Versteck" auf Eis gelegt werden würde.

Der Film wurde am 13. Mai 1977 zwar ohne Beanstandungen zugelassen. Die HV Film und die Studio-Leitung wußten noch nicht, daß Krug die Ausreise beantragt hatte. Wenig später, als Krugs Antrag bekannt geworden war, wurde die für den 23. August 1977 angekündigte Premiere ohne Begründung abgesetzt. Krug sagte Beyer zu, die Ausreise um einige Monate hinauszuschieben, wenn es helfen würde, die Aufführung des Films zu erreichen. Frank Beyer: „Ich hatte den wahnwitzigen Gedanken, daß der Film vielleicht noch aufgeführt werden könnte, solange Krug hier ist. Es war natürlich naiv von mir zu denken, daß sie Krug kurz vor seiner Ausreise noch mal als Filmschauspieler populär machen würden."[75] Beyer schrieb Briefe und führte Gespräche - umsonst. Beyer: „Einwände gegen den Film hatte niemand. Es gab nur das Problem, daß der Hauptdarsteller ein populärer Schauspieler war, der inzwischen das Land verlassen hatte."[76]

Erst fünfzehn Monate später gelang es Frank Beyer, nach vielen Interventionen mit Hilfe der Akademie der Künste durchzusetzen, „Das Versteck" am 6. November 1978 zur Premiere und ins Kino zu bringen. Die damit verbundene Zusicherung besagte, der Film werde zunächst mit fünf Kopien „versuchsweise" in Filmkunsttheatern und danach, wenn keine „Vorfälle" eingetreten seien, mit einer größeren Anzahl Kopien ganz normal in den Kinos eingesetzt. Beyer: „Das war schon wieder ein Betrug. In Wirklichkeit wurde der Film mit den fünf Kopien eingesetzt und nach vierzehn Tagen aus den Kinos genommen, obwohl es keine Zwischenfälle gab."[77]

**Ein ungewöhnlicher Brief**

Parallel zu seinen Anstrengungen, „Das Versteck" ins Kino zu bringen, suchte Frank Beyer nach Stoffen für einen neuen Film. Außerdem bemühte er sich um eine Ausreisegenehmigung für Krug, die nicht gleichzeitig dessen Entlassung aus der Staatsbürgerschaft bedeutete. Er schrieb an Hager und suchte ihn gemeinsam mit Krug und Jutta Hoffmann auf. Vergebens. Krug mußte, als er die DDR am 20. Juni 1977 verließ, die DDR-Staatsbürgerschaft aufgeben. Am 21. Juni erfuhr Frank Beyer von Armin Mueller-Stahl, daß dieser ebenfalls einen Ausreiseantrag gestellt hatte.

In einem Manuskript von Jurek Becker, das unter dem Titel „Schlaflose Tage" beim Hinstorff Verlag als Roman erscheinen sollte, meinte Beyer, den neuen Filmstoff gefunden zu haben. Er schlug ihn dem DDR-Fernsehen und am 8. Juli 1977 auch der DEFA vor:

*Lieber Genosse Mäde!*

*Zusammen mit diesem Brief übergebe ich Dir ein Manuskript von Jurek Becker. Es ist mein Wunsch, auf der Grundlage dieses Buches einen Film zum machen. Ich habe in den letzten Monaten viel gelesen, nichts hat mich so betroffen, wie diese Geschichte. Obwohl in ihr nur über Dinge berichtet wird, die jedermann in unserem Lande kennt, ist sie doch außerordentlich. Vieles schmerzt in ihr, manches ist bitter. Die Hauptfigur empfindet ihren Konflikt in großer Schärfe. Sie ist mir nahe.*

*In unsere Kunst wird, so oder so, die Problematik des Menschen in der Mitte des Lebens hineinkommen. Wir sollten uns diesem Thema stellen und die Herausforderung, die in diesem Buch steht, nicht als Konfrontation mißverstehen. Unsere Gesellschaft, davon bin ich tief überzeugt, braucht auch diese Art von Film; vieles wäre leichter, wenn es solche Filme schon gäbe.*

*Ich habe dem Genossen Hans Bentzin ebenfalls ein Manuskript übersandt. Kinoleinwand oder Fernsehschirm ist für mich im Augenblick eine zweitrangige Frage, über die ich noch nachdenken muß oder über die wir gemeinsam nachdenken sollten.*

*Becker und ich könnten ab Ende August das Drehbuch schreiben. In den ersten Monaten 1978 könnte die Produktion beginnen.*

Am 29. August lehnte Bentzien, stellvertretender Vorsitzender des Staatlichen Komitees für Fernsehen der DDR und Leiter des Bereichs Dramatische Kunst, die Verfilmung von „Schlaflose Tage" ab, am 30. August folgte die Ablehnung von Mäde.

Frank Beyer reagierte mit einem „offenen Brief an den Generaldirektor des DEFA Studios für Spielfilme". (siehe Anhang, Dokument 3) Er hatte ihm nur beschränkte Öffentlichkeit zugedacht und ihn außerdem an den Verband der Film- und Fernsehschaffenden und an die Zeitschrift „Film und Fernsehen" geschickt. Frank Beyer: „Es war sofort Aufregung. Weniger über den Inhalt des Briefes, vor allem darüber, daß es ein ‚offener Brief' war."[78]

Der Chefredakteur von „Film und Fernsehen" lehnte die Veröffentlichung ab, ebenso eine schriftliche Begründung der Ablehnung. Er bot Beyer eine Diskussion im Kollegium an. Die wiederum lehnte Beyer ab. Das Präsidium des Verbandes schlug ebenfalls Aussprachen vor, die den Charakter von Leitungssitzungen versprachen. Daran hatte Frank Beyer kein Interesse.

Die von ihm erhoffte Diskussion kam auch im DEFA-Studio nicht zustande. Mäde reagierte zwar als erster der Adressaten. Er hatte aber keine offene Debatte im Sinn, er lud Beyer ein zu einem Gespräch. Mit der Einladung folgte er den Vorgaben des ZK der SED und des Ministeriums für Kultur. Wie einem Gesprächsangebot des Präsidiums des

Film- und Fernsehverbandes war seiner Einladung eine Beratung im ZK vorausgegangen. Dabei war das Vorgehen, einschließlich der Einladung durch Mäde, angewiesen worden:

*Gemeinsam mit den Genossen Heinz Geggel, Heinz Adameck, Ursel Ragwitz, Eberhard Fensch und Hans-Dieter Mäde wurde folgendes festgelegt:*

*1. Am 10. Oktober findet auf Einladung von Hans-Dieter Mäde eine Aussprache mit Frank Beyer statt, an der Heinz Adameck, Hans Bentzin, Rudi Jürschik teilnehmen;*

*2. Die erweiterte Parteileitung der DEFA beschäftigt sich am 6. Oktober mit dem Brief von Beyer;*

*3. Die Sektion Spielfilm des Verbandes der Film- und Fernsehschaffenden der DDR lädt Beyer zu einer Aussprache über diesen Brief ein (bis zum 15.10.). Die Vorbereitung dieser Aussprache erfolgt durch Ursel Ragwitz und Franz Hentschel - nach Konsultation mit Eberhard Fensch -;*

*4. Durch Heinz Adameck bzw. Hans Bentzin wird Frank Beyer vorgeschlagen, den Roman von Brigitte Reimann „Franziska Linkerhand" oder den Stoff von Benito Wogatzki „Tull" zu verfilmen;*

*5. Weitere Maßnahmen werden je nach dem Ergebnis der Aussprachen festgelegt.*[79]

Am Tage der Festlegung wurde Honecker informiert, der schickte die Hausmitteilung sofort weiter an Lamberz.

Der „offene Brief" wurde in den Leitungen der SED-Organisationen der DEFA Studios intensiv diskutiert - gelenkt und überwacht durch den Staatssicherheitsdienst, der dafür sorgte, daß „labile Elemente" unter den Regisseuren gezielt „bearbeitet" wurden.

Im Gespräch am 10. Oktober 1977 bei Mäde, an dem neben Beyer der Chefdramaturg des Spielfilmstudios, Prof. Dr. Rudolf Jürschik, der Chef des DDR-Fernsehens, Heinz Adameck, und dessen Stellvertreter, der frühere Kulturminister Hans Bentzien, teilnahmen, wurde Beyer unter anderem der Vorschlag unterbreitet, beim Fernsehen Brigitte Reimanns nachgelassenen Roman „Franziska Linkerhand" zu verfilmen.

Beyer akzeptierte den Vorschlag. Am 24. Oktober 1977 teilte er Hans Bentzien mit, er wolle die Titelrolle mit Jutta Hoffmann besetzen, und er sei an weiteren Stoffen interessiert, besonders an dem Stoff von Klaus Poche mit dem Arbeitstitel „Verwirrung der Liebe", dem späteren Fernsehfilm „Geschlossene Gesellschaft".

## „Geschlossene Gesellschaft"

In den Vordergrund rückte für Beyer in dieser Zeit der Stoff von Klaus Poche. Im November 1977 war die Arbeit bereits so weit fortgeschritten, daß er bei Jutta Hoffmann und Armin Mueller-Stahl anfragte, ob sie die Hauptrollen übernehmen würden. Hans Bentzien förderte das Projekt und schützte es gegen Störversuche. Anfang März 1978 begannen die Dreharbeiten, Anfang Juli 1978 wurden sie abgeschlossen.

Über die gesamte Zeit seiner Entstehung wurde „Geschlossene Gesellschaft" von den Dogmatikern im Fernsehen und im ZK mißtrauisch beobachtet und kontrolliert. Massive Schwierigkeiten kamen mit der ersten Rohschnittvorführung. Der Apparat des ZK, das Politbüro und der Staatssicherheitsdienst wurden aktiv. Die Anwürfe der leitenden Funktionären gegen Poche und Beyer zogen sich über die Abnahmen bis zur Ausstrahlung hin. Sie glichen in ihrer Intensität dem Kesseltreiben nach „Spur der Steine".

Am Vortag des Sendetermins befaßte sich das Politbüro mit „Geschlossene Gesellschaft". Hans Bentzien wurde „wegen grober ideologischer Fehler von seiner Funktion entbunden". Der SED-Bezirkssekretär von Berlin bekam den Auftrag, Protestbriefe zu organisieren. Unter dem Punkt 16 der Tagesordnung weist das Protokoll aus:
*Gen. Konrad Naumann, 1. Sek. d. Bezirksleitg. Berlin, wird beauftragt zu prüfen, durch welche Anweisungen Protestschreiben durch die Kreisleitungen in den Grundorganisationen der SED organisiert wurden und den Generalsekretär, Gen. E. Honecker, über das Ergebnis zu informieren.*[80]

Die Sendung des Fernsehfilms am 29. November 1978, der am 6. November 1978 im Berliner Kino Colosseum die hart erkämpfte Premiere des Spielfilms „Das Versteck" vorausgegangen war, war für Beyer und Poche trotz beziehungsweise wegen der Schwierigkeiten vor der Ausstrahlung ein Erfolg.

Mit der Premiere des Kino- und der Ausstrahlung des Fernsehfilms waren die Probleme für Frank Beyer nicht ausgestanden. „Das Versteck" wurde entgegen den Zusagen nach den Alibi-Aufführungen aus den Kinos genommen. Und beim Fernsehen ließen die leitenden Genossen Beyer spüren, wie man über „Geschlossene Gesellschaft" und Beyers weitere Arbeit dachte. Am 6. Dezember 1978 teilte Chefdramaturg Nehring ihm mit, der Fernsehfilm „Franziska Linkerhand" werde nicht produziert. Und am 15. Dezember 1978 druckte das NEUE DEUTSCHLAND in seiner Berichterstattung von der 9. Tagung des Zentralkomitees der SED die Diskussionsrede von Horst Heintze, Mitglied des ZK und Sekretär des Bundesvorstands des FDGB. Heintze hatte sich, nach langen Ausführungen zu wirtschaftlichen Fragen, dem Thema der Tagung, in einigen Sätzen zu zwei Fernsehfilmen geäußert:

*...Wir tun alles, um im sozialistischen Wettbewerb die qualitativen Kennziffern zu erhöhen. In den Kultur- und Bildungsplänen sind wir ständig bemüht, das geistig-kulturelle Leben auf der Grundlage des Marxismus-Leninismus weiter zu gestalten. Aber was die Fernsehfilme „Ursula" und „Geschlossene Gesellschaft" mit unserem sozialistischen Leben zu tun haben, verstehen wir nicht.*

*Wir wünschen, durch viele Meinungen unserer Mitglieder unterstützt, daß solche Filme nicht gezeigt werden. ...*

Frank Beyer richtete gemeinsam mit Klaus Poche am 20. 12. 1978 an Heintze einen „offenen Brief". Politbüromitglied Joachim Herrmann reagierte. Am 28. Dezember 1978 verfaßte er eine „Hausmitteilung" an den Generalsekretär:

*Lieber Genosse Honecker!*

*Anliegend schicke ich Dir zur Kenntnisnahme einen „Offenen Brief" von Beyer und Poche an Genossen Horst Heintze zu Deiner Kenntnisnahme. Sie haben ihn auch an das „Neue Deutschland" geschickt.*

*Die Genossen des Ministeriums für Staatssicherheit haben wir ebenfalls informiert.*

*Mit vielen Grüßen J. Herrmann*

Honecker zeichnete das Schreiben am gleichen Tag ab:

*Zurück an Gen. J. Herrmann* [81]

Am 16. Januar 1979 wurde Honecker von Harry Tisch, Vorsitzender des FDGB und Mitglied des ZK der SED, über das Gespräch des Genossen Heintze mit Beyer und Poche informiert. Honecker schickte Brief und Anlage am selben Tag an Herrmann. Der notierte auf dem Schreiben am 17. Januar 1979:

*Gen. Fensch, Gen. Adameck. Wie besprochen verfahren.*

Die von Politbüro-Mitglied Joachim Herrmann bestätigte Devise der Leitung des Fernsehens war Abwarten und Hinhalten. DEFA-Chef Mäde schloß sich ihr in dieser Zeit an. Angebote hatte Beyer nicht zu erwarten, solange er sich nicht von seinem Fernsehfilm „Geschlossene Gesellschaft" distanzierte.

Auch ein Gespräch am 13. März 1979 mit Konrad Wolf, in das Frank Beyer ohne Hoffnung auf konkrete Ergebnisse gegangen war, brachte keine Veränderung der Situation. Beyer schrieb Briefe an Selbmann, den Nachfolger von Hans Bentzien als Leiter des Bereichs Dramatische Kunst des Fernsehens, und an Mäde, in denen er darauf hinwies, daß der seit „Geschlossene Gesellschaft" anhaltende Zustand der Untätigkeit für ihn nicht mehr tragbar sei.

Der Staatssicherheitsdienst dokumentierte diese Versuche und ihre Ergebnisse:

*Durch den Stellvertreter des Vorsitzenden des Staatlichen Komitees für Fernsehen, Genossen Günter LEUCHT, wurde zur weiteren Gestaltung der Arbeit mit dem Regisseur Frank BEYER und dem Schauspieler Armin MUELLER-STAHL folgendes mitgeteilt:*

*Für Frank BEYER werden zunächst keinerlei Arbeitsmöglichkeiten im DDR-Fernsehen erwogen. Entsprechend seines verhärteten Standpunktes, wie er sich im letzten Gespräch mit Genossen SELBMANN zeigte, kann nicht erwartet werden, daß er einen Film produziert, der den Ansprüchen unserer gesellschaftlichen Entwicklung entspricht.*

*Er bekommt sein Gehalt weiterhin gezahlt, parteimäßig sind im Moment keine Maßnahmen gegen ihn vorgesehen...*[82]

Der Staatssicherheitsdienst hatte die „Bearbeitung" von Frank Beyer bereits im Dezember 1978 verschärft. Nach einer Vielzahl von Informationen, Vermerken und Tonbandabschriften von IM-Berichten hatte die Hauptabteilung XX/7 des MfS am 18. Dezember 1978 den „Beschluß über das Anlegen eines Operativen Vorganges, Deckname „Karbid", Tatbestand §§ 219 und 220 StGB" gefaßt.

Am 20. Dezember 1978 folgte der „Eröffnungsbericht zum OV „Karbid" über Beyer, Frank", der die in den vorangegangenen Unterlagen erhobenen Verdächtigungen und Anschuldigungen zusammenfaßte. (siehe Anhang, Dokument 4)

Der Staatssicherheitsdienst setzte die „Bearbeitung" fort. Er dokumentierte dies in weiteren Informationen, unter anderem an Generalmajor Mittig, den Stellvertreter des Ministers für Staatssicherheit, in Vermerken und Zwischenberichten. Beyers Arbeit wurde beobachtet und beurteilt, die von den staatlichen Leitungen des Fernsehens und des DEFA Spielfilmstudios mit ihm geführten Briefwechsel und Gespräche wurden - teils mit Kopien der Originalbriefe, teils mit Einschätzungen - ebenso dokumentiert wie die mit SED-Funktionären und dem Verband der Film- und Fernsehschaffenden. Beyers Telefon wurde abgehört, private Gespräche wurden von Inoffiziellen Mitarbeitern zur Bespitzelung genutzt. Der Staatssicherheitsdienst verschaffte sich ein nahezu lückenloses Bild von Beyers Arbeit und seinen Absichten. Nach dreiundvierzig Informationen, Vermerken, Berichten folgte am 13. August 1979 ein „Sachstandsbericht zum Operativen Vorgang „Karbid", Reg.-Nr. XV/4863/78", der auf acht Seiten zusammenfaßte, was bis dahin bereits vielfach wiederholt worden war.

Die Leitungen des Spielfilmstudios und des Fernsehens der DDR stimmten ihr Verhalten auf Beyers Bemühen um neue Stoffe miteinander ab. Gelenkt wurden sie dabei vom ZK der SED. Am 4. April 1979 verfaßte Selbmann folgende Mitteilung an Politbüro-Mitglied Herrmann:

*„Streng vertraulich!" Information*
*Am 3.4.79 informierte mich Gen. Mäde, Generaldirektor des DEFA Studios für Spielfilme telefonisch darüber, daß er einen Brief an den Regisseur Frank Beyer gerichtet habe.*
*Wir haben vereinbart, daß wir uns gegenseitig über die Schritte in Bezug auf Beyer informieren.*
*Frank Beyer hatte sich, wie auch an uns, an Gen. Mäde mit der Aufforderung gewandt, ihm „endlich" einen Filmstoff anzubieten. In diesem Schreiben gebrauchte Beyer offensichtlich weitergehende Formulierungen als in seinem Schreiben an mich. So soll er geschrieben haben, daß man von ihm als Vorbedingung zur Zusammenarbeit Anbiederungsversuche verlangt.*
*Gen. Mäde sagte mir, er habe ihm geschrieben, daß, unter der Voraussetzung politischer und inhaltlicher Übereinstimmung, es möglich wäre, ein sachliches Gespräch über einige Stoffe zu führen. Z. B. über Wogatzkis Stoff „Romanze für Amelie", ein noch zu schreibendes Buch von Helmut Beyer[83] oder einen Film nach Anna Seghers Erzählung „Der Weg durch den Februar".*
*Mäde hat in seinem Schreiben hinzugefügt, daß er das Wort „Anbiederungsversuche" strikt ablehne, die Ursache für das gestörte Verhältnis liegt nicht bei der DEFA, sondern beim Regisseur Beyer.*
*Ich fragte ihn, ob dieser Schritt mit der entsprechenden Abteilung des Zentralkomitees abgestimmt ist. Gen. Mäde erklärte mir, daß dies abgestimmt wurde.[84]*

Auch des Präsidiums des Verbandes der Film- und Fernsehschaffenden wurde durch das ZK der SED manipuliert. Nach einem Brief von Beyer, Klaus Poche, Armin Mueller-Stahl und Jutta Hoffmann an das Präsidium zum Umgang mit ihrem Fernsehfilm „Geschlossene Gesellschaft" wandte sich der stellvertretende Leiter der Abteilung Agitation im ZK der SED, Eberhard Fensch, am 21. Juni 1979 an Politbüro-Mitglied Herrmann:

*... Genosse Hannes Schäfer hat mir die Abschrift einer an Dich gerichteten Information über ein Gespräch übermittelt, das er und Erich Selbmann mit Frank Beyer führten.*

*Ich teile seinen Standpunkt, daß wir jetzt nicht mehr umhin können, ein Parteiverfahren gegen Beyer zu eröffnen, wobei ich der Auffassung bin, daß es vom Verhalten Beyers bei der Diskussion abhängig gemacht werden sollte, welche parteierzieherische Maßnahme bis möglicherweise zum Ausschluß oder zur Streichung angewandt wird. In diesem Zusammenhang muß auch entschieden werden, wie nun endgültig auf den Brief reagiert wird, den Frank Beyer, Klaus Poche, Jutta Hoffmann und Armin Mueller-Stahl an das Präsidium des Verbandes der Film- und Fernsehschaffenden gerichtet haben. In Abstimmung mit Genossin Ursel Ragwitz unterbreite ich dazu folgenden Vorschlag:*

*Das Präsidium lädt die vier Unterzeichner des Briefes zu einer Diskussion ein. Dabei wird zunächst klargestellt, daß der Verband und sein Präsidium weder bereit sind, über die Entscheidungen zu diskutieren, die den Einsatz des Filmes durch das Staatliche Komitee für Fernsehen betreffen noch über die Fragen seiner Behandlung in den Massenmedien. Danach wird durch das Präsidium eine gründlich vorbereitete, prinzipiell ablehnende Einschätzung des Filmes „Geschlossene Gesellschaft" gegeben und werden die Unterzeichner aufgefordert, ihre Haltung zu korrigieren.*

*Diese Maßnahme sollte durchgeführt werden, bevor das Parteiverfahren gegen Frank Beyer im Fernsehen eröffnet wird, was ich insofern für vorteilhaft halte, als dann die klare Haltung des Verbandes zusätzliche Argumente für die prinzipielle Auseinandersetzung mit Beyer liefert.*

*Das Präsidium des Verbandes wird darüber hinaus gegen Klaus Poche ein Ausschlußverfahren einleiten. Begründet werden wird dies damit, daß Poche seit über zwei Jahren keinen Beitrag mehr bezahlt und nicht mehr am Verbandsleben teilnimmt. Außerdem werden seine gegen die DDR gerichteten Publikationen in den Medien des Gegners ins Feld geführt.*[85]

Das Präsidium reagierte wie vom ZK gewünscht: Die von Fensch vorgeschlagenen Maßnahmen wurden umgesetzt. Nach zwei Briefen des
Präsidiums an Frank Beyer, die in ihrer zeitlichen Folge und ihrem Inhalt die Indoktrination bereits erkennen ließen, notierte am 13. 7. 1979
die Hauptabteilung XX des MfS:

*Durch den Sekretär des Verbandes der Film- und Fernsehschaffenden, Ge-
nossen Erhard MAI, wurde mitgeteilt, daß eine für den 17. 7. 1979 durch
das Präsidium des Verbandes vorgesehene Aussprache mit Frank BEYER,
Klaus POCHE, Jutta HOFFMANN, Armin MUELLER-STAHL über ihren am
25. 5. 1979 an das Präsidium des Verbandes gesandten Brief auf Mitte
September verschoben wurde.[86]*

Der Grund für die Verzögerung, Urlaub der Beteiligten, klang plausibel.
Frank Beyer und Klaus Poche akzeptierten ihn. Mai und Bellag setzten
die von Fensch entwickelte Linie auch in dem Gespräch um, das am 11.
Dezember 1979 mit Frank Beyer stattfand. Sie erklärten, für die im Brief
aufgeworfenen Fragen sei das Präsidium nicht zuständig. Klaus Poche
erhielt am 15. Januar 1980 vom Präsidium des Verbandes die Mitteilung,
daß es keine Diskussion geben werde. Daraufhin wandte sich Frank Beyer am 5. Februar 1980 erneut an das Präsidium:

*... unter Bezugnahme auf das am 11. Dezember 1979 mit Lothar Bellag
und Erhard Mai geführte Gespräch ersuche ich nunmehr das Präsidium des
Verbandes darum, sich zu dem Brief von Hoffmann, Mueller-Stahl, Poche
und Beyer vom 25. Mai 1979 in einer dem Ernst der vorgetragenen Sache
angemessenen Form zu äußern.*

Der Staatssicherheitsdienst archivierte in der Akte OV „Karbid" dazu den
Entwurf eines Schreibens von Bellag und Mai vom 12. Februar 1980, in
dem es unter anderem heißt:

*... Sie ersuchen in Ihrem Brief vom 5. 2. 1980 um die schriftliche Äuße-
rung des Präsidiums ... und beziehen sich dabei auf das zwischen Ihnen,
Lothar Bellag und Erhard Mai geführte Gespräch vom 11. Dezember
1979. Dabei haben wir zur Kenntnis genommen, daß an dem Angebot,
ein sachliches Gespräch zum Film selbst zu führen, Ihrerseits kein Interesse mehr bestand.*
*Dagegen ergaben unsere sorgfältigen Überlegungen nach unserem Ge-
spräch, daß Ihre Forderungen sich darauf reduzieren, staatliche Entscheidungen nachträglich zur Diskussion zu stellen, denn die grundsätzlichen
Schlußfolgerungen und Empfehlungen des Präsidiums an den Vorsitzen-*

den des Staatlichen Komitees für Fernsehen und seine Antwort darauf hatten wir Ihnen am 11. Dezember 1979 mitgeteilt.
*Aus diesem Grunde haben wir Klaus Poche am 13. 1. 1980 auf Anfrage mitgeteilt, ... daß wir Sie zur Behandlung der Fragen, die den Umgang mit Ihrem Film betreffen ausschließlich an die Leitung des Fernsehens verweisen können, da sie in keiner Weise in die Kompetenz des Verbandes oder seines Präsidiums fallen.*[87]

Der Auftrag war erfüllt. Das Präsidium des Verbandes der Film- und Fernsehschaffenden nahm die Manipulation durch die Funktionäre des ZK als selbstverständlich an. Das belegt die „Information für Genossin Ursel Ragwitz und Genossen Eberhard Fensch" vom 14. 3. 1980:
*Im Sinne unserer Absprache führten Genosse Lothar Bellag, amtierender Präsident des Verbandes der Film- und Fernsehschaffenden und Genosse Erhard Mai, amtierender 1. Sekretär, am 13. 3. 1980 ein Gespräch mit Frank Beyer. ...*[88]

Auch gegenüber dem Staatssicherheitsdienst erfüllte der zuständige Mitarbeiter des Präsidiums seine „Pflicht":
*... Genosse Mai übergab beiliegende Abschriften eines Berichtes über den Verlauf des Gespräches sowie eines Briefes von BEYER, den er nach Konsultation mit den Mitunterzeichnern Klaus POCHE, Armin MUELLER-STAHL und Jutta HOFFMANN verfaßte. ...*[89]

**Angebote vom „Klassenfeind"–**
**„Die zweite Haut" und „Der König und sein Narr"**

Der Herbst 1979 war vergangen ohne ein neues Projekt. Ein Angebot des DDR-Fernsehens, Stephan Hermlins „Leutnant York von Wartenburg"zu verfilmen, hatte Beyer zurückgegeben. Am 20. Dezember 1979 hatte er den Leiter der HV Film, Horst Pehnert, informiert, daß er den Kritikerpreis der BRD für „Das Versteck" in West-Berlin annehmen werde. Pehnert wandte sich am 24. Januar an Hager:
*... Wenn nicht Faktoren dagegen sprechen, die ich nicht beurteilen kann bzw. nicht richtig beurteile, würde ich die Annahme des Preises empfehlen. Sie würde jedenfalls weit weniger Aufsehen erregen, als Frank Beyer die Möglichkeit zu verweigern, den Preis entgegenzunehmen.*[90]
Beyer durfte nach West-Berlin fahren und nahm den Preis am 21. März 1980 in der Akademie der Künste entgegen. Trotz dieser Ehrung war

seine Situation wenig ermutigend. Beyer: „Poche ging in den Westen. Ich saß hier, hatte mein Monatsgehalt und keine Arbeit."[91] In dieser Lage wurden ihm, nahezu parallel, zwei Bücher angeboten: „Die zweite Haut" und „Der König und sein Narr". Beyer: „Das erste war ein WDR-Projekt, das andere ein SFB-Projekt, beide wurden betrieben von der Universum Filmgesellschaft. Es gab noch andere Angebote, aber für diese beiden Stoffe war sowohl Geld da als auch ein Produktionszeitraum. Sie sollten hintereinander gemacht werden. „Der König und sein Narr" war ein Roman von Martin Stade. Ich kannte weder den Roman, noch wußte ich, daß Plenzdorf für die UFA an einem solchen Projekt arbeitet. Es kam fast zur gleichen Zeit wie Poches „Zweite Haut" auf meinen Tisch. Und ich habe mich innerlich entschieden, beide Sachen zu machen - vorbehaltlich der Klärung im Lande, in der DDR. Es war ja nicht unproblematisch, die Erlaubnis zu kriegen. Denn in dieser Zeit arbeiteten zwar Theater-Regisseure und Sänger in der BRD. Aber es war ein absoluter Präzedenzfall, daß ein fest angestellter Regisseur des DDR-Fernsehens für das West-Fernsehen etwas macht. Das war ja der erklärte ideologische Feind, der Klassenfeind. Ich habe mich deshalb auch gar nicht bemüht, von Adameck oder Herrmann eine Genehmigung zu bekommen. Ich habe an Hager geschrieben. Ich habe ihm geschrieben, daß das Maß nun voll ist, daß es das zweite mal ist, daß ich erlebt habe, was bei „Spur der Steine" passiert ist: daß eine Arbeit, die im besten Einvernehmen angefangen worden ist, plötzlich auf den Müll geworfen wird. Und daß der Unterschied nur darin besteht, daß ich zwölf Jahre älter geworden bin und daß ich das, was ich damals hingenommen habe, heute nicht mehr hinnehmen werde. Und ich habe ihm den Sinn nach geschrieben: Ich sehe noch eine Möglichkeit für einen minimalen Konsens: daß man in Ruhe über ein neues Projekt nachdenkt und daß sie mir unbezahlten Arbeitsurlaub geben, damit ich in die BRD und nach Westeuropa fahren und mich umtun kann, ob ich dort Projekte finde und mache. Dabei hatte ich diese beiden Projekte im Hinterkopf. Die waren so gut wie perfekt, ich mußte nur ‚ja' dazu sagen."[92]

Die Abteilung Agitation des ZK der SED wandte sich, als sie von Beyers Brief an Hager und dem bevorstehenden Gespräch Beyer-Hager erfuhr, ebenfalls mit einem Brief an Hager. Am gleichen Tag notierte die Hauptabteilung XX des MfS in einer Information:

*... Genosse Leucht informierte ... darüber, daß in letzter Zeit einige Entscheidungen bezüglich der weiteren Arbeit mit dem Regisseur Frank BEYER getroffen wurden.*

*Entsprechend einer durch die Abteilung Agitation im ZK der SED erfolgten Instruktion sind Gespräche mit ihm und die Zusammenarbeit so zu gestalten, daß es zu keiner weiteren Verhärtung der Standpunkte kommt. Es sollen keine Gründe geschaffen werden, die evtl. dazu führen, den Genossen BEYER als Mitglied der Partei streichen zu müssen.*

*Dem Genossen Leucht ist bekannt, daß durch einen leitenden Genossen im ZK der SED mit BEYER in Kürze ein Gespräch geführt wird. In Vorbereitung desselben wurden mehrere Entscheidungen getroffen:*

*- Beyer darf seine Ehefrau Monika Unferferth zur Entgegennahme des Kritikerpreises nach Westberlin mitnehmen. ... .*

*Es ist alles zu tun, um BEYER baldmöglichst durch die Übernahme einer Regieaufgabe zu binden....*[93]

Am 27. März 1980 kam es zum Gespräch mit Hager. Frank Beyer zum Verlauf: „Es war ein langes und merkwürdiges Gespräch. Hager hatte den Brief gründlich gelesen. Nach etwa fünf Minuten sagte er: ‚Wir sind doch Genossen, und in der Partei ist es doch üblich, daß man Du zueinander sagt.' Ich sagte: ‚Ja, das kenne ich auch so, nur bin ich nie derjenige gewesen, der einen älteren Genossen als erster mit Du angesprochen hat.' Von diesem Moment an waren wir per Du. Und nachdem das Gespräch in verschiedenen Tonlagen zwei Stunden geführt wurde, waren wir wieder beim Sie angelangt, ohne daß wir gemerkt hätten, wie es passiert ist. Hager hat trotzdem erklärt, er wird sich für die Sache verwenden. Er konnte das nicht entscheiden, ich war ja nicht ihm, ich war Herrmann unterstellt. Drei Tage später kam der Bescheid: Die Sache ist genehmigt."[94]

In dieser Zeit fand im DDR-Fernsehen die sogenannte Kontrolle der Parteidokumente statt. Sie war Routine, bot jedoch den Leitungen Gelegenheit, Auseinandersetzungen mit unliebsamen Genossen auf relativ unspektakuläre Art zu Ende zu bringen. Die Parteileitung des DDR-Fernsehens wollte diese Gelegenheit nutzen: Die meisten Genossen seiner Parteiorganisation waren nicht mehr bereit, die „Sonderbehandlung", die ihrer Meinung nach Beyer zuteil wurde, zu akzeptieren. Nach einem Gespräch mit Fernseh-Chef Adameck am 22. April 1980, in dem Frank Beyer erfuhr, daß sein Arbeitsurlaub bewilligt wurde, führten der Parteiorganisator des ZK im Fernsehen, Schäfer, Genossin Schaumäker, Mitglied der Leitung der Grundorganisation, und Genosse Deutsch, Mitglied der Leitung der APO, am 25. April 1980

„das persönliche Gespräch mit Genossen Frank Beyer zur Kontrolle der Parteidokumente". Frank Beyer dazu: „Ich kam zu dem Gespräch und dachte, es wird alles ganz normal sein. Aber es begann schon merkwürdig. Schäfer, der Chef der Kreisleitung des DDR-Fernsehens, fing an, einen langen Vortrag zu halten über meine Verdienste als Film- und Fernsehregisseur. Das war nur das Vorspiel. Dann kamen drei Forderungen, drei Bedingungen, unter denen ich in der Partei hätte bleiben können: erstens meine Unterschrift unter die Biermann-Petition zurückzuziehen, zweitens mich von meinem eigenen Film, von „Geschlossene Gesellschaft", zu distanzieren, drittens auf die geplante Arbeit in der BRD zu verzichten. Diese Bedingungen habe ich nicht akzeptiert."[95]

Frank Beyer wurde in dem Gespräch mitgeteilt, daß „nach dem Verlauf dieses Gesprächs die Mitgliederversammlung der APO am 28. April über einen vorliegenden Antrag aus der APO-Leitung, ihn als Mitglied der SED zu streichen, entscheiden werde."[96]

An der Mitgliederversammlung am 28. April 1980 nahm Frank Beyer nicht teil. Die Teilnehmer an dieser Mitgliederversammlung der APO 9 des DDR-Fernsehens schlossen ihn, ohne Gegenstimme, aus der SED aus.[97]

Zum Zeitpunkt des Ausschlusses aus der SED hatte für Frank Beyer bereits ein neuer Abschnitt seiner Biografie begonnen: Er schrieb seit dem 16. April am Drehbuch für seinen ersten Film, der nicht bei der DEFA oder beim DDR-Fernsehen produziert werden sollte, „Die zweite Haut". Die Geschichte spielte in der DDR-Gegenwart. Die DEFA hatte den Stoff, den Beyer als Exposé von Poche unter dem Arbeitstitel „Extemporé" angeboten hatte, mehrmals abgelehnt.

Noch bevor Frank Beyer am 15. Mai 1980 das Drehbuch abschloß, verabredete er mit Hermann Kant und Wolfgang Kohlhaase die Verfilmung von Kants Roman „Der Aufenthalt". Frank Beyer: „Zu diesem Zeitpunkt hatten wir doch noch einen Weg gefunden, den Roman zu verfilmen. Diesen Weg hatten wir lange gesucht. Adameck hatte sich an Kant und mich gewandt und gesagt: ‚Ihr könnt machen, was ihr wollt, aber macht diesen Film. Ich hatte mich dem nicht verschlossen, ich hatte nur keinen Ansatz gefunden, aus diesem Buch einen Film zu machen. Wir hatten auch mehrmals mit Wolfgang Kohlhaase geredet. Und als ich Kant schon abgesagt hatte, kam Kohlhaase eines Tages mit dem entscheidenden Gedanken: die Gefängnis-Geschichte aus dem

Roman herauszulösen, also erst nach etwa hundertsechzig Seiten der Romanhandlung einzusetzen und die Figur des Mark Niebuhr dann durch das Warschauer Gefängnis zu führen."[98]

Auch danach arbeitete Frank Beyer an verschiedenen Projekten zum Teil parallel. Er schloß die Dreharbeiten und die Endfertigung zu „Der König und sein Narr" ab, führte Arbeitsgespräche zum „Aufenthalt", bereitete „Die zweite Haut" vor, zog Ende März 1981 nach West-Berlin und drehte von Ende April bis Anfang Juni 1981 „Die zweite Haut".

## „Der Aufenthalt"

Am 7. Juni 1981 bekam Frank Beyer das Szenarium zum „Aufenthalt", Ende Juli schloß er die Endfertigung von „Die zweite Haut" ab. Und nach einer Reise nach Frankreich und Spanien begann er - in der DDR und für die DEFA - mit der Vorbereitung zu „Der Aufenthalt". Frank Beyer: „Ich hätte in der Bundesrepublik weiter arbeiten können, ich hatte noch andere Angebote. Aber ich wollte mich an die Verabredung halten. Und ich muß zur Ehre von Hermann Kant sagen, der sicher bearbeitet worden ist, dieses Projekt doch nicht mir anzuvertrauen, daß mit ihm darüber nicht zu reden war. Er wußte, daß ich in der BRD drehen würde, und er hat bei der DEFA ungefragt erklärt, daß diese Verabredung nicht eine Verabredung ist, daß die DEFA das Buch von Hermann Kant verfilmt, sondern daß die Verabredung darin besteht, daß das Buch von Kant von Kohlhaase bearbeitet und von Beyer als Regisseur gedreht wird."[99]

Die Vorbereitung des „Aufenthalt", die von Ende Januar bis Mitte Mai 1982 dauerenden Dreharbeiten und die Endfertigung des Films verliefen problemlos. Die Abnahme im Juli 1982 brachte keine Beanstandungen, bei Presse und Publikum war der Film nach seiner Premiere am 22. Januar 1983 ein Erfolg.

„Der Aufenthalt" wurde im Februar 1983 nach West-Berlin zur Berlinale eingeladen und für den Wettbewerb nominiert. Aber nachdem die Nominierung ausgesprochen war, kamen aus Polen Proteste gegen den Film. Die DDR zog ihn daraufhin vom Festival zurück. Frank Beyer: „Daß es solche Probleme geben könnte, haben wir uns nicht träumen lassen. Die Zusammenarbeit mit den polnischen Kollegen war vorzüglich. Wir hatten einen polnischen Produktionsleiter, polnische Kostümberater und mehr als ein Dutzend polnische Schauspieler engagiert, alles war im besten Einvernehmen. Die Zusammenarbeit war auch deshalb spannend, weil seit Dezember 1981 in Polen Kriegsrecht herrschte. Unmittelbar vor Drehbeginn waren wir wochenlang ohne jede Nachricht aus Polen. Wir wußten nicht, ob die Schauspieler überhaupt kommen können, ob die Kostüme, die wir bestellt hatten, geliefert werden. Es gab eine Krisensitzung. Ich habe erklärt: ,Das ist ein wichtiges und in mancher Beziehung heikles Thema, und ich kann das nicht ohne polnische Beteiligung machen, ich kann die Polen nicht ausladen und für die polnischen Darsteller tschechische oder deutsche Schauspieler holen, dazu ist die Sache zu diffizil.' In letzter Minute klappte alles. Die polnischen Kollegen kamen und brachten die Kostüme mit. Der Film ging ganz wunderbar über die Bühne und wurde abgenommen und gelobt und zum Festival gemeldet. Und irgendwann kam dann die Nachricht, er sei zurückgezogen worden. Niemand hat uns, was das Festival anging, konsultiert, die Politiker haben das wieder unter sich ausgemacht."[100]

Die spärlichen Argumente, die aus Polen kamen, liefen hinaus auf den Vorwurf, der Film stelle - da er mit der Verhaftung des deutschen Gefreiten beginnt und nicht mit dem Einmarsch der deutschen Armee in Polen - Ursache und Wirkung nicht in korrekter Form dar. Die Einwände wurden nicht öffentlich formuliert, sie kamen allerdings von „höchster Stelle". Politbüro-Mitglied Hermann Axen fuhr nach Polen, konnte aber die Vorbehalte nicht ausräumen. Die Vorbehalte führten dazu, daß der Einsatz des Films auch in der DDR behindert wurde. Protestbriefe von Beyer und Kohlhaase an den polnischen Botschafter und von Kant an Hager und Honecker halfen nicht.

Eine öffentliche Auseinandersetzung zu den Einwänden aus Polen fand nicht statt. Eine Argumentation gegen den polnischen Protest war nicht im Sinne der Dogmatiker, die Gelegenheiten, von ihnen als „feindlich" gesehene Leute zu bekämpfen, nach Kräften nutzten. Frank Beyer am 20. Februar 1983 in einem Brief an Kulturminister Hoffmann:
*... Meiner Bemerkung im Brief vom 16. 2. 83 an Dich, daß unser Film „über viele Tage auch im Inland behindert wurde" muß ich heute hinzufügen, daß die Verbreitung unseres Films bei unserem eigenen Publikum auch weiterhin von denjenigen behindert wird, die in unserem Lande für Presse, Fernsehen und Rundfunk verantwortlich sind. Wer kämpft hier eigentlich mit was für Mitteln gegen wen? Sollten wir nicht wirklich damit aufhören, in dieser Sache noch weitere Eigentore zu schießen*[101]

## „Bockshorn"

Während der Endfertigung des „Aufenthalts" begann Frank Beyer die Arbeit an einem Projekt, das er Mäde bereits im Juni 1979 vorgeschlagen hatte, an „Bockshorn" nach dem gleichnamigen Roman von Christoph Meckel. Frank Beyer: „Das Buch gab es bei der DEFA, die Dramaturgin Christel Gräf hat es mir irgendwann gezeigt. Es war ein Angebot von Durniok. Seine West-Berliner Produktionsfirma hatte die Rechte an dem Buch, und er strebte eine Co-Produktion an, weil er offenbar nicht die finanzielle Kraft hatte, es allein zu machen."[102]

Die Dreharbeiten begannen Ende April 1983. Am 8. Dezember 1983 war der Film fertiggestellt, im März 1984 hatte er Premiere. Eingriffe gab es nicht, weder während der Produktion, noch bei der Abnahme.

Publikum und Presse nahmen „Bockshorn" zwiespältig auf. Die Geschichte der Halbwüchsigen Sauly und Mick, die ein weites, die USA assoziierendes Land durchqueren und Saulys Schutzengel zurückerobern wollen, den ein geheimnisvoller Unbekannter an einen anderen Unbekannten verkauft hat, polarisierte und spaltete das Publikum. Das eine Lager wollte dem Film und seiner poetischen Metapher nicht folgen und lehnte diese Form der Überhöhung ab. Der andere Teil des Publikums mochte gerade die Metapher und die poetische Substanz des Films. Frank Beyer: „Ich habe „Bockshorn" immer in der Nachfolge von „Jakob der Lügner" gesehen. Es geht wie in „Jakob" um eine Parabel. Ein Junge, dem man angeblich den Schutzengel weggenommen hat, gerät in eine Hysterie, die ihn schließlich sogar das Leben kostet. Wie von Jakob mit Worten Hoffnung, wird hier mit Worten Panik verbreitet. Ich hatte die Hoffnung, daß ich in dieser Art von Stilisierung auch diesen Film machen kann. Offensichtlich sind aber die Realitäts-Bezüge des Buches von Meckel doch anders als bei „Jakob". Es hat nicht so funktioniert, wie ich es mir versprochen habe. Für mich war enttäuschend, daß der Film unter den jungen Leuten nicht den Zulauf hatte, den ich erhofft hatte."[103]

### Versuche

Nach „Bockshorn" gab es in der DDR für Frank Beyer keine Aussicht auf ein konkretes Projekt. Beim Fernsehen einen Film zu machen, war für Beyer in dieser Zeit ebenso undenkbar wie für die dort verantwortlichen Genossen.

Auch bei der DEFA war für Beyer keine Arbeit in Sicht. Beyer: „Das war keine Bosheit, es war nichts da. Und einen Gegenwartsfilm, der in der DDR spielt, hätte mir Mäde natürlich nie anvertraut."[104]
In dieser Zeit kam ein Angebot von Artur Brauner, dem Chef der West-Berliner CCC Filmproduktion. Beyer: „Brauner wollte sofort einen Vertrag mit mir machen, über mehrere Filme. Zwei davon, „Hitlerjunge Salomon" und „Schindlers Liste" sind später von anderen Regisseuren verfilmt worden. Ich habe Arbeitsurlaub genommen und angefangen, an „Hitlerjunge Salomon" zu arbeiten. Das zog sich sehr lange hin. In der Form, in der sie vorlag, wollte ich die Geschichte nicht machen. Wir haben dann mit verschiedenen Autoren gearbeitet. Mit den Treatments der Autoren, die ich vorgeschlagen hatte, war Brauner nicht zufrieden, und mit den Entwürfen der Autoren, die Brauner ins Spiel brachte, kam ich nicht klar. Der Stoff hat mich interessiert. Aber dafür, wie jemand sich auf eine opportunistische Weise anpassen muß und in Zwänge gerät und wie der Junge das zum Teil sogar aus Überzeugung macht, wie er ein überzeugter Hitlerjunge wird - dafür hätte man eine geeignete Form finden müssen. Die haben wir damals nicht gefunden. Und ich wollte keinen Film, dessen Spannungsbogen in der Frage besteht, ob es irgend jemandem gelingt, diesem Halbwüchsigen die Hose runterzuziehen und festzustellen, daß er ein beschnittener Jude ist. Dann haben wir das Projekt gewechselt, und schließlich gab es noch ein drittes. Und dann bin ich eines Tages ausgestiegen. An ein Drehbuch, mit dem ich ins Atelier gehe, wollte ich den gleichen Anspruch stellen wie bei einem DEFA-Film."[105]

Die Aktivitäten des Staatssicherheitsdienstes gegen Frank Beyer waren mach dem Beginn der Vorbereitungsarbeiten zum „Aufenthalt" zurückgegangen. 1982 und 1983 nahmen sie weiter ab. Im Januar 1984 faßte das MfS den Beschluß über die Archivierung des OV „Karbid" und formulierte den „Abschlußbericht zu dem Operativ-Vorgang „Karbid", Reg.-Nr. XV/4863/78." (Anhang,, Dokument 5)
Ein Vermerk vom 16. Januar 1984 besagt:
*Am 16. 1. 1984 wurden die Berichte 1 bis 305 des Auftrages 26/7A/416 vernichtet.*[106]
Danach enthält die Akte OV „Karbid" noch eine Notiz der Bezirksverwaltung Potsdam vom August 1985 über Pläne von Frank Beyer zu neuen Filmprojekten in der BRD und bei der DEFA.

## „Der Bruch"

Beim „Aufenthalt" hatten Beyer und Kohlhaase die Verabredung getroffen, wieder einen Film zusammen zu machen. Offen geblieben war, was für einen. „Transit" nach dem Roman von Anna Seghers hatte sich zerschlagen, weil die Rechte nach Frankreich verkauft worden waren. Es gab zunächst nur die Überlegung, der Film solle im Jahr 1945 spielen. Frank Beyer: „„Der Bruch" war unsere Reaktion auf die Kino-Situation in der DDR. Wir wollten angesichts der immer weiter zurückgehenden Besucherzahlen einen Film in einem populären Genre machen, um viel Publikum ins Kino zu kriegen. Kohlhaase kam dann mit der Idee, einen Einbruch in die Reichsbahn-Kasse aus dem Jahr 1952 aufzugreifen. In den Akten fanden wir wunderbares Material über die Ganovenszene am Alexanderplatz. Wir entschlossen uns, die Geschichte in das Jahr 1946 zu legen. Die Situation des Jahres 1952 mit den verschiedenen Währungen im geteilten Berlin war kompliziert, wir wollten aber nichts erklären, sondern eine Komödie drehen. Das Jahr 1946 bot dafür bessere Voraussetzungen. Die Gesellschaft war in ihren Strukturen noch offen, mit den gleichen Voraussetzungen konnte man Einbrecher werden oder Polizist."[107]

Die Zusammenarbeit zwischen Beyer und Kohlhaase am Szenarium begann in einer frühen Phase des Projekts, das Aktenstudium und der Bau der Fabel dauerten relativ lange. Nach einem Jahr Arbeit, im Frühjahr 1987, lag das Szenarium vor. Und nach einem Ausflug ans Leipziger Kabarett „Die Pfeffermühle", wo er Regie führte bei dem Programm von Peter Ensikat und Wolfgang Schaller „Auf Dich kommt es an, nicht auf alle", begann Frank Beyer im Herbst 1987 die Vorbereitungen und im Februar die bis zum Mai 1988 dauernden Dreharbeiten. Schwierigkeiten gab es weder bei der Abnahme des Buches noch bei der Zulassung des Filmes, ebensowenig nach der Premiere am 19. Januar 1989 im Berliner Kino Kosmos. Die Reaktion von Publikum und Presse war wohlwollend-freundlich. An dem Film gab es nichts zu kritteln. Er war pointensicher erzählt, glänzend gespielt, perfekt inszeniert. Unterschwellig bestimmte trotzdem leise Enttäuschung manche Rezension und Reaktion von Beyer-Verehrern. Ein Gauner-Trio im Wettkampf mit der Polizei und den eigenen Unzulänglichkeiten erschien ihnen, trotz - oder wegen - des unbestrittenen Unterhaltungswertes des Films, wie ein von Beyer nicht erwartetes Ausweichen vor den Problemen der Gegenwart.

## „Der Verdacht"

Sofort nach dem „Bruch" begann Frank Beyer mit der Abeit an
einem neuen Projekt, an einem zweiteiligen Fernsehfilm der West-
Berliner Allianz Filmproduktion für den Westdeutschen Rundfunk
Köln nach einem Buch von Wolfgang Menge: „Ende der Unschuld".
Der Stoff - die Arbeit deutscher Wissenschaftler am Uranprogramm
der Nazis während des zweiten Weltkriegs - hatte Beyer schon früher
beschäftigt. Mit dem Herbst 1989 wurde die Geschichte plötzlich aktuell. Wie viele DDR-Intellektuelle nach der „Wende" hatten sich die
deutschen Wissenschaftler nach dem Ende des Krieges und dem Ab-
wurf der ersten Atombombe die Frage gestellt, ob sie bei den Nazis
mitgemacht hätten oder nicht.

Beyer arbeitete in den Monaten vor und nach dem Herbst 1989
mit höchster Intensität. Nach der Arbeit mit Wolfgang Menge am
Szenarium und der Vorbereitung des insgesamt dreistündigen Films
drehte er „Ende der Unschuld" von Anfang März bis Ende Mai 1990.
Und noch während der Endfertigung, im Sommer 1990, begann
er mit den Vorarbeiten für seinen letzten DEFA-Film, „Der Verdacht".

Die Vorbereitung des Films reicht zurück ins Jahr 1988, die Vorgeschichte ins Jahr 1975. 1988 durfte Volker Brauns Erzählung „Eine unvollendete Geschichte", im zweiten Anlauf, in der DDR erscheinen. Die erste Veröffentlichung war 1975 abgebrochen worden: In einer Teilauflage der Zeitschrift „Sinn und Form" erschienen, waren die noch nicht ausgelieferten Exemplare der Zeitschrift zurückgehalten und eingestampft worden. Beyer hatte sich bereits damals um eine Verfilmung bemüht, allerdings ohne große Hoffnung und ohne Erfolg. Ein Buch, das in der DDR nicht verlegt werden durfte, zu verfilmen, war in der DDR erst einmal gelungen: Kurt Maetzig mit „Das Kaninchen bin ich". 1988 las Beyer die Geschichte erneut und wandte sich mit dem Vorschlag, sie zu verfilmen, an die DEFA. Die Antwort kam, nachdem Mäde das Studio verlassen hatte. Beyer: „Es hat sechs Monate gedauert, bis wir beim Chefdramaturgen saßen. Zu meiner Freude und Verwunderung erklärte Jürschik, daß sie die Rechte von Volker Braun erwerben wollen. Das war unmittelbar vor dem Sommer '89, und dann hat sich das Projekt innerhalb weniger Wochen aus einem brisanten Gegenwartsstoff in einen historischen Film verwandelt."[108]

Plenzdorf übernahm den Auftrag, das Drehbuch zu schreiben. Als das Buch fertig war, gab es die DDR nicht mehr. Beyer: „Wir fragten uns, ob der Film auch als historischer Film im Kino eine Chance hätte. Und wir dachten ‚ja', denn wir sahen den Stoff als eine richtige Liebes-, als eine Kino-Geschichte."[109]

Beyer betrieb das Projekt mit hohem Tempo. Den Anschluß an „Ende der Unschuld" sollte - so die Planung - ein Film mit Klaus Poche bilden: „Sie und Er", ein zweiteiliger Fernsehfilm für den WDR. Danach war „Der Verdacht" vorgesehen. Doch mit dem Szenarium von Poche gab es Schwierigkeiten, „Sie und Er" konnte nicht planmäßig produziert werden. Das Szenarium von Plenzdorf zum „Verdacht" dagegen lag vor. Die Produktion des Filmes war allerdings nicht für 1990 geplant, und die Finanzierung war nicht gesichert. Als im September 1990 dem DEFA Spielfilmstudio, als letzte Verfügung des letzten DDR-Kulturministers, Herbert Schirmer, achtzehn Millionen DM überwiesen wurden, um wenigstens einen Teil des zuvor üblichen Produktionsvolumens abzusichern, gelang es dem Studio, das fehlende Geld aus Filmfördermitteln zu beschaffen, so daß „Der Verdacht" als einer der zehn Filme, die bis 1992 noch fertiggestellt wurden, in Produktion genommen werden konnte. Am 5. November 1990, vor Abschluß der Endfertigung von „Ende der Unschuld", begann Frank Beyer mit den Dreharbeiten. Wie schon bei „Ende der Unschuld" blieb ihm keine Zeit, ein Drehbuch zu schreiben, geschweige denn, wie in früheren Jahren, ein Storyboard anzulegen. Die Dreharbeiten dauerten bis zum 10. Januar 1991 und waren in ihrem Tempo - mit weniger als vierzig Drehtagen - auch ein Versuch, auf die veränderten Bedingungen zu reagieren.

In einigen Sequenzen spürt man die Eile, mit der gedreht werden mußte. Die geringe Resonanz des Films bei Presse und Publikum ist allerdings den Bedingungen geschuldet, unter denen der Film ins Kino kam. Im November 1991 war die Euphorie des ersten Jahres nach der „Wende", in dem „Vergangenheitsbewältigung" aktuell war und „Spur der Steine" wochenlang in Ost und West in ausverkauften Kinos lief, verflogen. Das Interesse für die DDR war besonders im Osten vorbei. Die Zuschauer in den neuen Bundesländern wollten sehen, was ihnen bis dahin vorenthalten worden war, und nicht, was sie selbst erlebt hatten, woran sie beteiligt waren und was sie hingenommen hatten, statt sich zu widersetzen: Geschichten wie die von Frank, der verdächtigt wird, die DDR illegal verlassen zu wollen, von Anpassung, Pflichtgefühl und Denunziation, vom Funktionieren des alltäglichen Stalinismus in der DDR.

## Operativer Vorgang „Schreiber" – Rainer Simon

Rainer Simon, geboren am 11. Januar 1941 in Hainichen (Sachsen), wuchs in seiner Geburtsstadt ohne Geschwister und ohne Vater bei seiner Mutter auf.1959 legte er das Abitur ab, danach war er bis 1961 im Grundwehrdienst Soldat bei der Nationalen Volksarmee der DDR. Im Herbst 1961 begann er an der Deutschen Hochschule für Filmkunst Potsdam-Babelsberg Regie zu studieren.

### Schulzeit und Studium

Rainer Simon: „Meine ersten Schreibversuche gehen in die siebente, achte Klasse zurück. Kriminalgeschichten, die irgendwo, fernab der Realität spielten. Mit fünfzehn, in der Oberschulzeit, wurden diese Versuche ernsthafter, gesellschaftsbezogener. Irgendwann kam ich auf die Idee, etwas davon an die DEFA zu schicken. Ich schrieb zielgerichteter, in Richtung Dramatik. Film begann mich zu interessieren. Das Geld für eine Schmalfilmkamera hatte ich nicht, also mußte es vorerst beim Schreiben bleiben. Ich konnte aber ins Kino gehen, mir Filme ansehen, und mir wurde klar, daß das Gesicht des Films vom Regisseur und nicht vom Schreiber bestimmt wird. So bewarb ich mich 1958/59 mit all meinen „selbstschöpferischen" Arbeiten, so nannte sich das, an der Filmhochschule für die Fachrichtung Regie, wurde zur Aufnahmeprüfung eingeladen und angenommen."[110]

In der Oberschulzeit hatte Simon unter anderem Engels gelesen. Die Lektüre hatte ihn so beeindruckt, daß er bereits als Siebzehnjähriger den Antrag stellte, in die SED aufgenommen zu werden. Und auch zu Beginn des Studiums an der Babelsberger Filmhochschule gehörte er zu denen, die begeistert waren von den sozialistischen Idealen. „Außer Schulwissen", so Simon über diese Zeit, „kannte ich damals nicht viel in gesellschaftspolitischer Hinsicht; von einer der großen Katastrophen unseres Jahrhunderts, dem Stalinismus, ahnte ich kaum etwas."[111]

Mit Egon Schlegel, Günter Meyer, Dieter Roth und anderen Kommilitonen gründete er unter dem Einfluß des „Bitterfelder Weges" das „Kollektiv 63", das es sich zum Ziel gesetzt hatte, gemeinsam nicht nur über Film zu reden, sondern Einfluß zu nehmen auf den Film in der DDR, speziell auf den Gegenwartsfilm.

Die Desillusionierung ließ nicht auf sich warten. Dazu trugen die Filme bei, mit denen sich die Lehrkräfte der Filmhochschule auswiesen. Sie entsprachen dem, was engagierte und anspruchsvolle Regisseure und Kameraleute machen wollten, nur in Ausnahmefällen. Ernüchternd wirkte besonders ein Verfahren gegen einen Kommilitonen, der an der Wandzeitung der Hochschule eine Glosse zum VI. Parteitag der SED ausgehängt und darin Dozenten karikiert und Camus erwähnt hatte und daraufhin exmatrikuliert wurde. Simon hatte von dem Vorfall nur gehört, da er zum Drehen unterwegs gewesen war. Nach seiner Rückkehr veröffentlichte er an der Wandzeitung, daß er den Artikel gern lesen würde. Die Hochschulleitung eröffnete daraufhin gegen ihn ein Disziplinarverfahren. In der Verhandlung wurde ihm die Exmatrikulation angedroht. Simon: „Als ich vor diesem Tribunal mit Wilkening als Vorsitzendem stand, begriff ich: Die können jetzt sagen ‚Schluß, das ist es gewesen, Sie sind nicht geeignet', und das ist dann ein existentieller Einschnitt. Bis dahin hatte ich den naiven Glauben, daß das Gute sich durchsetzt."[112]

Nach Abschluß des Studiums wurde Simon im DEFA Spielfilmstudio angestellt. Vier Monate später fand das 11. Plenum statt. Seine Folgen spürten im Spielfilmstudio nicht nur die damals schon bekannten Filmemacher, deren Filme öffentlich kritisiert und verboten wurden. Auch Absolventen waren betroffen.

Rainer Simon hatte bis zum Plenum einen guten Start. Er hatte bei Ralf Kirsten und dessen Barlach-Film „Der verlorene Engel" assistiert. Kirsten erkrankte, und Simon sollte sofort seinen ersten eigenen Film inszenieren. Er entschied sich für „Die Moral der Banditen" nach dem Roman von Horst Bastian, der von einer Gruppe Jugendlicher handelt, die in den harten Jahren nach dem Krieg ein Außenseiter-Dasein führen. Bastian hatte das Szenarium geschrieben, und gemeinsam mit ihm verfaßte Simon das Drehbuch. Der Drehstab stand fest, die Motivsuche war abgeschlossen, die Probeaufnahmen sollten am Montag, dem 20. Dezember 1965, beginnen, zwei Tage nach Abschluß des 11. Plenums. Als Simon zu den Probeaufnahmen ins Studio kam, erfuhr er, daß das Projekt gestoppt worden war. Die Schauspieler waren ausgeladen, die Produktion war abgesetzt worden.

### „Freunde vom Werbellinsee"

Im Januar 1966 setzte Ralf Kirsten die Arbeit an „Der verlorene Engel" fort, und Rainer Simon assistierte erneut. Anschließend kam ein überraschendes Angebot. Das Dokumentarfilmstudio wollte einen Film über die Pionierrepublik am Werbellinsee drehen. Der dafür vorgesehene Regisseur stieg in letzter Minute aus, und da von den im Dokumentarfilmstudio fest angestellten Regisseuren keiner Ambitionen zeigte, wurde Simon das Projekt angetragen.

Für Simon lag der Reiz darin, den ersten eigenen Film machen und mit Franz Thoms, einem der wichtigsten Kameramänner des Dokumentarfilmstudios, zusammenarbeiten zu können. Gemeinsam entwickelten sie „eine Idee, die eigentlich eher einem Kurzspielfilm entsprach"[113]: Drei Kinder aus drei Ländern lernen sich im Pionierlager kennen und schließen Freundschaft (oder auch nicht). Den zwölfjährigen Jungen aus der DDR suchten sie vorher aus, einen mongolischen Jungen und ein Mädchen aus Guinea fanden sie im Lager. Da die Kinder insgesamt nur drei bis vier Wochen im Lager waren und in den offiziellen Ablauf eingebunden waren, standen für die Dreharbeiten nur zehn Tage zur Verfügung. Ein rein dokumentarisches Herangehen kam deshalb nicht in Betracht. Simon und Thoms entschieden sich, in ein dokumentares Gerüst gespielte beziehungsweise vorbereitete Szenen, die teilweise mit drei Kameras gedreht wurden, einzubauen. Ein Verfahren, das er so kommentierte: „Aus heutiger Sicht mutet das ziemlich kühn an: wir entwickelten eine Spielfilmidee, drehten einen Dokfilm, und unsere Darsteller waren Kinder, die sich untereinander kaum verständigen konnten."[114]

Nach „Freunde am Werbellinsee" übernahm Rainer Simon die Regieassistenz bei Konrad Wolf und dessen Spielfilm „Ich war neunzehn". Sie wurde ihm doppelt wichtig: einmal in filmischer Hinsicht, wegen Wolfs Integrität und seiner kompromißlosen Suche nach einem Weg, auf dem sich in der komplizierten Situation nach dem 11. Plenum die Filmkunst weiterentwickeln ließ und auf dem er ausdrücken konnte, was ihn persönlich bewegte; zum anderen wegen der engen persönlichen Kontakte.

Stärker und nachhaltiger als formale Anregungen, die Simon vor allem von Antonioni, aber auch von Fellini und den Regisseuren der Nouvelle Vague bezog, wirkten die Gespräche über Konrad Wolfs Erfahrungen in der Sowjetunion. „Da kamen für mich ganz entscheidende Dinge zur Sprache. Er erzählte von den Verhältnissen in Moskau in den dreißiger Jahren, über die Situation in der Sowjetunion während des Krieges, über den Stalinismus, über die Auswirkungen des Hitler-Stalin-Paktes. Zum ersten Mal hörte ich jemand davon sprechen, der das am eigenen Leib miterlebt hatte."[115]

Konrad Wolf bestärkte Simon, den eigenen Weg zu gehen, und unterstützte ihn im Bemühen um den ersten eigenen Spielfilm. Dieser erste eigene Spielfilm sollte 1967 gedreht werden und die Geschichte eines jüdischen Jungen sein, der, bis er fünfzehn ist und aus Deutschland emigriert, mit dem Faschismus in seiner alltäglichen Erscheinungsweise konfrontiert wird. Das Exposé, das Simon mit Egon Schlegel während der Assistenz bei Konrad Wolf nach Walter Kaufmanns Erzählung „Stefan" geschrieben hatte, war zunächst positiv aufgenommen worden. Doch als es im Juni 1967 zum Krieg zwischen Israel und Ägypten kam, fand das Projekt ein ähnlich jähes Ende wie eineinhalb Jahre zuvor „Die Moral der Banditen". Ohne Diskussion, ohne Angabe von Gründen wurde der Stoff abgesetzt.

**„Wie heiratet man einen König"**

Etwa zur gleichen Zeit bot die Kinderfilmgruppe des Studios Simon einen Märchenstoff an: „Wie heiratet man einen König", die Adaption des Märchens „Die kluge Bauerntochter". Der Film sollte schnell begonnen werden. Bedingung war, in der Dekoration zu „Frau Venus und ihr Teufel" (1967, Regie: Ralf Kirsten) zu drehen. Auf diese Dekoration hin hatte Günter Kaltofen das Szenarium geschrieben.

Das Szenarium ließ Simon am Sinn des Unternehmens zweifeln. Da das zugrunde liegende Märchen jedoch ein ergiebiges Material darstellte und Konrad Wolf ihm riet, das Angebot zu nutzen und das Beste daraus zu machen, nahm er an und schrieb zusammen mit dem Kameramann Claus Neumann ein neues Szenarium. Die neue Fassung enthielt nur, was Simon und Neumann am Ausgangsmaterial interessierte. Sie wurde von Kaltofen toleriert. Diese Konsequenz praktizierten Simon und Neumann auch während des Drehens. Mitunter trieben sie sie, aus Naivität, auf die Spitze, indem sie den Drehplan zugunsten eines neuen Einfalls bedenkenlos verwarfen. Eingehalten wurde von ihnen dagegen ihre bis in die Details gehende Farbdramaturgie, nach der die Figuren streng durch die Wahl der ihnen zugedachten Farben gewertet wurden: die kalten für die „bösen", die warmen für die „guten".

Dem Film sieht man diese Anstrengungen nicht an. Die Liebesgeschichte ist lebendig und besonders in ihren leisen Momenten glaubhaft erzählt, und das Hochzeitsfest ist mitreißend inszeniert, gespielt und fotografiert. Trotzdem und obwohl nichts an ihm aufrührerisch wirkte, wurde der Film im Studio heftig kritisiert. Ihm wurden Formalismus und Volksfeindlichkeit vorgeworfen. Die Studio-Leitung weigerte sich, eine Prädikatisierung zu beantragen. Im Kino und bei der Kritik dagegen wurde der Film ein Erfolg.

### „Gewöhnliche Leute"

Das Thema „Gegenwartsfilm" war für Simon mit dem Spielfilm-Debüt nur aufgeschoben. Bereits während der Dreharbeiten hatte er eine Filmerzählung geschrieben, für die das Studio Gisela Steineckert als Co-Autorin verpflichtet hatte: „Liebe mit 16". Als der Märchenfilm vorlag, mußte Simon das Projekt jedoch abbrechen. DEFA-Direktor Albert Wilkening erklärte, daß es unter seiner Regentschaft in diesem Studio „keinen Film geben werde, in dem Sechzehnjährige sexuelle Beziehungen haben."[116]

1969 wurde Simon die Inszenierung einer Episode zu einem Episodenfilm angeboten, dem „Beitrag des Spielfilmstudios zum 20. Jahrestag der DDR". Von ursprünglich fünf unter dem Titel „Aus unserer Zeit" geplanten Episoden blieben vier. Sie wurden von vier Regisseuren inszeniert. Zu Helmut Nitzschke, Joachim Kunert und Kurt Maetzig war Rainer Simon auf Vorschlag des damaligen künstlerischen Direktors des Studios, Vito Eichel, und dank glücklicher Umstände gekommen. Simon sollte ursprünglich Erwin Strittmatters Erzählung „Die Bedenkzeit" verfilmen. Da er die Vorlage schwach fand, entschloß er sich, sie als Parodie aufzufassen und schrieb eine entsprechende Bearbeitung. Strittmatter bekam Wind davon, schlug Alarm - und das Projekt war gestorben. Etwa zur gleichen Zeit trat Frank Vogel, der für die fünfte Episode vorgesehen war, zurück. Seine Bedingung - die Besetzung der Hauptrolle mit Manfred Krug - ließ sich nicht erfüllen. Das freigewordene Projekt wurde Rainer Simon angeboten. Er griff zu und inszenierte - mit Heidemarie Wenzel und Manfred Karge in den Hauptrollen und erneut mit Kameramann Claus Neumann als Partner - Werner Bräunigs Erzählung „Gewöhnliche Leute".

Das Ergebnis hat indirekt lange nachgewirkt. Im Spektrum der Filme von Rainer Simon ist es allerdings von untergeordneter Bedeutung. „Gewöhnliche Leute" ist eine Impression, bei der Simon seine Chance darin sah, „so viel wie möglich Wirklichkeit einzubringen".[117] Daß der Titel von der Kritik lange Zeit als Programm genommen wurde, war ein bequemes Mißverständnis. Der Titel paßte in den Kontext der Gruppe etwa gleichaltriger Regisseure, zu der Simon mit Warneke, Gräf, Oehme und Kühn gezählt wurde, und fand den Beifall der Kulturfunktionäre. Er traf allerdings stärker die Intentionen und den Gestus der Filme von Gräf oder Warneke, mit deren Intentionen Simon bald nur noch die Absicht verband, Gegenwartsfilme zu machen.

## „Männer ohne Bart"

„Gewöhnlich" waren die Figuren in Simons Filmen schon damals nicht. Sie waren Außenseiter, „ungewöhnliche" Leute. Allerdings entstammten sie „gewöhnlichen" Schichten der Bevölkerung. Otto Hintz und sein Lehrer Nickel in „Männer ohne Bart" stehen dafür als Beispiel. Otto ist fünfzehn und ein Träumer, er sieht sich als Indianer-Häuptling oder als Denkmal auf dem Marktplatz oder in seinem „Otto-Hintz-Land" in Afrika. Und sein Lehrer soll ihm etwas beibringen, was ihm selbst nicht gefällt.

Vorbereitung und Produktion waren ohne Zwischenfälle verlaufen. Der Stoff schien problemlos, und der Film mußte billig und schnell produziert werden, da er kurz vor dem Jahreswechsel noch in den Plan geschoben worden war. Die Premiere fand im Mai 1971 im Berliner Kino Colosseum statt. Am nächsten Tag wurde Simon vor die Parteileitung zitiert und befragt, wieso er Christa Wolf, Stefan Heym und Wolf Biermann, die die Premiere besucht hatten, eingeladen habe. Der Film wurde als Beispiel für „DDR-Revisionismus" angegriffen. Eine Sitzung des Filmverbandes wurde für Simon zu einem späten Schlüsselerlebnis. Kollegen warfen dem Film „besondere Nähe zur SPD-Ideologie" vor, ohne daß andere ein Zeichen der Gegenwehr setzten oder Solidarität mit Simon zeigten. Einzig Wolfgang Kohlhaase wandte ein, daß es doch wohl ein wenig übertrieben sei, einem solch kleinen Film solche Vorwürfe anzulasten.

Offenkundig wurde zu „Männer ohne Bart" eine Stellvertreter-Diskussion geführt. Die wirklichen Vorwürfe wurden, aus Furcht, sich lächerlich zu machen, nicht offen ausgesprochen. Daß Otto Hintz nicht zur Ordnung gerufen wurde, daß der Film im Ansatz verkörperte, was später im „Doktorspiel" deutlich Ausdruck fand und zu seinem Verbot führte, wurde hinter Scheinargumenten versteckt. Die eigentlichen Gründe - neben dem Sündenbock-Prinzip und der vermuteten Dissidenten-Nähe - hatte einige Tage vor der Premiere die Diskussion nach der Pressevorführung offenbart. Dort meldete sich ein Jugendlicher zu Wort und überraschte die Anwesenden, indem er verkündete, die DDR-Jugend sei ganz anders als im Film dargestellt, dem Film fehlten die Parteilichkeit und die Rolle der FDJ.

## „Sechse kommen durch die Welt"

Ungewöhnliche gewöhnliche Leute sind auch die Helden von Simons nächstem Film, von „Sechse kommen durch die Welt". Das Angebot, den Stoff zu verfilmen, kam abermals von der Kinderfilm-Gruppe. Allerdings hatte Simon selbst dazu angeregt. Vor „Wie heiratet man einen König" hatte er dieses Märchen ins Gespräch gebracht und damit die Idee verbunden, die sechs Helden von Kindern spielen zu lassen. Der Vorschlag wurde verworfen; das Projekt, hieß es, sei zu schwer für einen Anfänger.

Drei Jahre nach diesem Vorschlag wurde Simon ein Szenarium von Nestler/Freitag angeboten, die den Stoff zur gleichen Zeit unabhängig von ihm eingereicht hatten. Simon nahm an und überarbeitete die Vorlage. Es ging ihm nicht darum, den Märchenfilmen der DEFA einen entsprechenden hinzuzufügen. Er zielte auf die Gegenwart und betonte Analogien der Geschichte zur DDR-Realität. Und er erhob den Anspruch, die Kinder nicht mit einschichtigen Figuren zu unterfordern und vielleicht sogar zwischen den Zeilen eine Botschaft zu übermitteln.

Die Veränderungen, die Simon am Szenarium vornahm, betrafen vor allem die Figuren und fanden ihren Ausdruck letztlich auch in der Besetzung und im Spiel der Darsteller. Die im Märchen verankerte Einschichtigkeit wurde überwunden, indem den Personen noch eine wichtige Eigenschaft, die die erste begründet oder kontert, übertragen wurde. Dazu kam, daß Simon die Balance zwischen Stilisierung und Entheroisierung gelang. Die Figuren sind in dem, was sie können und tun, wirklich außergewöhnlich. Wie sie es tun, wie sie reden und denken, weist sie dagegen aus als gewöhnliche Leute. Sie begehren auf, aber sie haben nicht vergessen, woher sie kommen und wohin sie gehören. Die Macht zu übernehmen, kommt für keinen von ihnen in Frage. Am wenigsten für ihren Anführer, den Soldaten, den „gewöhnlichsten" unter den Sechs, dessen Ungewöhnlichkeit sich lediglich in unspektakulären, aber entscheidenden Eigenschaften äußert. Er bringt den Mut auf, dem König zu trotzen. Er ist so beharrlich, den Vorsatz in die Tat umzusetzen. Und er hat den Verstand und die Moral, jeweils das zu tun, was nützlich und gut ist. In der Besetzung dieser Rolle mit dem tschechischen Regisseur Jiri Menzel kann man dafür eine Metapher sehen. Denn abgesehen davon, daß Menzel vom Typ her der Figur entspricht und auch schon Erfahrung als Schauspieler hatte, war er als Regisseur - besonders mit „Scharf beobachtete Züge", für den er mit dem „Oscar" ausgezeichnet worden war - bekannt geworden und hatte, als „Sechse kommen durch die Welt" produziert wurde, in der CSSR Arbeitsverbot. Die Genehmigung, ihn zu besetzen, wurde erst eine Woche vor Drehbeginn aus Prag erteilt. Zwischen Simons erstem und diesem zweiten Märchenfilm lagen drei Jahre und ernüchternde Erfahrungen. Die sieht man dem Film an. Für den König und seine Tochter hatte Simon nur Ironie und Hohn. Die Ansätze dazu liegen im Märchen begründet, Simon hat diese Möglichkeiten nach Kräften genutzt, zum Beispiel in dem dummen, seine Bösartigkeit mit säuselnder Freundlichkeit kaschierenden König, der mit seinen Pappministern und seinem Ordens-Fetischismus deutlich auf die Altherren-Herrschaft unter Ulbricht anspielte.

## „Till Eulenspiegel"

Den Anstoß zu „Till Eulenspiegel" gab das Studio. Nachdem sich schon Brecht 1948 mit der Absicht getragen hatte, den Eulenspiegel-Stoff mit Günther Weisenborn für die DEFA zu bearbeiten, und der Gedanke an ein derartiges Projekt bis 1963 wachgehalten worden war, wandte sich das Studio an Christa und Gerhard Wolf. Wolfs interessierten sich für den Stoff und für Simon als Regisseur des Films. Und während der Dreharbeiten zu „Sechse kommen durch die Welt" arbeiteten Wolfs und Simon bereits am Szenarium. Das sah einen zweiteiligen Film vor: „Die List der Schwachen" und „Die Kunst des Narren".

Die Situation im Studio in bezug auf dieses Vorhaben war zwiespältig. In der Leitung gab es Bedenken, mit Christa Wolf zusammenzuarbeiten. Die Autorin von „Der geteilte Himmel" stand seit dem 11. Plenum in Mißkredit, ihre Verweigerung der Unterschrift unter eine Ergebenheits-Adresse des Schriftstellerverbandes zur Niederschlagung des Prager Frühlings sowie „Nachdenken über Christa T." hatten ihn weiter genährt.

Nachdem die Szenarien fertiggestellt waren, sollten die Dreharbeiten im Frühjahr 1973 beginnen. Die Motivsuche war abgeschlossen, die Absprachen mit den Schauspielern waren getroffen. Neben Winfried Glatzeder und Franciszek Pieczka, die im Film zu sehen sind, sollten Maja Komorowska, Anatoly Solonyzin und Otar Josseliani spielen. Sechs Wochen vor Drehbeginn wurde das Projekt abgesagt, aus ökonomischen Gründen. Simon: „Dem konnte man folgen. Aber die Leitung war froh, die Sache vom Tisch zu haben, sie war nicht gerade begeistert, als ich vorschlug, ein neues Buch zu schreiben, das in den ökonomischen Rahmen paßt. Es war eine Zeit, in der im Studio wichtige Entscheidungen möglichst verschleppt wurden. Wilkening, der damalige Direktor, versuchte, sich nach oben abzusichern, und verhinderte lieber als selbst zu entscheiden."[118]

Einige Wochen später konnte Simon die Arbeit jedoch fortsetzen. Er schrieb mit seinem Assistenten Jürgen Klauß eine einteilige Version, mit der er aus der Not eine Tugend machte. Simon: „Die neue Fassung entsprach ziemlich genau meiner Sicht auf die Figur. Ich wurde von Wolfs in der Arbeit beraten, das Ergebnis wurde von ihnen, wie auch der fertige Film, toleriert."[119] Der Film behielt wesentliche Momente der vorherigen Fassung bei, etwa die vor dem Bauernkrieg liegende Handlungszeit, näherte Eulenspiegel aber wieder stärker dem Volksbuch. Von dem waren Christa und Gerhard Wolf ausgegangen, ihre Fassung glich jedoch mehr einem philosophisch durchdrungenen historischen Panorama, das Eulenspiegels Rebellion relativiert.

Als die neue Fassung vorlag, erbat Wilkening von der Akademie der Wissenschaften ein Gutachten. Zwei Literaturwissenschaftler kamen zu einem für Simon günstigen Ergebnis, sie betonten die Nähe seines Szenariums zum Volksbuch. Wilkening hatte sich abgesichert, und die Dreharbeiten konnten im Frühjahr 1974 beginnen.

Der Film ist spürbar von der Haltung Simons in dieser Zeit bestimmt. Tills Wut auf die Herrschenden war Simons Wut. Außerdem wollte er schon damals nicht „die Leute mit Gefühlen überschwemmen, sie manipulieren, daß sie irgendwas fühlen, aber nicht wissen, warum." Er wollte, „daß die Leute mit ihren Gedanken dazwischen kommen."[120] Simons Eulenspiegel ist ein Rebell, der sich mit Unrecht nicht abfinden kann. Aber er ist kein Phantast, dem der Blick für das Machbare fehlt, und auch kein positiver Held, wie er im DEFA-Film gern gesehen wurde und wie ihn viele in dieser Volksfigur erwarteten. Till weiß, daß er sich, um überhaupt etwas zu erreichen, mitunter bescheiden muß. Er ist kein Heiliger, er ist aus Fleisch und Blut und hat Nerven. Seine Rebellion allerdings ist bestimmt von Ausdauer und hat Methode. Sie richtet sich aber, notgedrungen, nach den jeweiligen Bedingungen, die ihn zunehmend abhängiger machen.

Das Unbehagen, das die Studio-Leitung dem Projekt entgegenbrachte, kam auch bei der Rohschnittabnahme und bei der Studioabnahme am 4. Dezember 1974 zum Ausdruck. Es wurde von der Staatssicherheit, die bereits die Entwicklung des Buches überwacht hatte, geteilt und von einigen ihrer Zuträger noch übertroffen.

Am 22. November 1974 dokumentierte Oberleutnant Gericke einen Bericht des IM „Wassili":

*... Das, was ich jetzt sage, ist mein erster spontaner Eindruck nach dem einmaligen Sehen des Films im Stadium der Vormischung.*

*... Ich halte es für notwendig im Zusammenhang mit diesem Film die politische Frage zu stellen, diese heißt:*

*‚Welche Rolle spielt dieser Film im ideologischen Klassenkampf heute, welche kann er spielen, steht der Film wirklich auf unserer Seite, wofür ist er und wogegen, von welcher Position aus beurteilen die Filmschöpfer unsere Welt'.*

*Wenn ich darüber nachdenke, muß ich mein tiefes politisches Unbehagen gegenüber dem Film und seinen Schöpfern zum Ausdruck bringen. Ich, der ich mich für einen Verantwortlichen für diesen Staat halte, fühle in diesem Film an keiner Stelle moralische Hilfe und Unterstützung für meinen Charakter, im Gegenteil. ...*

*Die Schwierigkeiten unseres Kampfes werden mehr oder weniger verspottet. Die Filmschöpfer sitzen auf dem hohen Pferd und blicken ziemlich hochmütig und klugscheißend auf uns herab. ...*

*... Ich glaube, daß das historische Thema die Tarnkappe ist für Anspielungen auf unsere sozialistische Gegenwart. So ein Beispiel wie diese Methode sich in diesem Film verwirklicht: 2 Figuren, der damals herrschenden Klasse angehörig ... werden sich handelseinig und beschließen ihre Verhandlungen mit einem Bruderkuß. Die Zuschauer verstehen sofort, warum das so inszeniert worden ist, weil sich alle an die Diskussion, die es in der DDR gegeben hat um den Bruderkuß von Genossen Honecker und Breshnew, erinnern. Aber daß sich nach diesen bösartigen dummen Diskussionen der Regisseur Rainer Simon noch erlaubt, das im historischen Gewand verkleidet wieder aufzugreifen, das ist nach meiner persönlichen Meinung schon mehr als eine Frechheit, vor allen Dingen auch unter dem Gesichtspunkt, daß er sich so etwas traut und vielleicht sogar die Hoffnung hegt, daß wir es nicht merken würden, ich meine jetzt die Verantwortlichen, das läßt darauf schließen, daß er uns wahrlich für Idioten hält.*

*Das Weltbild der Filmemacher scheint mir im Film so. Die Macht ist korrupt und der Geist lebt bei der zentralen Figur Till. ...*

*Till ist die Position einer abstrakten Gerechtigkeit, die über den Klassen steht. Till ist die Position des Intellektuellen im Sozialismus, der sich gegen eine grausame Umwelt zur Wehr setzen muß. ...*

*Es werden auch gewisse Rezepte gegeben. Man braucht nach Ansicht der*

*Filmschöpfer wie Till vor allem Witz und Mut, mehr braucht man nicht und mehr hat man ja auch nicht.*

*Ich versuche, ich suche vergeblich den tiefen Glauben an den Menschen und auch die echte Sehnsucht nach Menschlichkeit bei den Filmschöpfern. Alles ist im Dargestellten diskreditiert und es ist defamiert und wo bleiben eigentlich hohe humanistische Ideale. ...*

*Wir sollten uns diesen Film nicht leisten.*[121]

Am 3. Dezember berichtete IM „Lorenz" Oberleutnant Gericke über Reaktionen auf die Rohschnittvorführung von „Till Eulenspiegel":

*Die Auseinandersetzungen um die Rohschnittvorführung „Ulenspiegel" haben den Rahmen breitgesprengt, der sonst bei solchen Vorführungen üblich ist. Es haben sich zwei Gruppen im Studio gebildet, eine, die absolut diesen Film so, wie er gemacht ist, verteidigt, eine andere, die darauf wartet, daß endlichmal an diesem Film Auseinandersetzungen beginnen ideologischer Natur, die schon lange im Studio fällig sind. ...*

*Die Haltung der Direktion, den Rohschnitt nicht unkritisch zu akzeptieren, wird hoch eingeschätzt von den einen, von den anderen als letzte Hürde eingeschätzt, die noch zu nehmen ist, bis man die Direktion endgültig davon überzeugt hat, daß die Linie dieser Leute die neue Linie des Studios werden muß. Es entzündet sich also eine Auseinandersetzung, die weit über den Film hinausgehend Fragen der Autorität der staatlichen Leitung, Fragen unserer Kulturpolitik betrifft.*

*Dabei geht es bei den Leuten, die diesen Film ablehnen, nicht so sehr um den Film allein, sondern es geht darum, wieweit sich diese sich außerordentlich intolerant gebärdende Gruppierung um die Gruppe von ... herum im Studio durchsetzt, wieweit sie über den Verband hinaus bestimmte Schlüsselpositionen festigt und dadurch zur alleinigen meinungsbestimmenden Kraft im Studio werden kann. Das würde bedeuten, daß fast die Hälfte der künstlerischen Mitarbeiter im Studio keine Heimat mehr sehen würde. ...*

*... wobei hinzuzusetzen ist, daß viele den „Till Eulenspiegel" so einschätzen, daß er nicht einmal verbrämter Revisionismus ist, sondern daß dieser Revisionismus hier schon ganz offen zutage tritt.*[122]

„Till Eulenspiegel" wurde dennoch abgenommen. Dazu trug das positive Gutachten bei, daß die erwähnten Gutachter abgaben. Hauptdirektor Wilkening trug kritischen Einwänden und seinem Bedürfnis, sich abzusichern, damit Rechnung, daß er mit der Abnahme des Films die Auflage verband, einige Änderungen vorzunehmen:

*Wir wollen und können nur eine Darstellung akzeptieren, die im Engels'schen Sinne eine Widerspiegelung mit Natürlichkeit in der Anlage und der Ausführung, mit gutmütigem Humor, welcher den beißenden Spott überall begleitet, darstellt.*

*... Allerdings müssen wir in Kauf nehmen, daß die Machtausübung jener Zeit und die Lebensweise ungewöhnlich hart und an der Grenze des Exhibitionismus sich bewegte und daher im Film in einem für das Verständnis notwendigen Ausmaß gezeigt werden muß. Hier überall die richtige Grenze zu finden, ist bis jetzt noch nicht gelungen. Die u. E. ärgsten Elemente wurden in gegenseitiger Abstimmung herausgenommen. Es zeigt sich jedoch, daß der nichteingeweihte Zuschauer noch an einer Reihe von Stellen schockiert wird..., so daß*

*wir uns mit dem Regisseur noch auf einige Schnitte verständigen wollen. Da wir es mit einem seine Arbeit hart verteidigenden Regisseur zu tun haben, möchten wir diesen Prozeß nicht unter dem Zeitdruck des Jahresabschlusses leiden lassen. Wir bitten daher um Abnahme des Films mit der Maßgabe, daß wir bis Ende Januar eine in dem dargelegten Sinn bereinigte Fassung vorlegen.* " [123]

„Till Eulenspiegel" kam im Mai 1975 ins Kino. Von der Presse wurde er - weisungsgemäß - fast durchgängig kritisiert, beim Publikum hatte er großen Erfolg. Beim Regisseur leiteten die Erfahrungen dieses Films eine Neuorientierung und die Erkenntnis ein, auf Dauer allein mit Protest und Rebellion nichts zu bewegen.

## Vergebliche Versuche

Die Jahre von 1973 bis 1981 brachten Rainer Simon neben drei Filmen fünf gescheiterte Projekte. Von den drei Filmen wurde einer vor der Premiere verboten, ein anderer war kein Wunsch-, sondern ein Aushilfs-Projekt. Die verhinderten Projekten waren allesamt „Wunschkinder", und wenigstens zwei hätten wahrscheinlich für Aufsehen gesorgt und dem vorhandenen Bedürfnis der interessierten Öffentlichkeit nach politisch-eingreifenden aktuellen Kino-Geschichten Befriedigung und neue Nahrung gegeben.

Zum Beispiel „Franziska Linkerhand". Simon lernte den nachgelassenen Roman von Brigitte Reimann bereits vor seiner Veröffentlichung kennen. Er arbeitete noch am „Eulenspiegel" und war sofort angetan von dem Rebellischen der Franziska, die in ihrer Hartnäckigkeit, Bestehendes und Überlebtes ebenso in Frage zu stellen wie Menschen, Gemeinsamkeiten mit Simons Eulenspiegel aufweist. Mit Regine Kühn als Autorin des Szenariums begann er mit den Vorbereitungen.

Bei der Studio-Leitung löste das Projekt eher Mißtrauen als Begeisterung aus, auch die Staatssicherheit registrierte es mit Argwohn. Die Arbeit wurde von der Studio-Leitung blockiert, die Option auf den Stoff lief ab. Das Fernsehen erwarb die Rechte, und die Leitungen des Fernsehens und des DEFA Spielfilmstudios stimmten sich 1977 ab, Frank Beyer den Stoff anzubieten. Nachdem die Leitung des Fernsehens das Projekt Ende 1978 gestoppt hatte, konnte das Spielfilm-Studio die Rechte schließlich erwerben. Der Adaption für das Kino stand formal nichts mehr im Wege. Diese Verfilmung jedoch, teilte Mäde der Autorin Regine Kühn mit, würde in keinem Fall durch Simon erfolgen.[124]

Während der Arbeit an „Franziska Linkerhand" hatte Simon, mit Wolfgang Landgraf als Autor, „Kreuzzug der Kinder" eingereicht, ein Projekt, das von einem authentischen Fall aus dem Jahr 1212 ausging. „Ich hing unheimlich an dem Stoff. Ein Co-Produktionspartner im westlichen Ausland war nicht zu umgehen; die aufwendige Realisierung verlangte einen Zug über das Hochgebirge. Aber erst einmal mußte dem Projekt bei uns zugestimmt werden. Man tat sich verdammt schwer. Berater vom Staatssekretariat für Kirchenfragen, das unterdessen dem ehemaligen Kulturminister Klaus Gysi unterstand, wurden von der Leitung hinzugezogen. Es war naiv von mir, eine schöne Utopie, zu hoffen, von irgend jemand Geld für einen Stoff zu bekommen, der sich mit solcher Vehemenz gegen die mächtige Ideologie der katholischen Kirche richtet, ‚unser aller Nährboden' ", kommentierte Rainer Simon diese Situation.[125]

In dieser Zeit „bearbeitete" der Staatssicherheitsdienst Simon kontinuierlich. Nachdem bereits seine Arbeit an „Franziska Linkerhand" registriert worden war, stellte die BV Potsdam Simon am 14. Mai 1976 unter Operative Personenkontrolle (OPK), Deckname: „Schreiber".

Das dritte gescheiterte Projekt war „Doktorspiel". Es zu stoppen, war die erste Amtshandlung von Hans Dieter Mäde, der Wilkening im Januar 1977 als Studiodirektor abgelöst hatte, in bezug auf Simon. Dessen Hoffnung hatte sich nach „Kreuzzug der Kinder" neben „Franziska Linkerhand" auf diesen Gegenwartsstoff konzentriert. Die Geschichte des Autors Bernd Schirmer hatte einen Aussteiger zum Helden, einen Jungen, der merkt, daß ihn sein Medizinstudium nicht interessiert, der umhertingelt und sagt: Nein, ich mache nicht, was ihr wollt, sondern was ich will. „Doktorspiel" war bereits im Plan, Motivsuche und Besetzung hatten begonnen, als es gestrichen wurde. Die Begründung war ungewohnt deutlich: Filme über Leute, die sich den Notwendigkeiten nicht anpassen, wollen wir hier nicht.

Nach diesem Verbot erklärte Simon im März 1977 den Austritt aus der SED. Er zog die Austrittserklärung allerdings bald wieder zurück und begnügte sich damit, Parteiversammlungen zu ignorieren. Die Austrittserklärung, hatte die Leitung ihn wissen lassen, bedeutete Arbeitsverbot. Und ein Weggehen in den Westen kam für Simon nicht in Frage. Er war geschieden und hätte seine Tochter und seine Mutter zurücklassen müssen.

Die Studio-Leitung wollte ihn nicht kaltstellen, aber verhindern, daß er Filme drehte, die ihr Probleme bereiten könnten. Gegenwartsstoffe, wie Simon sie vorgeschlagen hatte, aber auch ein historischer Stoff wie „Kinderkreuzzug" hätten dafür mit hoher Wahrscheinlichkeit gesorgt. Simon: „Mäde wollte mich gern in Richtung des kömödiantischen Historien-Regisseurs drängen, das schien ihm die ungefährlichste Strecke. Ich sollte in der Art des „Eulenspiegel" weitermachen, allerdings harmloser. Deshalb und weil ihm klar war, daß irgendein ideologischer Skandal passiert, durfte ich letztlich die „Feuerwehr" machen. Er hat es damals noch nicht auf das ankommen lassen, was er später bei Ulrich Weiß gemacht hat. Aus irgendwelchen Gründen meinte er wohl, daß ich Filme machen sollte; warum, weiß ich nicht."[126]

### „Zünd an, es kommt die Feuerwehr"

In dieser Phase entschloß sich Simon, einen Stoff anzunehmen, den ihm Manfred Wolter als Autor und die Dramaturgin Barbara Rogall bereits kurz nach Fertigstellung des „Eulenspiegel" angetragen hatten, „Die Feuerwehr von Siebenlehn". Er hatte jedoch nicht schon wieder einen historischen Stoff verfilmen wollen und die oben erwähnten Projekte verfolgt. Als die sich zerschlagen hatten, blieb die einzig realistische Variante der „Feuerwehr"-Stoff.

„Zünd an, es kommt die Feuerwehr" sieht man nicht an, daß der Film für Simon ein Aushilfs-Projekt war, ebensowenig Simons Ärger über die abgelehnten Vorschläge. „Zünd an, es kommt die Feuerwehr" wirkt locker und ist eine der wenigen witzigen DEFA-Komödien. Simon vertraute dem Genre, der Geschichte und vor allem den Schauspielern. Die Geschichte bot genügend Ansatzpunkte für Bezüge zur Gegenwart, um nicht verstaubt zu wirken. Simon beließ es jedoch bei Anspielungen, so daß der vorgegebene Rahmen nicht gesprengt wurde und Verkrampfungen ausblieben. Der Witz war nicht ätzend wie im „Till Eulenspiegel", aber immer noch deftig genug, um nicht jedermanns Sache zu sein.

### „Jadup und Boel"

Auf „Zünd an, es kommt die Feuerwehr" sollte eine Co-Produktion mit einer Filmgesellschaft aus Österreich folgen, „Vorstadtmusikanten". Pläne mit Karl-Heinz Jakobs und Joachim Seyppel hatten sich zerschlagen, weil die Studio-Leitung die Zusammenarbeit mit den Autoren nicht zuließ. Simon fand das Angebot attraktiv, einen Film zu machen über die Wiener Schrammeln und den österreichischen Kronprinzen Rudolf, der wenig Eignung zur Machtausübung bewiesen und schließlich Selbstmord begangen hatte. Der Grund für das Scheitern des Projekts lag diesmal nicht beim Studio. „Vier Wochen vor Drehbeginn, die Besetzung war klar, u. a. André Heller und Michael Heltau, die Drehorte festgelegt, stellte sich heraus, daß der österreichische Co-Produzent keinen blanken Heller besaß."[127]

In dieser Situation bot die Dramaturgin Erika Richter Simon ein Szenarium an, das Paul Kanut Schäfer nach seinem Roman "Jadup" geschrieben hatte. Rainer Simon: „Nach dem Debakel mit den „Vorstadtmusikanten" fühlte sich die Leitung mir gegenüber verpflichtet. Ich faßte das Szenarium zunächst mit großer Skepsis an, doch nach dem ersten

Lesen dachte ich: Das kann doch nicht wahr sein, daß bei der DEFA ein so wichtiger Stoff liegt und daß die Leitung einen solchen Film will. Weil ich nicht wußte, ob ich mir etwas einredete, ging ich zu Roland Dressel, und der hatte den gleichen positiven Eindruck. Dann bekamen es die Schauspieler, und bei allen gab es die gleiche Reaktion. Böwe sagte sofort eine andere Rolle ab. Das setzte sich bis zu den Beleuchtern fort. Ich betone das, weil es keineswegs so war, daß wir in eine brisante Sache hineingeschlittert sind. Wir waren uns voll bewußt, auf was wir uns einlassen würden."[128] Kameramann Roland Dressel bestätigt das: „Selbst wenn wir damals noch nicht ahnten, daß wir Gorbatschowsche Ideen ge-

wissermaßen vorwegnahmen, der Darstellung unserer Wirklichkeit haben wir uns sehr bewußt und programmatisch genähert. Und beim Drehen haben wir diese Problematik immer stärker empfunden. Deshalb waren wir uns einig, den Film mit aller Konsequenz zu machen, vor allem die Selbstzensur, die schlimmste aller Zensuren, auszuschalten."[129]

Bevor die Dreharbeiten begannen, änderte die Studio-Leitung die Haltung zu dem Projekt. Mäde lud Simon vor Drehbeginn zu einem Gespräch, in dem er ihm auseinandersetzte, welche Gefahren die Leitung in dem Stoff sah und wie Simon dem zu entsprechen habe. Wenige Tage nach dem Drehbeginn am 28. Dezember 1979 folgte ein Brief von Mäde an Simon. In einer Anlage fügte er Anmerkungen zum Drehbuch von Dr. Ursula Püschel bei, der Leiterin des Lektorats. Mädes Einwände waren darin aufgegriffen und ausgeführt.[130]

Mäde machte den Staatssicherheitsdienst aufmerksam, und der Staatssicherheitsdienst widmete dem Projekt von Beginn der Dreharbeiten an besondere „Aufmerksamkeit".

Die Dreharbeiten verliefen trotzdem ohne Eingriffe oder Probleme. Rainer Simon hielt sich streng an Drehbuch und Drehplan. „Wir haben bewußt vermieden, über die Stränge zu schlagen. Es gibt wohl keinen

Film von mir, der so genau nach dem Drehbuch entstand."[131] Im März 1980 fand eine ausführliche Mustervorführung statt, Ende April 1980 waren die Dreharbeiten beendet.

Rainer Simon: „Schon nach dem Ansehen der ersten Muster schlug uns das kalte Entsetzen, besonders des Generaldirektors Mäde, entgegen. ... Die gesamte DEFA-Direktion, einschließlich der Hauptdramaturgen, wußte, was sie zu tun hatte, Mädes Meinung war ja bekannt, und stellte sich gegen uns."[132]

Anfang Mai fanden die ersten Rohschnitt-Vorführungen statt: am 2. Mai für die Studio-Leitung, am 8. Mai für den Leiter der HV Film, ebenfalls am 8. Mai für die Gruppe „Babelsberg". Nach der Vorführung am 2. Mai informierte Generaldirektor Mäde die Staatssicherheit über sein weiteres Vorgehen:

*... Befürchtungen und Besorgnisse, wie ich sie in der Meinungsäußerung von der Jahreswende charakterisiert habe, haben sich leider auch, was Rainer Simons Film „Jadup und Boel" angeht, inzwischen bestätigt. Ich habe ein Arbeitsergebnis im Verlaufe der Woche gesehen und unter Hinzuziehung des Chefdramaturgen, des Parteisekretärs wurde uns ein Arbeitsrohschnitt, der vom Regisseur selber als ein bereits ernstgemeintes Arbeitsergebnis charakterisiert wurde, vorgestellt. Soweit man dies nach einmaligem Sehen verbindlich äußern kann, muß man einschätzen, daß unsere Hoffnungen, es möge dem Regisseur und seinem Schöpferkollektiv gelingen, die schwierige aber wichtige Problematik des Bezuges des Haupthelden Jadup zu seinem eigenen Ausgangspunkt im Jahre 45, die Frage einer Erneuerung des schöpferischen Tuns heute auch durch Befragung des eigenen Gewissens in gesellschaftlicher Balance und Ausgewogenheit zu gestalten, nicht aufgegangen sind. Unsere Empfehlungen in mehreren mehrstündigen Gesprächen waren eindringlich und absolut unmißverständlich. Im künstlerischen Ergebnis jetzt jedoch vermittelt eine gewisse Reihung negativer Erscheinungen in sehr suggestiven Bildern eine weitgehend skeptische Position zu dem in unserem Land in 35 Jahren Entwicklung Erreichten. Simon war ganz offensichtlich nicht in der Lage oder nicht bereit, sich von den in meiner Dezember-Bemerkung charakterisierten Positionen und Verstrickungen zu lösen. Die Situation wird weiter dadurch kompliziert, daß sie den Autor des Romans, Paul Carmen Schäfer, voll auf die Positionen des Films gebracht haben und er auch in der ersten Problemberatung der abgelaufenen Woche als engagierter Verteidiger der Arbeitsergebnisse Rainer Simons auftrat.*

Im augenblicklichen Stadium der Diskussionen waren auch die Dramaturgen der Gruppe, D. Wolf und E. Richter, nicht bereit, vom Chefdramaturgen, vom Parteisekretär und von mir aufgeworfene Grundsatzbedenken überhaupt aufzunehmen.

Das weitere Vorgehen werde ich im engen Kontakt zum Leiter der Hauptverwaltung Film zu bestimmen suchen. Die Gruppe selber drängt verständlicherweise auf rasches Öffentlichmachen der bisher erreichten Arbeitsergebnisse. Meine augenblickliche Position zu dieser Problematik ist die. Wir müssen meiner Auffassung nach versuchen, die weitere Fortführung der Arbeit zu unterbinden, um Möglichkeiten, uns in der Öffentlichkeit mit dem fertigen Produkt zu erpressen, einzuschränken. Einen bereits für Ende der Woche angesetzten Termin der Rohschnittabnahme werde ich auf unbestimmte Zeit verschieben, mit der Begründung, ich lege Wert darauf, daß an den dort getroffenen Entscheidungen der Leiter der HV Film mitarbeitet, der im Laufe dieser Woche durch die gesellschaftlichen Ereignisse keine Zeit hat. An dieser Stelle beabsichtige ich eine interne Leitungsvorführung, bei der ich darauf hinwirken werde, daß sich in der Direktion des DEFA-Studios für Spielfilme eine einheitliche Meinung zum Projekt herausbildet. Wir werden nicht umhinkommen, zu manövrieren. Wir müssen auch dem ins Auge sehen, daß solche bevorstehenden Entscheidungen bei weiten Teilen der Parteiorganisation, hier besonders der APO 1, auf Unverständnis stoßen werden. Dies hängt eben mit der unterschiedlichen Bewertung der Ursachen und Grundlagen für die Entwicklung in den letzten 3 Jahren zusammen. Nach meinem gegenwärtigen Bild würde eine Veröffentlichung dieses Films überwiegend negative Wirkungen auslösen. Beim gegenwärtigen erreichten Stand der Rezeption in unserem Land würde er viel Deutungen über die Entwicklungsrichtung unseres Filmschaffens provozieren, auch rückwärtsgewandt bestimmte problematische Produktionen einer Neubewertung unterziehen und vor allem im Hinblick auf künftige Vorhaben unerträgliche Hypotheken mit sich bringen. Es muß aber erwartet werden, daß sich eine Reihe auch namhafter Filmschaffender sehr nachdrücklich für Simon und seinen Film einsetzen unter Bezug auf ihre These, daß die DEFA wesentlich mutiger, wesentlich schärfer, wesentlich unvoreingenommener Konflikte aufgreifen müsse. Es ist ja bekannt, daß die Art und Weise, in der sich besipielsweise bestimmte polnische Filmschaffende, erinnert sei nur an G. Wayda und seinen „Mann aus Marmor", bei einer Reihe maßgeblicher Filmregisseure, Dramaturgen und Autoren nach wie vor großer Sympathie erfreuen. Wir haben also davon auszugehen, daß wir uns im

*Falle dieses Films „Jadup und Boel" mit den kompliziertesten Konflikten seit der Jahreswende 76/77 im Spielfilmstudio auseinanderzusetzen haben. Wir unsererseits werden uns um größte Ruhe bemühen, solange unsere Kontrahenten uns das gestatten, aber selbstverständlich auch vor dem direkten Gebrauch administrativer Entscheidungen nicht zurückschrecken. ...*[134]

Am 9. Mai 1980 folgte eine Arbeitsvorführung, zu der nur Genossen eingeladen waren. Das Protokoll der anschließenden Beratung verweist auf die Vorführungen vom 2. und 8. Mai, faßt die Diskussion vom 9. Mai zusammen, hält deren Ergebnisse fest und nennt die Festlegungen, die Generaldirektor Mäde abschließend traf. Mäde wies unter anderem an, die Arbeit an dem Film für cirka zehn Tage zu unterbrechen und forderte die „Gruppe und das Schöpferkollektiv" auf, „echte schöpferische Angebote zu unterbreiten, welche Veränderungen sie für möglich halten, einschließlich des Neu- und Nachdrehens ganzer Szenen."[135] Darüber informierte Mäde am 12. Mai 1980 auch Ursula Ragwitz, Leiterin der Abteilung Kultur beim ZK der SED.[136]

Bereits im April 1980 hatte die Abteilung XX/7 der Bezirksverwaltung Potsdam des Staatssicherheitsdienstes eine „Information zum DEFA-Spielfilm „Jadup und Boel", Regie: Rainer Simon (OPK „Schreiber")" verfaßt. Am 15. Mai 1980 folgte die nächste „Information":
*... Im Ergebnis mehrerer Beratungen leitender Genossen des Filmwesens der DDR in der Woche vom 05. - 10. 05. 1980 wurde festgelegt, den Spielfilm des Regisseurs Rainer Simon (OPK „Schreiber") „Jadup und Boel" nach dem Roman von Kanut Schäfer (Schriftstellerverband Berlin) nach der Arbeitsvorführung am 09. 05. 1980 nicht zur Rohschnittabnahme freizugeben. ...*
*Die Drehbuchfassung von Ende Oktober 1979 läßt die Absicht des Regisseurs Simon erkennen, bei der Realisierung des Films seine Ressentiments, Vorurteile und widerspruchsvollen Wertungen gegenüber der Politik der DDR, insbesondere gegenüber der sozialistischen Kulturpolitik darzustellen.*
*Trotz dieser auch durch die staatliche Leitung des Studios festgestellten Schwächen wurde dem Regisseur Simon dieser Stoff genehmigt, weil es erforderlich war, den Simon von negativ-feindlichen Kräften zu entfernen und ihm und seinem Schaffen gegenüber Vertrauen zu zeigen.*
*Nach der im wesentlichen übereinstimmenden Einschätzung der Positionen des vorgelegten Drehbuchs und der Positionen des Regisseurs Rainer Simon*

*mit dem Generaldirektor des DEFA-Studios für Spielfilme, Genossen Mäde, wurden eine Reihe politisch-operativer Maßnahmen eingeleitet, die über IM in Schlüsselpositionen positiven Einfluß auf Simon gewährleisten sollten und über vorhandene inoffizielle Mitarbeiter im Drehstab sichtbares feindlich-negatives Wirksamwerden aufdecken und verhindern sollten. Durch die Studioleitung wurden Maßnahmen festgelegt, die eine ständige Kontrolle des Drehprozesses, der eingesetzten Kräfte, der Beauflagung bei auftretenden Schwächen zum Inhalt hatten. Durch die Parteileitung wurde der Beschluß gefaßt, den Parteisekretär des DEFA-Studios für Spielfilme, Genossen Watzold, als Parteibeauftragten für diesen Film festzulegen. Die genannten Maßnahmen sollten dazu führen, positiven Einfluß auf die Gestaltung des Films zu gewinnen und einen aufführbaren Film zu fertigen. Im vorliegenden Ergebnis ist sichtbar, daß Simon trotz aller Hilfen und Einflußnahmen das Thema des Films nicht bewältigte. In der Arbeitsvorführung wurden von den anwesenden Genossinnen und Genossen durchweg kritische Äußerungen zu wesentlichen Aussagen des Films gemacht:*
*... Vorhandene inoffizielle Mitarbeiter wurden kurzfristig nochmals eingewiesen, um entsprechend ihrer operativen Einsatzrichtung den Differenzierungsprozeß im Sinne des o. g. zu unterstützen, zu verhindern, daß negativfeindliche Kräfte sich zu einem demonstrativen Verhalten zusammenschließen.*[133]

Rainer Simon und Paul Kanut Schäfer wußten, was die Beratung am 9. Mai und die dort verkündeten Festlegungen bedeuteten. Simon zum weiteren Verlauf: „Danach nahmen wir, das ist normal, Schnittkorrekturen vor, bestimmte Spitzen fielen weg. Da wir den Film nicht darauf angelegt hatten, fiel das nicht ins Gewicht. Die Diskussionen im Studio zogen sich über ein dreiviertel Jahr hin, eine Zeitlang durften Nichtgenossen nicht daran teilnehmen, selbst den Kameramann versuchte man auszuschließen. Der Generaldirektor Mäde argumentierte u. a. damit, daß er als ZK-Mitglied den größeren poltischen Einblick habe und wir dies gefälligst einzusehen hätten. Gegen unsere kritisch-realistische Sicht auf die Wirklichkeit wurde gesagt, nicht deren Erscheinungsbild sei wichtig, sondern ihr Wesen."[137]

Simon, Schäfer, Hauptdramaturg Dieter Wolf und Dramaturgin Erika Richter unterbreiteten am 19. Mai eine elf Seiten umfassende Aufstellung über bereits vollzogene sowie noch vorgesehene Änderungen. Daraufhin fand am 3. Juni 1980 eine Diskussion dieser Vorschläge statt. In deren Ergebnis richtete der Leiter der Gruppe Babelsberg am

135

5. Juni 1980 an den Generaldirektor den „Antrag auf Vormischung ..."
für eine Reihe von „Szenen unter Einschluß jener Veränderungen, die
in unserer Endfertigungskonzeption vorgeschlagen und akzeptiert
wurden ..." Mäde genehmigte den Antrag. Die Vormischung wurde
durchgeführt und die nächste Vorführung für den 11. Juli 1980 angesetzt. Am 19. Juni 1980 informierte die Hauptverwaltung Film das ZK
der SED und wies hin auf die Bedeutung dieser Vorführung, „von deren Ergebnis alle weiteren Entscheidungen abhängen." Darin heißt es
unter anderem:

*Es ist damit zu rechnen, daß es in dieser Sache zu keiner Übereinstimmung
zwischen den am Film beteiligten Künstlern und den staatlichen Leitern
kommen wird. In diesem Falle wird das Projekt nicht zu Ende geführt.*

Zu der Vorführung am 11. Juli 1980 hatte der Generaldirektor erneut
ausschließlich Genossen eingeladen. Über Verlauf und Ergebnisse der
der Vorführung folgenden Beratung gibt eine „Notiz für Gruppe Babelsberg, Genossen Dr. Dieter Wolf" vom 17. 7. 1980 des Generaldirektors Aufschluß. Darin heißt es unter anderem:

*In der kollektiven Beratung nach der Vorführung am 11. 7. habe ich in
ausführlichen Bemerkungen zum Gegenstand deutlich gemacht, daß ich
die vorgelegten Arbeitsergebnisse für keine ausreichende Grundlage der
Endbearbeitung des Films halte. Ich konnte mich dabei auf sehr grund-
sätzliche analytische Einschätzungen, die unter anderem der Chefdramaturg, die Hauptdramaturgen, der Sekretär unserer Parteiorganisation
schon in früheren Grundsatzdiskussionen gegeben hatten, beziehen...*

Mäde wiederholte die Forderung nachzudrehen und nannte vier Kom-
plexe, auf die sich Veränderungen konzentrieren sollten. Abschließend
traf er vier Festlegungen. Die erste lautete:

*Die praktischen Arbeiten zur Fertigstellung des Films werden ausgesetzt; ...*

Am 29. Juli unterbreitete Erika Richter neue, gemeinsam mit Autor,
Regisseur und Hauptdramaturg erarbeitete Veränderungsvorschläge.
Außerdem schrieb sie:

*Wir werden auch weiterhin alles tun, was unserem Verantwortungs-
bewußtsein gegenüber der Gesellschaft entspricht, den Film so zu beenden,
daß er zur baldigen Aufführung kommen kann. Wir betonen, daß der
Film in der vorliegenden Fassung unseres Erachtens der Konzeption des
Drehbuchs entspricht und wir, wie auch unsere ausführlichen Protokolle*

*vom 19. 5. 80 nachweisen, stets bemüht waren, konzeptionelle Hinweise seitens der Direktion zu beachten. Wir sind nicht einverstanden, daß in der Notiz des Generaldirektors vom 17. 7. 80 Szenen, über die zwischen der Direktion und den Filmemachern kein konzeptionelles Einverständnis besteht, pauschal als 'künstlerisch und ideell mißlungen' bezeichnet werden. Wir bitten darum und stellen den Antrag, daß auf der Grundlage unserer neuen Veränderungsvorschläge und unserer Vorschläge zur Endbearbeitung vom 19. 5. 80 die Arbeit am Film zu Ende geführt werden kann.*[138]

Mäde gab diesem Antrag nicht statt. Am 10. September 1980 kündigte er in einer Sitzung eine Produktionsunterbrechung an. Am 15. September verfügte er die Unterbrechung - mit der Option der Wiederaufnahme der Arbeit bei „Vorliegen künstlerisch überzeugender Lösungsvorschläge" - in einer schriftlichen Weisung. Am 22. September informierte er Politbüromitglied Kurt Hager über die aktuelle Situation und seine Haltung.

Am 20. November 1980 unterbreitete Dieter Wolf in einem Schreiben an Mäde „Veränderungsvorschläge zu den zwei Szenenkomplexen, über die wir in den vergangenen Diskussionen keine Einigkeit erzielen konnten." Mäde war einverstanden. Im Dezember wurden die vorgeschlagenen Szenen nachgedreht. Am 6. Februar 1981 wurde die Rohschnittfassung abgenommen. Am 3. März fand die Studioabnahme statt. Mäde nahm den Film - ohne Auflagen - in der vorgeführten Fassung ab. In der schriftlichen „Stellungnahme zum Film 'Jadup und Boel'" vom 5. März 1980 folgte er über weite Strecken der Einschätzung durch die Gruppe Babelsberg. Nach vier Seiten positiver Beurteilung deutete er die Konflikte der Endfertigung nur an und stellte das Ergebnis als Erfolg der Leitung, als Resultat des Nachgebens der Filmemacher dar:

*...Im Prozeß einer sehr prinzipiellen, doch stets kameradschaftlich geführten Auseinandersetzung um komplizierte inhaltliche und Gestaltungsfragen haben Autor und Regisseur schließlich zu Lösungen gefunden, die ihre Sicht und die gesellschaftliche Wertung stärker in Übereinstimmung brachten. ... Die Diskussion verlief zeitweise kontrovers. Die Studioleitung setzte sich mit Geduld und Beharrlichkeit für die Klärung prinzipieller Positionen ein. Sie wirkte in den mit großer Offenheit geführten Gesprächen daraufhin, den Dialog mit den Schöpfern nicht abreißen zu lassen und sie zu neuen Vorschlägen und Lösungen anzuregen. Der Verlauf dieser Diskussionen wird von der großen Mehrzahl der*

*künstlerischen Kräfte des Studios hoch gewertet, er ist von Bedeutung über den vorliegenden Film hinaus und vermittelt wichtige Lehren für die Führung künftiger künstlerisch-ideologischer Prozesse. ... Das vorliegende Arbeitsergebnis ist widerspruchsvoll. Seine Werte, seine künstlerische Eigenart, sein produktiver Ansatz sind in den bisherigen Darlegungen ausführlich beschrieben. Die Subjektivität der künstlerischen Sprache der Schöpfer und objektive Probleme des Geschichts- und Gegenwartsverständnisses gehen eine komplizierte Verbindung ein. Dabei wird der Film nach unserer Meinung der Dialektik bei der Gestaltung der spannungsvollen Beziehungen zwischen geschichtlich Überkommenem und dem durch den Sozialismus neu Geschaffenem nur bedingt gerecht. ... Da der Film im Zusammenhang zu sehen ist mit einer ganzen Reihe anderer filmischer Annäherungen im DEFA-Schaffen an geistig-moralische und geschichtliche Fragen des Sozialismus, vertrauen wir auf die Reife unserer Zuschauer zu eigenen Wertungen. ... Wir beantragen die staatliche Zulassung des Films.*

Der für die staatliche Zulassung zuständige Leiter der Hauptverwaltung Film, Horst Pehnert, war bei der Abnahme zugegen und sicherte zu, die Abnahme nach dem im April 1981 stattfindenden IX. Parteitag vorzunehmen. Die angekündigte Zulassung blieb jedoch aus. Simon wandte sich an den Generaldirektor und am 2. Juni 1981 mit einem Brief an Pehnert. Der verwies darauf, daß es nötig sei, den Minister für Kultur zu konsultieren und kündigte an:

*Ich denke, daß ich in allernächster Zeit in der Lage sein werde, Ihnen eine Einladung zum Zulassungsgespräch in der Hauptverwaltung Film zu übermitteln.*

Auch daraus wurde nichts. Das registrierte sogar der Staatssicherheitsdienst mit Erstaunen. Am 14. September 1981 legte der zuständige operative Mitarbeiter der Abteilung XX/7 der BV Potsdam, Oberleutnant Dörr, einen „Übersichtsbogen zur operativen Personenkontrolle", Deckname „Schreiber", an, in dem vorgeschlagen wurde, die OPK abzuschließen und einen „OV gemäß §§ 106, 107 StGB" einzuleiten. (Anhang, Dokument 6)

Am 21. September 1981 folgte eine „Information zur OPK „Schreiber"". Darin wurde mitgeteilt, daß

*Der Regisseur SIMON, Rainer beabsichtigt, nach dem 30.09.1981 einen Brief an den Sekretär des ZK der SED, Gen. Hager, zu senden, in dem er*

*darum bittet, seinen Film „Jadup und Boel" staatlich zuzulassen und dar-*
*über Beschwerde führt, daß durch die HV Film beim Ministerium für Kul-*
*tur seiner Meinung nach völlig unzulässig und unüblich die Zulassung bis-*
*her verschleppt wurde. ... Die Verschleppung einer Zulassungsentschei-*
*dung, deren Beantragung noch dazu im Einvernehmen mit dem zuständi-*
*gen Stellv. Minister erfolgt ist, von über 6 Monaten, ist einmalig in der*
*DEFA-Geschichte und hat Unzufriedenheit auch unter den positiven Kräf-*
*ten ausgelöst. Es wird von diesen vermutet, daß sich die Leitung des MfK*
*mit dieser Verzögerungstaktik aus der Verantwortung für diesen Film ent-*
*lassen will, in dem der Generaldirektor der DEFA durch den „Druck von*
*unten" gezwungen wird, unter Umgehung des MfK die staatliche Zulas-*
*sung über Gen. Hager zu erwirken.*

Am 19. Februar 1982 wurde der Vorschlag auf Anlegen eines Operativen Vorgangs von Oberstleutnant Unrath, dem Leiter der Abteilung
XX der BV Potsdam, bestätigt. (Anhang, Dokument 7)

Am 29. Juni 1982 bestätigte Oberst Ribbecke, der damalige Leiter
der Bezirksverwaltung Potsdam, den Beschluß und den Eröffnungsbericht zum OV „Schreiber". (Anhang, Dokument 8)

Beschluß und Eröffnungsbericht wurden ergänzt durch den
Operativplan zur Bearbeitung des OV „Schreiber".[139] Darin war unter anderem der Einsatz von IM festgelegt. Dies waren mit IMB
„Rose", IME „Hans Werner", IMS „Jörg Ratgeb", IMS „Mirko" ausnahmslos „IM in Schlüsselpositionen".

Am 9. Oktober 1981 gab die Hauptverwaltung Film „Jadup und Boel"
mit sieben Kopien für die Filmkunsttheater frei. Die Premiere wurde für
den 17. Dezember 1981 angesetzt. Die Stellungnahme der Hauptverwaltung Film zum Zulassungsverfahren wurde dem Regisseur - ein No-
vum - lediglich in einem Auszug zur Kenntnis gegeben. Darin sicherten sich die Verfasser ab gegen ein zu erwartendes Verbot des Films und
darauf folgende Vorwürfe an die Schuldigen in der Verwaltung. Sie
äußerten sich wesentlich kritischer und „grundsätzlicher" als der DEFA-
Generaldirektor in seiner Stellungnahme und als der Leiter der HV Film
im Verlauf der Diskussionen vor der Abnahme des Films.

Am 17. November druckte das NEUE DEUTSCHLAND den sogenannten „Vater-Brief". Unter der Ankündigung „Erwartungen eines
Lesers an DEFA und Fernsehen - Was ich mir mehr von unseren Filmemachern wünsche" war unter anderem zu lesen:

139

*...Vom Thema und auch von der künstlerischen Ausdruckskraft her, finde ich kaum einen unserer jüngsten Filme bemerkenswert. Die meisten sagen mir über uns und unsere Zeit viel zu wenig aus. Ich spüre darin zu wenig Stolz auf das, was die Arbeiterklasse und ihre Partei im Bunde mit allen Werktätigen unseres Landes an Großem vollbracht hat in den Jahrzehnten bis heute. Wo sind die Kunstwerke, die das - ich nenne es so - Titanische der Leistung bewußt machen, die in der Errichtung, im Werden und Wachsen unseres stabilen und blühenden Arbeiter- und Bauern-Staates besteht? ... Da, wo die Arbeiterklasse ihre größten Leistungen vollbringt, erproben und bewähren sich bestimmt auch starke Charaktere. Das kann gar nicht anders sein. Da muß einer Farbe bekennen, muß durch die Tat beweisen, daß er für seine sozialistische Überzeugung einsteht. Ich würde gern solchen Menschen, die ich als Vorbild empfinde, des öfteren auf der Leinwand oder auf dem Bildschirm begegnen. Ich möchte ihre Sorgen und ihre Freuden kennenlernen und mitempfinden, ich möchte mit ihnen weinen und lachen können. Ist das wirklich zuviel verlangt? Sind meine Erwartungen wirklich zu hoch gegriffen?*

Für „Jadup und Boel" war dieser „Leserbrief" das Aus. Die Premiere wurde auf Weisung des Kulturministers Hoffmann auf unbestimmte Zeit verschoben. Eingaben an Hoffmann und Hager sowie ein Brief an Honecker änderten nichts an dem Verbot. „Jadup und Boel" kam erst 1988, mit sieben Kopien, in die Filmkunst-Kinos der DDR.

Die Reaktion der Leitungen des Studios und der HV Film auf den Film führten zu einem tiefen Einschnitt in Simons beruflicher Laufbahn. Sie hatten Verbitterung und endgültiges innerliches Lossagen von der sozialistischen Kulturpolitik zur Folge. Und sie beeinflußten die Wahl seiner künftigen Stoffe sowie die Ästhetik seiner späteren Filme.

### „Das Luftschiff"

Simons nächster Film, das war ihm in den Auseinandersetzungen um „Jadup und Boel" klargeworden, mußte in der Vergangenheit spielen. In einem Gegenwartsfilm ausdrücken zu wollen, was er zu sagen hatte, wäre zum Scheitern verurteilt gewesen. Es entsprach keiner vorgefaßten theoretischen Absicht, war aber ebensowenig Zufall, daß Simons Wahl auf einen Roman von Fritz Rudolf Fries und einen Helden fiel, der mit Till Eulenspiegel das Anarchische gemeinsam hat, aber vor allem dadurch charakterisiert ist, daß er um nichts in der Welt von seinen Ideen abzubringen ist, der ignoriert, was um ihn vorgeht und was die Welt bewegt. Daß er notgedrungen scheitert, mag dazu beigetragen haben, daß Simon Gefallen fand an dem Stoff. Held und Film sind, obgleich nicht unter diesem Aspekt gewählt, Metapher für die Situation, in der sich Simon befand: Die Gesellschaft war nicht zu verändern, der Weg lag nur in der Besinnung, im Rückzug des Individuums auf sich selbst.

Simon hatte „Das Luftschiff" bereits 1977 gelesen; an die Möglichkeit, den Roman zu verfilmen, hatte er dabei nicht gedacht. Als der Dramaturg Manfred Hocke ihm den Stoff 1981 anbot, sah er das anders. Ausschlaggebend war, daß Fries in sein Exposé, zu dem ihn Hocke überredet hatte, eine zusätzliche Zeitebene aufgenommen hatte: das Jahr 1945.

Die Entwicklung des Projekts verlief trotz der Auseinandersetzungen um „Jadup und Boel" problemlos. Im Juni 1981 skizzierte Rainer Simon wesentliche Drehkomplexe, Merkmale und Anforderungen, unter anderem zur Besetzung, zu Drehorten und zur Zusammenarbeit mit dem Leipziger Grafiker Lutz Dammbeck sowie mit dem Kameramann Roland Dressel. Die Staatssicherheit versuchte nicht, den Film zu verhindern. Lediglich bei der Vorbereitung der Motivsuche in Spanien gab es zeitweilige Verzögerungen durch die Hauptverwaltung Film.

Die Studio-Leitung und die Hauptverwaltung Film waren an dem Film interessiert. Anfang der achtziger Jahre wurde es für die SED-Führung unumgänglich, sich zum Westen hin zu „öffnen". Die wirtschaftlichen Schwierigkeiten und der Zwang, Kredite aus der BRD zu beschaffen, erforderten Zugeständnisse. Die Folge war unter anderem die zunehmende Bereitschaft, mit westlichen Partnern zusammenzuarbeiten. Simon war dafür geeignet. Er verstand sein Handwerk und galt als kritisch und umstritten. Ein Verfasser von Jubel-Filmen hätte diskreditierend gewirkt.

Das Szenarium wurde trotz der ungewöhnlichen Struktur und ausgefallener technischer Mittel, die es vorsah, ohne Einspruch akzeptiert. Die vom Februar bis Mitte Juli 1982 dauernden Dreharbeiten verliefen ebenfalls ohne Einmischung. Problemlos verlief auch die Studioabnahme am 22. Dezember 1982. Die Diskussion war respektvoll-zustimmend, Auflagen wurden nicht erteilt.

„Das Luftschiff" wurde Simons kompliziertester Film. Er hat wesentlich zu seinem Ruf beigetragen, ein Regisseur zu sein, der stets nach Möglichkeiten sucht, die Grenzen filmischer Gestaltung auszuschreiten oder zu erweitern.

„Das Luftschiff" erzählt das Leben des Erfinders Franz Xaver Stannebein, der aus Deutschland nach Spanien auswandert und am Ende des Ersten Weltkrieges nach Deutschland zurückkehrt, um endlich sein Luftschiff bauen zu können, der mit den Nazis paktiert und von ihnen letztlich in die Irrenanstalt gesperrt wird, zu der, am Ende des Zweiten Weltkrieges, sein Enkel Chico und seine Tochter Flora aufbrechen, um ihn zu suchen.

Die Geschichte wird episodisch und bruchstückhaft erzählt. Die Handlungsebenen sind nicht in konventioneller Rückblendentechnik montiert, sie sind assoziativ verbunden. Die Annäherung an den Erfinder Stannebein erfolgt über den Enkel Chico. Der Zuschauer sieht Stannebein oft aus Chicos Sicht, mitunter auch in Erinnerungen der Mutter Chicos, Stannebeins Tochter, und von deren Schwester Flora sowie in Bildern und Szenen aus der Perspektive der Autoren.

Zur Identifikation, die das Massenpublikum im Kino sucht, lädt Stannebein kaum ein. Er hält durch seine Widersprüchlichkeit auf Distanz. Hinzu kommt, daß Stannebein mit dem, was er will und tut, weit weg ist von den Problemen der Gegenwart von 1983, dem „Nerv der Zeit". „Selbstverwirklichung" hatte sich als gesellschaftliches Problem auch in der DDR jener Jahre erledigt.

### „Die Frau und der Fremde"

Nach dem „Luftschiff" suchte Simon nach einem Stoff, der Aussicht hatte, ein breites Publikum zu erreichen. „Das Luftschiff" wurde selten, „Till Eulenspiegel" und „Zünd an, es kommt die Feuerwehr" wurden gar nicht aufgeführt, da Winfried Glatzeder, in beiden Filmen Hauptdarsteller, 1982 in die BRD übergesiedelt war. „Jadup und Boel" war verboten.

Leonhard Franks Erzählung „Karl und Anna" schien ihm die Voraussetzung zu erfüllen, eine ungewöhnliche Geschichte publikumswirksam erzählen zu können - unter anderem, weil sie „schon als Literatur eine sehr filmische Struktur hat. Wir konnten sie im Film im wesentlichen erhalten."[140] Hinzu kam: „Einerseits reizte mich die Herausforderung, daß da etwas absolut Unglaubliches erzählt wird, was in der Literatur vielleicht noch glaubhaft ist. Im Film, wo alles gegenständlich wird, ist das viel schwieriger. Andererseits ergab sich die Möglichkeit, einen Film über die Perversität des Krieges zu machen, ohne die Greuel des Krieges zeigen zu müssen."[141] Wie in Leonhard Franks Erzählung teilen sich auch in Simons Film die Folgen des Krieges im Verhalten der Personen mit.

Ebenso der Versuch der Hauptfiguren - etwa in Karls Flucht aus der russischen Steppe oder in Annas Sicheinlassen auf die Lüge -, sich gegen die bedrückenden Umstände zu behaupten.

Schwierigkeiten, den Stoff bei der DEFA durchzubekommen, hatte Simon nicht. Auch der Staatssicherheitsdienst behinderte die Arbeit nicht. Er schloß den Operativen Vorgang „Schreiber" zwar nicht ab - die letzten Informationen in Simons Akte stammen aus dem Jahr 1988 -, das Interesse der HV Film und des ZK der SED, Simon zu beschäftigen, sorgte jedoch dafür, daß Bestrebungen in der BV Potsdam, ihn kaltzustellen, auch in der Folgezeit nicht umgesetzt werden konnten.

Bei der Produktion, der Endfertigung und der Abnahme von „Die Frau und der Fremde" gab es ebenfalls keine Probleme. Der Film hatte im Januar 1985 Premiere und lief im Februar 1985 in West-Berlin im Wettbewerb der Internationalen Filmfestspiele. Dort gewann „Die Frau und der Fremde" den Goldenen Bären für den besten Film.

Im Lande blieb diese bedeutendste Auszeichnung, die ein DEFA-Film je auf einem internationalen Festival erhalten hat, ungenutzt. Der Progress Film Verleih machte keine Werbung und brachte „Die Frau und der Fremde" bestenfalls halbherzig in die Kinos.

## „Wengler & Söhne"

Der nächste Stoff, den Simon verfilmen wollte, war ebenfalls eine Literaturvorlage: der „Erlkönig" von Michel Tournier. Tourniers Roman war 1984 in der DDR erschienen, und Simon, während der Arbeit an „Die Frau und der Fremde" darauf aufmerksam geworden, war beim ersten Lesen fasziniert. Er nahm Kontakt zu Tournier auf und schrieb ein Exposé. Tournier zeigte sich nicht abgeneigt, einer Verfilmung zuzustimmen. Rainer Simon: „Dieses Gespräch war überraschend unkompliziert, weil er in etwa sagte: ‚Ich werde die Rechte für dieses Buch nie einem westlichen Filmemacher oder Produzenten geben. Die Gefahr ist zu groß, daß da der schmale, von mir vorgegebene Grat zu einer Faszination am Faschismus umkippt. Diesen Film kann nur ein Filmemacher aus Ostdeutschland machen, ein anderer nicht.'"[142] Mäde reagierte eisig. Simon wurde, nachdem er das Exposé eingereicht hatte und aus West-Berlin mit dem Goldenen Bären zurückgekehrt war, von Mäde nicht empfangen. Mäde schickte ihm eine schriftliche Ablehnung des „Erlkönig"-Stoffes.

Der folgende Stoff war ein Angebot des Studios und wurde von der Studio-Leitung gefördert. Schwierigkeiten bei der Produktion oder der Abnahme gab es nicht. „Die Stiftung", so der Arbeitstitel des Szenariums von Helmut Bez, erzählt die Geschichte des Arbeiters Gustav Wengler und seiner Familie. Wengler erlebt den Deutsch-Französischen Krieg, die Gründung des Deutschen Reiches, den Ersten und das Ende des Zweiten Weltkrieges. Sein Schicksal ist mit der Entstehung und Entwicklung einer feinmechanisch-optischen Fabrik verbunden. Er verkörpert deutsche „Tugenden": Vaterlandsliebe, Fleiß, Ordnung, Disziplin, Gehorsam, Härte gegen sich selbst und gegen andere. Sein Schicksal macht deutlich, wie leicht sich diese „Tugenden" in ihr Gegenteil verkehren. Rainer Simon: „Gustav reflektiert nicht über sich selbst. ... Gustav Wengler empfindet sich im Recht. Er begreift nicht, wie seine Frau das anders empfinden kann. Er begreift nicht, wie sich Friedrich Sedan widersetzen kann. ... Er unterdrückt dabei nicht nur brutal, nicht nur autoritär-repressiv. Er unterdrückt mit Liebe, aus Liebe. Und das ist noch schlimmer. ..."[143]

Die Eigenschaften der Hauptfigur haben dazu beigetragen, daß „Wengler & Söhne" in bezug auf die Besucherzahlen unter den Erwartungen blieb. Identifikation mit Gustav Wengler war nur schwer möglich. Ihm fehlt Liebenswürdigkeit, er wird nahezu preisgegeben.

Hinzu kam der von dem großen Zeitraum, den die Geschichte um-
reißt, diktierte Erzähl-Rhythmus. Die sehr knapp erzählten Sequenzen im ersten Teil des Films erschweren in dieser Phase die Einfüh-
lung der Zuschauer.

### „Die Besteigung des Chimborazo"

Simons nächster Film wurde ein Projekt, das er bereits 1980 während
der Auseinandersetzungen um die Fertigstellung von „Jadup und Boel"
gemeinsam mit Paul Kanut Schäfer als Autor begonnen hatte: „Die Besteigung des Chimborazo", Episoden aus dem Leben des jungen Alexander von Humboldt.

Die Fassung von 1980 hatte Humboldts Verhältnis zur Sklaverei zum
Mittelpunkt und sollte in Kuba spielen, dem damals einzig möglichen
Drehort für Humboldts Begegnung mit einer fremden Kultur. Das Projekt zerschlug sich, die Kubaner wollten selbst einen Film über Humboldt drehen. Simon und Schäfer mußten neu ansetzen.

Simon: „Ich bin froh, daß sich das Kuba-Projekt nicht realisierte, weil
wir sonst nie auf die Idee gekommen wären, uns mit der Jugend Humboldts zu beschäftigen. Natürlich war uns dabei schon klar, daß man keinen Film über die Jugend machen kann, ohne in irgendeiner Weise die

Verwirklichung des großen Traumes seiner Jugend mit einzubeziehen. Ich hatte damals als eine Art Metapher für die Anstrengungen in der Jugend Humboldts die Besteigung des Chimborazo vorgeschlagen. Aber was wir da schreiben konnten, das waren nur ein paar Sequenzen vom Aufstieg, etwa in der Art, wie es jetzt in der letzten Rolle unseres Films zu sehen ist. Die übermenschliche Anstrengung seines Lebens, beginnend mit der Jugend, als Metapher gefaßt im Aufstieg zu einem der höchsten Gipfel Lateinamerikas."[144] Die DEFA versuchte in dieser Phase, einen Co-Produzenten zu finden. Sie hatte keinen Erfolg. Das Projekt wurde aufgegeben.

1987 wurde der Humboldt-Stoff wiederbelebt. Nach der Fertigstellung von „Wengler & Söhne" sollte Simon „Der Fall Ö." verfilmen, ein Szenarium von Ulrich Plenzdorf nach der Novelle „König Ödipus" von Franz Fühmann. Das Szenarium lag bereits vor. In dieser Zeit reagierte das ZDF positiv auf ein Angebot der Hauptverwaltung Film, eine Reihe von beabsichtigten deutsch-deutschen Co-Produktionen mit „Die Besteigung des Chimborazo" zu beginnen. „Der Fall Ö." wurde verschoben. Simon und Schäfer fuhren zur Motivsuche nach Ekuador, anschließend schrieben sie ein neues Szenarium. 1988 begannen die Dreharbeiten. Rainer Simon: „Land und Menschen und ihre uns fremde Kultur bekamen für uns einen Eigenwert, den wir nicht willkürlich beschneiden konnten und wollten. Unser Material nahm zunehmend dokumentarischen Charakter an. Wir lenkten die Ereignisse behutsam in die Richtung, die uns interessierte, dann ließen wir ihnen ihren Lauf. Der Film erzählt über weite Strecken, wie wir die Dinge erlebten. Es schien mir unmoralisch, da wesentliche Veränderungen vorzunehmen. Ich schnitt nur wenig und mit Vorsicht heraus. Unsere Erlebnisse waren von denen Humboldts - trotz der zweihundert Jahre, die dazwischen liegen - wahrscheinlich gar nicht weit entfernt. Der Unterschied war vielleicht vor allem der, daß Humboldt, als er in Ekuador eintraf, schon einige Jahre auf Reisen war und viel von der Welt gesehen hatte."[145] Eingriffe der Studio-Leitung in den Dreh- und Endfertigungsprozeß gab es nicht, und eine Abnahme, wie sie für die Jahrzehnte zuvor charakteristisch gewesen war, fand bei diesem Film nicht mehr statt. Mäde hatte seine Funktion wegen Krankheit aufgegeben, sein Stellvertreter und Nachfolger, der Direktor für Produktion, Gert Golde, und der Künstlerische Direktor, Rudolf Jürschik, praktizierten die Studioabnahmen nach Mädes Ausscheiden bis zum Ende der DEFA mehr und mehr als einen Proforma-Akt.

Als „Die Besteigung des Chimborazo" am 7. September 1989 im
Berliner Kino International Premiere hatte und ins Kino kam, war der
von Simon genannte Aspekt des Films - das Defizit der DDR-Bewohner an Kenntnis anderer Länder - ein Thema, das die DDR im doppel-
ten Sinne des Wortes bewegte. Die indirekte Form, in der der Film damit umging, war für diese aufregende Zeit allerdings ein zu verhaltener
Reiz. „Die Besteigung des Chimborazo" teilte das Schicksal fast aller
DEFA-Filme, die ab Sommer 1989 ins Kino kamen: Die Öffentlichkeit
nahm von dem Film kaum Notiz.

**„Der Fall Ö."**

Simon hatte das Angebot, Plenzdorfs Adaption der Fühmann-Novelle zu
verfilmen, bereits 1986 erhalten. Die Geschichte eines Hauptmanns der
deutschen Wehrmacht, der im Zweiten Weltkrieg im besetzten Grie-
chenland mit seinen Soldaten und mit griechischen Schauspielern einen
Film über die Tragödie des Ödipus dreht, reizte ihn sofort. Simon: „Interessiert hat mich die außergewöhnliche Konstellation, daß in einer un-
menschlichen Kriegs- bzw. Besatzungssituation ein humanistisch den-
kender Offizier versucht, die eigene Rolle in diesem Krieg zu ergründen.
Und formal hat mich interessiert, daß er dazu den antiken Mythos
bemüht, den Ödipus-Mythos. Außerdem, daß die im Ödipus-Mythos
aufgeworfenen Menschheitsfragen sich überschneiden mit aktueller Problematik. Daß sich im Verhältnis Hauptmann-Gefreiter-Schauspielerin
ähnliches abspielt wie zwischen den Figuren des antiken Dramas. Und
interessiert hat mich der Stoff auch deshalb, weil Plenzdorf kein theore-
tisches Denkspiel aufgeschrieben hat, sondern eine sehr sinnliche Geschichte von Liebe und Tod..."[146]
    Simon begann unmittelbar nach der Fertigstellung des „Chimbora-
zo" mit der Vorbereitung des Films. Das Studio hatte wie beim „Chimborazo" mit einer West-Berliner Produktionsfirma und dem ZDF Co-
Produktionsverträge, und der Film war schon für 1989/90 im Plan.
Produktion und Endfertigung liefen problemlos, die zu DDR-Zeiten übliche Abnahme fand nicht mehr statt.
    Im Kino erging es dem „Fall Ö." wie den meisten DEFA-Filmen nach
dem Sommer 1989. Gegen die aktuellen politischen Ereignisse und das
Nachholebedürfnis der Bevölkerung an West-Exporten hatten die für
eine andere Zeit gedrehten DDR-Filme keine Chance, ein breites Publikum zu erreichen.

## Operativer Vorgang „Bruder" – Ulrich Weiß

### Schulzeit und Studium

Ulrich Weiß wurde am 2. April 1942 in Wernigerode geboren, wuchs in Klingenthal/Vogtland ohne Geschwister bei seiner Mutter auf und besuchte dort die Grundschule und die Erweiterte Oberschule bis zum Abitur im Jahre 1960. Anschließend begann er in Limbach-Oberfrohna eine Lehre als Fotograf und arbeitete nach deren Abschluß ab 1963 als Betriebsfotograf in Karl-Marx-Stadt bei der SDAG Wismut. 1964 wurde er Kameraassistent beim Studio Halle/S. des Deutschen Fernsehfunks. Und ab 1965 studierte er an der Deutschen Hochschule für Filmkunst in Potsdam-Babelsberg Kamera.

Ulrich Weiß:
*Ich bin in einer (armen) Gegend aufgewachsen, in der die Leute nicht wußten, was ein Regisseur ist. Sie hatten andere Sorgen. Meine Mutter ging von früh bis abends arbeiten, um mich, ihre Mutter und ihren Bruder, der physisch und psychisch total zerstört aus dem Krieg zurückkam, mit vierhundertzwanzig Mark im Monat zu ernähren. Sie hat es geschafft, daß ich gesund blieb. Den Rest hat wahrscheinlich der Wald getan. Ich hatte das Glück, bei wunderbaren Lehrern in die Schule zu gehen, eine engagierte Schule, die es heute leider nicht mehr gibt. Die zumeist jungen Neulehrer mußten sich gegen die alten, die über eine solide Bildung verfügten, durchsetzen. Wir haben davon profitiert.*
*Ich habe um die Einheit Deutschlands gekämpft auf der Bühne des Gasthofes „Zur Linde", als jemand, der als Zwerg verkleidet in einem Zwergenspiel mit anderen Zwergen die Grenze niederreißt, um sich mit Zwergen zu vereinigen. Ich habe geweint, als Väterchen Stalin starb und war drei Jahre später empört, daß es kein Väterchen war. Ich bin, als ich anläßlich der Wahl zum Freundschaftsrat meinen Lebenslauf verlesen sollte, aus der Pionierorganisation ausgetreten. Ich bin konfirmiert worden und habe zwei Jahre später die Jugendweihe nachholen müssen, damit ich die Oberschule nicht mit der zehnten, sondern der zwölften Klasse verlassen durfte. Ich bin 1961 geradeso aus Westberlin herausgekommen, als ich auf einem Schleppkahn (unserer Reederei) arbeitete, und war 1968 auf dem Wenzelsplatz in Prag.*
*... Wie es dazu kam, daß ich mit vierzehn Jahren den Wunsch hatte, Regisseur zu werden, weiß ich nicht. Es hat mir niemand gesagt. Vielleicht lag*

es daran, daß ich als Kind für eine Bockwurst und freien Eintritt Leinwand und Projektoren des Landfilmkinos aufbauen durfte und somit zwei Filme pro Woche sehen konnte, manche, vor allem die sowjetischen, mehrmals. Den „Panzerkreuzer Potemkin" habe ich mit Gleichaltrigen auf der Wehranlage eines Baches ,nachinszeniert', „Die Dreizehn" auf freiem Feld. Später dann, während der Oberschulzeit, habe ich durch Ferienarbeit eine komplette 8mm-Anlage erstanden, Scheinwerfer und eine ,Synchronanlage' selbst gebaut und gemeinsam mit einem Postangestellten und einem Optiker (beides ältere Leute) einen Filmzirkel gegründet, der sogar einen Auftragsfilm für den Rat des Kreises über den ersten Mai drehen durfte. Mit achtzehn hatte ich alles von Eisenstein, Pudowkin, Dowshenko, Balazs, Chaplin, Griffith und anderen gelesen, was in der Kreisbibliothek greifbar war. Doch es war das Ziel der Oberschullehrer, aus mir einen Offizier zu machen. Es war nicht einfach, mich ihrer Demagogie zu erwehren. Ich erlernte für fünfundachtzig Mark im Monat Fotograf bei dem Obermeister des Bezirkes, zweieinhalb Jahre lang statt eineinhalb, damit er eine billige Arbeitskraft so lange als möglich hat. Aber ich habe etwas vom Licht und der ,Akkuratesse des Handwerks' gelernt, auch wenn die Methode mitunter noch schlagend war. In dieser Zeit drehte ich unter anderem mit einer geborgten 16-mm-Kamera einen Film für die Aufnahmeprüfung an der Filmhochschule. (Ich hatte in das Schlafzimmer meiner Mutter eine Dekoration - Jahrhundertwende - gebaut.) Ich hätte daraufhin studieren können, wollte aber noch nicht. Ich lernte Fotograf zu Ende, arbeitete bei der Wismut im Bergbau, war Kameraassistent beim Fernsehen, studierte Kamera und dann Regie.[147]

Das zu dieser Zeit dreijährige Kamerastudium schloß Ulrich Weiß 1968 ab. Da er bei seinem Diplomfilm, „Paragraph 14", auch Regie geführt hatte, bot ihm die Fachrichtung Regie der Hochschule an, in ihrem Bereich als Assistent zu arbeiten und extern das Regiediplom abzulegen. Er nahm an.

1970 wechselte Ulrich Weiß, nachdem er die theoretische Arbeit für sein Regie-Diplom vorgelegt hatte, als Regisseur zum DEFA-Studio für Dokumentarfilme, in die von Karl Gass geleitete Gruppe Effekt, in der er bis 1974 insgesamt sechs Dokumentarfilme drehte. Schon in dieser Zeit hoffte er, später Spielfilme machen zu können. Ulrich Weiß: „Es war ein bewußter Akt von mir. Ich wollte erst Dokumentarfilme machen, um dichter an der Wirklichkeit dran zu sein. Ich hab es Karl Gass gesagt, er hat es akzeptiert."[148]

## „Tambari"

Den Sprung ins DEFA Spielfilmstudio schaffte Ulrich Weiß 1975. Er hatte Kontakt zum Spielfilmstudio aufgenommen und sein Interesse bekundet, einen Spielfilm zu drehen. Unter mehreren Stoffen entschied er sich für ein Angebot aus der Gruppe „Berlin", für ein Szenarium von Günter Kaltofen nach dem Kinderbuch „Tambari" von Benno Pludra. Weiß: „Ich dachte, es ist günstig, mit einem Kinderfilm einzusteigen, um zu testen, inwieweit Talent bei mir vorhanden ist, einen Spielfilm zu machen."[149] Ulrich Weiß schrieb das Szenarium völlig um. Der Autor des Szenariums protestierte, aber Pludra war einverstanden. Auch in Albert Wilkening hatte Weiß einen Fürsprecher. Wilkening, damals Direktor des Spielfilmstudios, war neben seiner Funktion als Direktionsmitglied der DEFA seit der Gründung der Filmhochschule bis 1972 Chef von deren Fachbereich Kamera gewesen. Er schätzte Ulrich Weiß' Diplomfilm. Ulrich Weiß: „Wilkening hat gesagt, ich könne den Film machen. Aber er rechne damit, daß ich ihn als Gast und für wenig Geld mache. Ich solle mir als Kameramann etwas einfallen lassen, wie man ihn billig drehen könne, mehr als achthunderttausend Mark könne er mir nicht geben. Ich habe Wilkening dann den Vorschlag gemacht, den Film mit einem ganz kleinen Drehstab zu drehen, mit Leuten, die ich mir selbst aussuche. Wir beziehen keine Hotels, schlug ich vor, sondern campieren in Zelten. Das hat er abgelehnt. Trotzdem hat der Film dann nur wenig mehr als eine Million Mark gekostet."[150]

„Tambari" galt als Talentbeweis, auch beim neuen Studiodirektor. Hans Dieter Mäde machte sich kurz nach seinem Amtsantritt mit den jüngsten DEFA-Produktionen vertraut. Er sah sich auch „Tambari" an. Ulrich Weiß: „Mäde hat mich dazu eingeladen. Wir saßen zu zweit im Vorführraum. Er hat sich ungeheuer amüsiert. Er fand den Film hervorragend, und er hat mir gesagt, daß er stark auf mich rechnet."[151]

## „Blauvogel"

Nach der Fertigstellung von „Tambari" bekam Ulrich Weiß ein Angebot aus der Gruppe „Johannisthal": ein Szenarium von Dieter Scharfenberg nach Anna Jürgens' in der DDR viel gelesenem Kinderbuch „Blauvogel", der Geschichte eines englischen Jungen, der von Irokesen gekidnappt und an Stelle eines umgekommenen Irokesenjungen in die Stammesgemeinschaft aufgenommen wird. Ulrich Weiß fand den Stoff interessant und schrieb eine neue, veränderte Fassung. Der Autor des Szenariums protestierte und zog sich schließlich aus dem Projekt zurück.

Mäde, der dem Projekt zugestimmt und die Freistellung von Weiß vom DEFA Dokumentarfilmstudio herbeigeführt hatte, hatte ebenfalls Einwände. Weiß: „In meinen ersten Fassungen erschien die Welt der Irokesen dem Jungen dermaßen phantastisch und märchenhaft, daß er in einen Trancezustand kam. Das drückte sich in ausgesprochenen traumhaften Bildern aus, und das wollte die Leitung nicht."[152] Mäde nahm Weiß' erste Fassung des Szenariums und auch die folgenden nicht ab, so daß sich die Arbeit am Buch über etwa ein Jahr hinzog. Ulrich Weiß: „Selbstzweifel hatte ich deshalb nicht. Ich war damals ziemlich optimistisch."[153] Im März 1978 wurde das Ergebnis vom Generaldirektor genehmigt. Die Dreharbeiten begannen im August 1978. Sie verliefen problemlos. Schwierigkeiten gab es jedoch bei der Endfertigung. Ulrich Weiß: „Die Rohschnittabnahme war ein einziges Desaster. Mäde hat gebrüllt. Er warf mir vor, ich würde die Irokesen als ungebildete Wilde zeigen. Das sei Rassendiskriminierung. Ich sollte mir überlegen, wie ich diesen Film rette."[154]

Der Vorwurf bezog sich auf eine lange Sequenz, die damit beginnt, daß eine Gruppe Irokesen vor dem Langhaus im Zentrum des Lagers sitzen und würfeln. Plötzlich kommt aus dem Langhaus ein Irokese gerannt, in der Hand einen großen blankgenagten Knochen. Ihm auf den Fersen ist ein zweiter Irokese. Beide rasen durch die Gruppe der Würfelspieler. Die springen auf und jagen hinterher - um die Zelte und das Langhaus, bis die ganze Horde schließlich in einem Zelt verschwindet. Das schwankt und beult sich, und schließlich kommt ein Irokese, den Knochen in der Hand, heraus geschlendert, setzt sich und wirft den Knochen weg.

Ulrich Weiß: „Aus dieser langen Sequenz mußte ich eine Einstellung rausschneiden. Ich hatte sie mir ausgedacht als belebendes Element, sie war wie eine Slapstick-Szene. Aber im Grunde ging es mit dem Knochen um das nackte Überleben."[155] Außerdem wurde dem Film eine Gedankenstimme unterlegt, die das Geschehen aus der Sicht des Jungen kommentiert und den Zuschauer durch den Film führt. Jörg Foth, bei „Blauvogel" Regieassistent: „Die Gedankenstimme war im Drehbuch nicht vorgesehen. Ohne sie war der Film viel geheimnisvoller, zauberhafter."[156]

Die zweite Rohschnittabnahme fiel positiv aus. Der Einschätzung der Gruppe wurde nicht widersprochen. Mäde folgte dem Antrag, er nahm den Film ab, ohne Auflagen zu erheben. Die Studioabnahme verlief ebenfalls ohne Beanstandungen. Mäde verwies noch einmal auf Probleme bei der Herstellung und betonte, es sei erstaunlich, wie gut er geworden sei.[157]

Die Aufregung des Generaldirektors über einen in der Öffentlichkeit als unpolitisch aufgenommenen Kinderfilm wird wohl nur verständlich, wenn man die Erwartungen bedenkt, die sich schon aus dem Genre ergaben. Die Indianerfilme der DEFA waren Publikumsrenner. Hohe Zuschauerzahlen waren zwar nie das Markenzeichen der DEFA, aber immer ein unbestrittenes Ziel. Mit den Indianerfilmen war es bis dahin erreicht worden. Dies erklärt, daß in der Studioabnahme von einem „ungeheuren Wagnis aller beteiligter Künstler" gesprochen wurde. Denn daß „Blauvogel" durch das Genre bedingte Erwartungen an den Film nicht erfüllen würde, mußte den Verantwortlichen der DEFA von vornherein klar gewesen sein. Und sie bewußt zu unterlaufen, war das - unausgesprochene - Ziel des Regisseurs: „Sonst hätte ich Gojko Mitic besetzt. Gegen den habe ich nichts, aber die üblichen Indianerfilme der DEFA hielt ich für verlogen. Das Leid eines Volkes zu benutzten, um dem Kleinbürger spannende Unterhaltung zu verschafen, fand ich unangemessen. Das wollte ich nicht."[158]

### „Dein unbekannter Bruder"

Nach „Blauvogel" schlug Ulrich Weiß einen Stoff vor, dessen Entwicklung schon vor „Tambari" begonnen hatte: „Tanz im Volkshaus". Ulrich Weiß: „Ich hatte die Geschichte Günter Rücker erzählt, aus dem Stehgreif, ich hatte noch gar nichts aufgeschrieben. Sie spielt in den fünfziger Jahren in einer Kleinstadt und handelt von Boogie Woogie und Rock'n Roll und Ringelsocken und Petticoats und von Jugendlichen, die Musik machen und in die Politik geraten, weil ihre Kapelle verboten wird. Rücker gefiel sie, und vierzehn Tage später bekam ich ein Telegramm von Dieter Wolf, dem Leiter der Gruppe Babelsberg, ich möge diesen Stoff bei ihm abgeben. Ich bekam einen Vertrag, habe aber erst eine Materialsammlung gemacht und dann ein Treatment geschrieben. Dazwischen hab' ich „Tambari" gedreht."[159]

Das Treatment wurde abgelehnt - eine Entscheidung, die sich bis 1989 mehrmals wiederholte. Weiß: „Diesen Stoff hab' ich über die ganze DEFA-Zeit angeboten. Mäde war dagegen."[160]

Das nächste Buch, das Ulrich Weiß nach „Blauvogel" beschäftigte, stammte von Wolfgang Trampe. Es kam aus der Gruppe „Roter Kreis" und war die Adaption des Romans „Dein unbekannter Bruder" von Willi

Bredel. Weiß: „Ich hatte nie erwogen, einen Film über den antifaschistischen Widerstand zu machen. Aber als ich das Szenarium von Wolfgang Trampe gelesen habe, hat es mich schon interessiert, es zu verfilmen. Allerdings nur unter der Voraussetzung, eine wesentliche Änderung vorzunehmen. Bei Bredel und Trampe war der Verräter ein Spitzel und kein Widerstandskämpfer, der schwach geworden war. Und ich habe gesagt: ‚Ich mache den Film nur unter der Bedingung, daß das kein eingeschleuster GESTAPO-Spitzel ist, sondern ein Widerstandskämpfer, der dem Druck nicht mehr standhalten kann und zum Verräter wird.' Das wurde akzeptiert, und dann haben Wolfgang Trampe und ich an der neuen Szenarienfassung gearbeitet."[161]

„Dein unbekannter Bruder" wäre wahrscheinlich nie gedreht worden, hätte der Roman nicht Willi Bredel zum Autor und die Verfilmung in der Witwe Bredels nicht eine bekennende Befürworterin gehabt. Sie hatte sich, so Ulrich Weiß, vehement für das Projekt eingesetzt: „Ich finde das toll, daß ihr das macht, und ich finde es noch viel besser, daß es ein junger Mann macht." Ulrich Weiß: „Das Buch kam aus dem Büro Hager mit einer Auflage zurück. In der Szenarienfassung von Wolfgang

Trampe wurde der Verräter am Schluß von den anderen Widerstands-
kämpfern liquidiert. Die Auflage war, daß der Verräter nicht umgebracht
werden darf. Man wollte keinen Terror unter Linken propagieren. Mäde
hat mich hoch bestellt und nahm an, als er mir das sagte, daß ich daraufhin zurückziehe. Ich hab' aber gesagt: ‚Das ist nicht so schlimm. Ich
werde es so machen, daß es für den Verräter schlimmer ist zu leben als
zu sterben.' Mäde guckte und sagte: ‚Naja.' Und damit war grünes Licht
gegeben, daß ich den Film machen kann."[162]

Bei der Besetzung der Rollen hatte Ulrich Weiß freie Hand. Nach län-
gerem Suchen entschied er sich bei den männlichen Hauptrollen für
Michael Gwsidek und Uwe Kockisch - eine Besetzung, die zunächst
fraglich schien und die Folgen hatte. Ulrich Weiß: „Die erste Begegnung
mit Kockisch verlief dissonant. Ich hatte Kockisch das Drehbuch zu lesen gegeben und ihm die Rolle des Widerstandkämpfers Arnold angetragen. Wir trafen uns daraufhin in der Kantine des Berliner Maxim-
Gorki-Theaters. Kockisch erklärte, daß er die Rolle nicht annehmen
könne. Er habe keine Lust, in einem der üblichen DEFA-Filme über den
antifaschistischen Widerstandkampf mitzuspielen. Daraufhin nahm ich
das Buch und sagte: ‚Wissen Sie, Herr Kockisch, ich hätte auch lieber
Klaus Kinski besetzt', stand auf und ging. Im Gang hörte ich rasche
Schritte hinter mir und die Stimme Uwe Kokischs, daß ich warten soll. Er
sagte: ‚Klaus Kinski?' Ich nickte. Er bat mich, wieder mit in die Kantine
zu kommen. Er sagte, er müsse wohl das Buch falsch gelesen haben, ob
er es noch einmal mitnehmen könne. Die Episode ist nicht so banal, wie
man sie deuten könnte. Das Reizwort ‚Kinski' stand keinesfalls für eine
Spielweise, die womöglich nachzuahmen gewesen wäre. Ich hätte auch
‚James Dean' sagen können. ‚Kinski' war das subversive Signal einer Generation, jedenfalls eines Teils von ihr, die den Nationalsozialismus weder miterlebt noch verschuldet hat und die sich gegen eine Kunst wandte, die den antifaschistischen Widerstand in kleinbürgerlichem Klischee
zu ersticken drohte. Es ging mit Kockisch also in erster Linie um eine un-
angepaßte Haltung zum Thema, wofür ‚Kinski' die sinnliche Hülle abgab, und erst in zweiter Linie um das Spielen einer Rolle."[163]

Die Dreharbeiten begannen im April 1981. Zunächst gab es keine
Probleme. Das änderte sich nach dem Sichten der ersten Muster. Ulrich
Weiß: „Die Leute aus der Leitung haben sich Muster angeguckt und
waren empört, was da zu sehen war."[164]

Die Folgen reichten weit. Die staatliche Leitung reagierte mit Versuchen, den Regisseur unter Druck zu setzen. Weiß: „Ich mußte zu Mäde.

Er sagte, er sei merkwürdig berührt von den Mustern, die er gesehen hat. Und ich mußte zwei Szenen noch einmal drehen, in völlig veränderter Form. Sonst wäre der Film abgebrochen worden."[165] Auch der Staatssicherheitsdienst reagierte. Gespräche ihres zu dieser Zeit für das DEFA Spielfilmstudio zuständigen operativen Mitarbeiters mit zwei Inoffiziellen Mitarbeitern und einer Kontaktperson führten dazu, daß gegen Ulrich Weiß eine Operative Personenkontrolle eingeleitet wurde. Am 28.05.1981 wurde in der Abteilung XX/7 der Bezirksverwaltung Potsdam der Staatssicherheit ein Einleitungsbericht zur OPK „Bruder" verfaßt.[166] Darin heißt es:

*2. Begründung für die Notwendigkeit der Einleitung der OPK*

*... Nach Sichtung der ersten Arbeitsergebnisse (Muster) wurde von IM und Kontaktpersonen eingeschätzt, daß W. in diesem Film eine eigene Darstellung des antifaschistischen Widerstandes ausdrückte. Es wurden von IM Begriffe wie „Anarchistenfilm" bzw. „Verwechslung des antifaschistischen Widerstandes mit Aktionen der Rote Armee Fraktion durch W." als Einschätzung genannt. Die karikierende Darstellung der Arbeiterklasse im Film wurde hervorgehoben.*

*Alle beteiligten künstlerischen Mitarbeiter der Dramaturgengruppe und die mit dem Vorgang vertrauten staatlichen Leiter fühlen sich „betrogen", da diese Auslegung des Themas in keinem der vergangenen Arbeitsgespräche durch W. auch nur angedeutet wurde. Nach Einschätzung von IM und Kontaktpersonen ist im jetzigen Stadium der Dreharbeiten nicht ersichtlich, ob W. diese Lesart des antifaschistischen Widerstandes aus Unkenntnis der damaligen Vorgänge im Dritten Reich bzw. aus Naivität anwendet, oder ob er aus einer negativ-feindlichen Haltung heraus diese Darstellung wählte. Die Kritik der am Film Beteiligten richtet sich darauf, daß die jetzige Fassung des Filmes nicht an der Regiekonzeption bzw. am Drehbuch ablesbar war und nun durch die Bildwahl, die Besetzung der Rollen und die Kostümgestaltung, wie geschildert wird, zu Tage tritt.*

*An den einsetzenden Diskussionen über seine Art, diesen Film zu drehen, beteiligte sich W. kaum, und an den danach gesichteten Mustern war keine Änderung seiner Ansichten erkennbar. Die Leiterin der Dramaturgengruppe „Roter Kreis" ist dazu übergegangen, mit W. schriftlich zu verkehren, um W. keine Möglichkeit mehr zu gestatten, Unkenntnis von Kritiken an seiner Arbeit vorzuschieben.*

*Nach Einschätzung der beteiligten künstlerischen Mitarbeiter und der staatlichen Leitung des Studios wird es große Auseinandersetzungen mit W. geben, da der Film so nicht aufführbar ist.*

*3. Zielstellung der OPK*

*Im Rahmen der OPK „Bruder" soll geklärt werden, aus welchen Beweg-gründen und aufgrund welcher polit.-ideolog. Haltung der W. den Spiel-film „Dein unbekannter Bruder", so wie geschildert, inszeniert. Darüber hinaus soll W. durch IM und Kontaktpersonen positiv beeinflußt werden, damit der Film als Beitrag der sozialistischen Filmkunst der DDR ohne Vor-behalte gezeigt werden kann.*

*Ein weiteres Kontrollziel besteht darin zu klären, ob W., wie durch die staatliche Leitung beabsichtigt, fest im Studio als Regisseur angestellt wer-den kann.*

*Informationsquellen:*    *IME „Lorenz"*              *IMS „Ulrich"*
                           *IMS-Vorl. „Willibald"*    *KP Richter, Thea*

Diesem Einleitungsbericht folgten am 29. 05. 1981 ein „Übersichtsbo-gen zur operativen Personenkontrolle" sowie ein „Erster Maßnahme-plan zur OPK ‚Bruder'". (Anhang, Dokument 9)

Grundlage und Ausgangspunkt der „OPK" waren drei von Oberleut-nant Dörr protokollierte Berichte. Ein Protokoll vom 8. 5. 81 weist aus:

*Quelle: Genn. Thea Richter, Leiterin der Gruppe „Roter Kreis" (6. 5. 81)*

*... Der Film ist ca. zur Hälfte abgedreht, und schon in der Anfangsphase wurde abgelichtetes Material gesichtet, welches Erstaunen bis Befremden auslöste. So wie hier der antifaschistische Widerstand dargestellt wurde, meinte Genn. Richter, würde wohl W. den Kampf gegen den Faschismus mit den Aktionen der „Rote Armee Fraktion" verwechseln. Der Begriff „Anarchismus" wurde hierbei von der Genn. Richter gewählt. Sie wies dies an einigen Beispiel aus.*

*Alle bisher mit W. geführten Gespräche haben keine Änderungen gebracht. W. versprach meist in den Absprachen, daß er die Bedenken der Drama-turgengruppe berücksichtigen werde, die nachfolgenden Muster bewiesen aber, daß W. seinen eigenen Stil weiter verfolgte. Genn. Richter ist sich nicht sicher, ob diese Verhaltensweise des W. als Naivität bzw. politische Dummheit zu werten ist, oder ob W. sie alle „verladen" wolle. In Auswer-tung dieser Verfahrensweise des W. legte Genn. Richter fest, nur noch schriftlich mit ihm zu verkehren, um zu verhindern, daß W. vorgibt, kriti-sche Hinweise nicht mitbekommen zu haben. Selbst die Dramaturgin ..., die viel Geduld in der Zusammenarbeit mit W. bewiesen hätte, sei, nach Aussage der Genn. Richter, bestürzt über die Verhaltensweise des W..*

*Die Gespräche mit W. laufen weiter. Die Bemühungen aller Beteiligten ge-hen dahin, den Film aufführbar zu machen.*[167]

Zum Kontaktgespräch mit IMS-Vorlauf „Willibald" am 07.05.1981 heißt es im Protokoll:

*... Der Schwerpunkt des Gespräches war das Filmprojekt „Dein unbekannter Bruder" ... Dieses Projekt befindet sich in der Drehphase, ca. 1/3 des Filmes ist abgedreht.*

*Von Seiten der Dramaturgengruppe ... wurde signalisiert, daß es mit dem Regisseur, Ulrich Weiß, Schwierigkeiten gäbe. Diese Schwierigkeiten seien dadurch charakterisiert, daß Weiß in den Filmen eine eigene Lesart des antifaschistischen Widerstandskampfes einbringt, die nicht an der Regiekonzeption und am Drehbuch abzulesen war. Dies sei aus der Bildwahl, der Besetzung und der Kostümgestaltung abzulesen. Die mit Weiß von Seiten der Dramaturgengruppe, des Chefdramaturgen und des Generaldirektors geführten Gespräche zeigten, daß Weiß auf seinem Standpunkt beharrt und daß es einer langwierigen positiven Beeinflussung bedarf, um den Film zu einem positiven Beitrag zur Darstellung des antifaschistischen Widerstandskampfes im Dritten Reich zu machen.*

*Der Kandidat erhielt den Auftrag, dieses Projekt weiterzuverfolgen und seinen Einfluß dafür geltend zu machen, daß der Film ohne Vorbehalte in die Kinos gelangen kann.* [168]

Der „Treffvermerk" zum Gespräch am 13.05.1981 mit IMS „Ullrich" hält fest:

*... Nach Vorlage der ersten Arbeitsergebnisse zeigten alle Beteiligten (Dramaturgengruppe, Autor, staatliche Leitung) eine große Unzufriedenheit. Sie fühlten sich „betrogen", denn die Arbeitsergebnisse zeigten, nach Meinung des IM, daß dies ein „blanker Anarchistenfilm" wird. Der IM hob die Karikierung der Arbeiterfiguren in den Fabrikszenen hervor.*

*Der IM beurteilte die menschlichen Qualitäten des W. so, daß dieser in Arbeitsgesprächen bzw. Diskussionen seinen Gesprächspartnern „treudoof" ins Gesicht sieht und dann doch macht, was er will. W. habe eine eigene Sicht vom antifaschistischen Widerstandskampf, die eine totale Opposition zur gesellschaftlichen Meinung darstellt. Nach Ansicht des IM war das Drehbuch mehrdeutig auslegbar, aber insbesondere durch die Besetzung habe W. die jetzigen Aussagen des Filmes erreicht. Die staatliche Leitung vermutet, daß es ziemliche Auseinandersetzungen mit W. geben wird, da der Film so nicht aufführbar ist. Nach Meinung des IM werden diese Auseinandersetzungen schwierig verlaufen, da W. keine Einsicht zeigt.* [169]

Die Dreharbeiten endeten im Juli 1981. Eine erste Rohschnittvorführung im Juli 1981 brachte erneut Kritik durch die Leitung. Die Leiterin der

Gruppe „Roter Kreis" erschien danach wiederholt im Schneideraum. Ulrich Weiß: „Sie versuchte, Druck auszuüben, mich zu veranlassen, Szenen rauszunehmen oder zu kürzen. Aber ich habe den Film so fertig gemacht, wie geplant."[170]

Die Abnahme der Rohschnittfassung im August 1981, so Ulrich Weiß, begann dramatisch. „Die Vorführung war überfüllt. Die Sensationslust der Leute war angereizt, alle waren gespannt. Der Film geht los, und nach zwanzig, dreißig Sekunden ertönt in die Stille hinein Mädes Stimme: ‚Bravo Uli, bravo!' Der Film läuft weiter, und wieder Mäde: ‚Jawohl, prima, wunderbar!' - lauthals, wie auf dem Sportplatz. Ich hatte gar nichts geändert. Die Schnittmeisterin, die während des Schneidens immer gesagt hatte: ‚Das bringt dich um Kopf und Kragen!', saß neben mir und zitterte. Und als Mäde ‚bravo!' rief, nahm sie meine Hand und drückte mich, und sagte: ‚Jetzt läuft's.'"[171]

Keine Probleme gab es bei der Abnahme der gemischten Fassung im September 1981. Ulrich Weiß: „Die Studioabnahme lief ganz normal. Der Film wurde akzeptiert und als gut hingestellt."[172] Diese Einschätzung bestätigte der damalige Chefdramaturg. Produktion und Endfertigung, so Rudolf Jürschik, seien „ohne Konflikte" verlaufen.[173]

Nach der staatlichen Abnahme im September 1981 lag der Film, wie bei der DEFA bzw. bei dem für die Auswertung zuständigen Progress Filmvertrieb nicht selten, zunächst im Regal. Im Januar 1982 lief er beim Max-Ophüls-Wettbewerb in Saarbrücken. Ulrich Weiß war anwesend. Er war kurzfristig von der Staatssicherheit als „Reisekader für das NSW" bestätigt worden. Der Film erregte Aufsehen. Einige Wochen später wurde er zum bedeutendsten der Internationalen Filmfestivals zur Sichtung eingeladen, nach Cannes.

Für die DEFA bedeutete bereits die Nominierung eine Auszeichnung. Entsprechend war die Reaktion. Ulrich Weiß: „Alles lief darauf hin, daß der Film in Cannes gezeigt wird. Ein Gremium von Grafikern wurde zusammengestellt, weil Cannes eine Werbefläche zur Verfügung gestellt hatte und nun beratschlagt werden sollte, wie die Werbefläche auszugestalten sei."[174]

Im April 1982 lief „Dein unbekannter Bruder" in Karl-Marx-Stadt beim 2. Nationalen Spielfilmfestival der DDR. Die Vorführung endete mit Bravorufen. Der Film wurde mit einer lobenden Erwähnung für die Kamera, das Szenenbild und die Hauptdarsteller geehrt - als Entschädigung für den regulären Preis, den die Jury an diesen Film vergeben wollte, aber nicht durfte.

Während des Festivals in Karl-Marx-Stadt erfuhr Ulrich Weiß, daß sein Film nicht in Cannes laufen werde. Die HV Film hatte ihn, ohne öffentliche Erklärung, zurückgezogen. Ulrich Weiß: „Eines Abends im Festivalklub, gegen Mitternacht, kam Pehnert zu mir und sagte, ich solle mal mitkommen. Er geht auf Toilette, stellt sich ans Pißbecken und erklärt mir lang und breit, daß der Film nicht nach Cannes geschickt werden könne, weil das Geld dafür fehle. Einige Wochen später hat mir dann, auch spätabends und angetrunken, ein leitender Genosse vom Filmverleih Progress erzählt, warum der Film nicht nach Cannes geschickt wurde. ,Jetzt erzähl ich dir mal die Wahrheit', sagte er, ,ohne daß ich Namen nenne. Der Film ist in Wandlitz gezeigt worden, da war auch ein Mann des Politbüros dabei, den ich sehr schätze, dessen Namen ich dir aber nicht nenne. Ein sehr kleiner Mann mit kurzen Armen, ich nenne aber keine Namen. Und als der Film zu Ende war und die Leute aus dem Saal gingen, hat der kleine Mann mit den kurzen Armen gesagt: So waren wir nicht. Das ist weiter erzählt worden. Und dann hat Pehnert den Film zurückgezogen.' Später erfuhr ich, daß der kleine Mann mit den kurzen Armen, als ihm das bekannt wurde, gesagt hat: ,Aber zurückziehen hättet ihr ihn nicht brauchen.'"[175]

„Dein unbekannter Bruder" hatte am 13. Mai 1982 in Berlin Premiere - nicht im Kino International, dem üblichen Ort für Premieren der DEFA, sondern, um seine „Bedeutungslosigkeit" zu demonstrieren, im Colosseum. Die Folge waren Propaganda für den Film in den West-Berliner Medien und am Premiereabend ein überfülltes Kino. In Berlin wurde der Film nach wenigen Tagen abgesetzt, und auch in der Provinz wurde er selten gezeigt.

In der Presse fand „Dein unbekannter Bruder" ein breiteres Echo. Und das, obwohl die erste Kritik, die veröffentlicht wurde, ein verklausulierter Verriß war und im FDJ-Organ „Junge Welt" erschien:
*Weshalb, frage ich mich, wollten Regisseur und Autor nur die psychologische Studie eines Illegalen auf die Leinwand bringen, der Angst hat, den Bedingungen des Kampfes nicht gewachsen zu sein, der - das wird im Roman sehr deutlich - auch den höchsten persönlichen Einsatz fordert: das eigene Leben. Die Erklärung von Weiß, bewußt im Sinne des Theaterspielens zu inszenieren, weil er nie versuche, so zu tun, als ob er damals dabei gewesen sei, ist dafür nicht ausreichend. Warum werden beispielsweise die Antifaschisten schon vom äußeren Habitus wie Leute aus einem Kriminalreißer angelegt? ... Mir jedenfalls erscheint bei diesem Versuch wichtig, auf*

*solche Fragen hinzuweisen, die einmal mehr die hohe politische und künstlerische Verantwortung junger Künstler in unserer Gesellschaft belegen.*[176]

Anders als in vergleichbaren Fällen wurden die Redaktionen beim „Unbekannten Bruder" offenbar nicht auf eine einheitliche Linie - Verdammen oder Totschweigen - verpflichtet. Sichtbares Zeichen für die offizielle Abwertung des Films war vor allem die ungewöhnliche Reaktion des SED-Zentralorgans NEUES DEUTSCHLAND: Es brachte keine Rezension. Die meisten Kritiker betonten die cineastische Qualität des Films und das Talent des Regisseurs, bemängelten jedoch die Darstellung des Faschismus sowie die angeblich unzureichende Publikumswirksamkeit. Einen Beleg für die offizielle Mißbilligung lieferte außerdem die Zeitschrift „Der antifaschistische Widerstandskämpfer". Unter der Überschrift „So waren wir nicht" schrieb dort ein H.H.:

*Das Schöpferkollektiv um den jungen Regisseur Ulrich Weiß, einen Mann des Jahrgangs 1942, hatte sicherlich die zu begrüßende Absicht, den Alltag des antifaschistischen Widerstandskampfes filmkünstlerisch umzusetzen. Doch das ist, für unsere Begriffe, nicht gelungen. Und zwar darum nicht, weil die historische Wahrheit nicht richtig widergespiegelt wurde. ... Wir meinen, so sagten die Genossen abschließend, daß es so, wie dargestellt, nicht war. Und so, wie dargestellt, ist auch das Gros der antifaschistischen Widerstandskämpfer nicht gewesen. Wir haben für unsere kommunistischen Ideale auch unter den schwierigsten Bedingungen gekämpft, von der Gewißheit überzeugt, daß der Sieg unser sein wird.*[177]

Die Situation, in der sich Ulrich Weiß befand, blieb für ihn auch nach der Premiere schwierig. Ulrich Weiß: „Zunächst sollte ich erst mal keinen Film mehr machen. Wenn Mäde nicht wollte, daß ein bestimmter Regisseur einen Film macht, hat er die Dramaturgengruppe veranlaßt, diesen Regisseuren eine bestimmte Zeit lang keine Stoffe anzubieten. Das hat man dann über manche Dramaturgen erfahren."[178]

„Dein unbekannter Bruder" war - auch in den Einschätzungen der Studioleitung und der Leitung der HV Film - als künstlerisch außergewöhnlich, als interessant und als neuer „Talentbeweis" des Regisseurs gewertet worden. Und „inoffizielle Einschätzungen" an das MfS bezeichneten Ulrich Weiß als für die DEFA wichtigen und zuverlässigen Partner, der „durch geeignete Aufgaben an das Studio gebunden" werden sollte. Das führte dazu, daß Ulrich Weiß - nach der damals üblichen Praxis, dem Regisseur nach dem dritten eigenen Film einen Regievertrag zu geben - einen Vertrag als festangestellter Regisseur erhielt.

Andererseits war der Entstehungsprozeß - aus Sicht der Leitung der DEFA - mit erheblichen Schwierigkeiten verbunden gewesen. Und auch der fertiggestellte Film hatte Staat und Partei Ärger bereitet. Nichts anderes bedeutete die internationale Aufmerksamkeit für einen Film, der im eigenen Land aus dem Politbüro kritisiert worden war. Die Anerkennung in Saarbrücken und Karl-Marx-Stadt sowie die Einladung nach Cannes gereichten dem Film und seinem Regisseur keineswegs zum Vorteil. Die Folge war, daß Weiß mit den nächsten Projekten auf Schwierigkeiten stieß. „Tanz im Volkshaus" wurde abermals zurückgewiesen, und auch ein Szenarium über Leute und Probleme in einem Dorf, das der Braunkohle zum Opfer fällt, „Der Kampf der Flöte gegen die Geige", wurde im August 1982 abgelehnt.

## „Olle Henry"

Ulrich Weiß spürte, daß die Probleme grundlegend waren. In einem Brief vom 15. August 1982 an DEFA-Generaldirektor Mäde schilderte er seine Situation und seine Haltung zu seinem Beruf (vgl. Anmerkung 147). Wenig später bot das Studio Ulrich Weiß, für ihn überraschend, ein anderes Szenarium an, „Olle Henry" von Dieter Schubert. Ulrich Weiß dazu: „Daß ich „Olle Henry" machen konnte, hatte ich Jürschik zu verdanken. Er hat die Anweisung gegeben, mir das Szenarium zu geben. Es hat mir auf Anhieb gefallen. Es war das beste Szenarium, das ich in der DEFA unter denen, die für mich vorgesehen waren, gelesen habe."[179]

Der Staatssicherheitsdienst setzte die Operative Personenkontrolle jedoch fort. Sie umfaßte in den folgenden Monaten Routineerhebungen sowie spezielle Aufträge und gezielt angeforderte Berichte. Von einer Information durch IM „Margot Otto" am 01. 09. 1982 „zum gegenwärtigen Filmstoff des Regisseurs U. Weiß" notierte Führungsoffizier Oberleutnant Hagedorn:

*... W. erarbeitete das Szenarium „Der Kampf der Flöte gegen die Geige". Seine Arbeit entsprach nicht den Auflagen des Generaldirektors und brachte erneut eine unklare politische Gesamtaussage hervor. Daraufhin wurde der Stoff und die Verfilmung abgelehnt.*
*Gegenwärtig arbeitet W. an dem Filmstoff „Olle Henry" ... Dabei handle es sich um die Geschichte eines Boxers im Nachkriegsberlin, nach Einschätzung der IM ein insgesamt politisch belangloser Stoff, zu beachten sei*

*jedoch die Verbindung Weiß - ... und deren ideologische und künstlerische Wirkung auf W. ...*
*Maßn.:1. Op. Einschätzung der Arbeit an „Olle Henry" durch IMS „Mirko" und Instr. zur Op. Kontrolle der Arbeit an diesem Stoff und Gewährleistung/Verhinderung einer posit./neg. polit. Aussage.*[180]

Zu einer Information von IM „Mirko" vom 06.10.1982 vermerkt das Protokoll:
*... Für die Realisierung von 'Olle Henry' wurde von Prof. Jürschik der Regisseur Ulrich Weiß vorgeschlagen und durch Gen. Mäde bestätigt. Ursprünglich sollte ... den Film machen. Beide erarbeiteten dann eine Regiekonzeption, die W. deutlich besser hervorbrachte, womit die Entscheidung auf W. fiel. ... Daß ... Film so schnell in Produktion geht, ist eine „vertrauensbildende Maßnahme"*
*... Eine Gefahr bei dem Stoff - wenn sie besteht - würde nicht von ... ausgehen, es ist die Gefahr, daß W. den Stoff bei seiner großen Phantasie subjektiv überzieht, wie das auch bei „Dein unbekannter Bruder" erfolgte. Davor wurde W. deutlich gewarnt, u. a. von Gen. Mäde. Einige Übersteigerungen gab es, als W. in den Film einstieg. Da fragte er, wo man denn das „Nuttenmilieu" studieren könne, worauf ihm eindringlich gesagt wurde, daß er vom Studio keine Dienstreise auf die Reeperbahn finanziert bekommt. ...*
*Maßn.:*
*1. Instr. des IM zur ständigen op. Kontrolle des Realisierungsprozesses „Olle Henry" mit dem Ziel, subjektivistische Aussagen von W. rechtzeitig aufzudecken und zu verhindern.*
*2. Op. Kontrolle der Arbeitsbeziehungen Weiß - ... durch den IM „Mirko", IM „Jörg Ratgeb" - Prüfung der Einbeziehung weiterer IM aus dem Drehstab.*
*3. Ausw. im Monatsbericht / u. obj. Einschätzung der Haltung von ...* [181]

Die Produktionsfreigabe von „Olle Henry" wurde durch die Staatssicherheit nicht beeinträchtigt. Mäde gab den Film sehr schnell zum Drehen frei, die Drehvorbereitung wurde ungewöhnlich reduziert. Ulrich Weiß schlug vor, auf das übliche Drehbuch zu verzichten und das Szenarium als Drehvorlage zu benutzen. Mäde genehmigte es. Weiß: „Das war ein sehr glückliches Zusammentreffen vom Stoff und meinen Ambitionen. Und es ging ungeheuer schnell. Im August 1982 habe ich das Szenarium gelesen, im Herbst haben wir schon gedreht. Erstaunlich war vor allem, daß ich plötzlich die Freiheit bekam, vom Szenarium zu inszenieren."[182]

Während des Drehens und während der Endfertigung gab es ebenfalls keine Schwierigkeiten. Ulrich Weiß inszenierte die Geschichte einer Liebe, die an den vom Krieg bestimmten Bedingungen scheitert, stilsicher und optisch eindrucksvoll als Parabel über einen falschen Anfang. Kritisiert wurde lediglich, wie der Film endet. Der Rohschnitt und die Studioabnahme am 27. Mai 1983 verliefen jedoch ohne heftige Debatten und ohne Auflagen.

Die Situation änderte sich für Ulrich Weiß trotzdem nicht entscheidend. Das Mißtrauen der Leitung gegen ihn war nicht ausgeräumt. Weiß spürte das, es verunsicherte ihn. Und das wiederum registrierte der Staatssicherheitsdienst. Der Staatssicherheitsdienst sorgte dafür, daß ihm eine Berufung in die Jury zur Vergabe des Max-Ophüls-Preises 1984 nicht zugestellt wurde. Die staatliche Leitung spielte mit. Sie informierte Weiß nicht, daß er eingeladen und wie entschieden worden war. *Mit Gen. Mäde abgestimmt, Ablehnung,* dokumentiert ein handschriftlicher Vermerk aus der HV Film zum Brief des Saarbrücker Kulturdezernenten vom 6. Mai 1983. Ausdruck des Mißtrauens war auch der Umgang mit dem fertiggestellten Film „Olle Henry". Auf einen Antrag westdeutscher Journalisten an die Pressestelle des Ministeriums für Kultur auf eine Pressevorführung von „Olle Henry" und ein Interview mit dem Regisseur reagierte der Leiter der Hauptverwaltung Film, Horst Pehnert, im September 1983 mit Ablehnung und Ausflüchten:

*Unsererseits besteht kein Interesse an einer Hervorhebung dieses Films. Bei Ablehnung des Antrags kann darauf verwiesen werden, daß sich der Produzent des Films, das DEFA-Studio für Spielfilme, grenzüberschreitende Werbe- bzw. Pressearbeit für seine Filme in Abhängigkeit von deren Wirkung in der DDR vorbehält.* [183]

Dem im Oktober 1983 an die HV Film und im November an den DEFA-Generaldirektor gerichteten Ersuchen des ZDF nach Material für einen Bericht über „Olle Henry" im Magazin „Kennzeichen D" am 24. 11. 1983 stimmte Mäde am 11. November 1983, „streng vertraulich", nur notgedrungen zu.

Auch nach der Premiere von „Olle Henry" am 24. November 1983 im Berliner Kino International änderte sich das Klima nicht. Die Kritiken waren zwar meist positiv. Aber die Einsatzpolitik des Verleihs war ähnlich „zurückhaltend" wie beim „Unbekannten Bruder". Eine Einladung des Films zum Max-Ophüls-Wettbewerb in Saarbrücken wurde von der HV Film und der Leitung des DEFA Spielfilmstudios abgelehnt. Und als „Olle Henry" zum Wettbewerb der Internationalen Filmfestspiele West-Berlin im Februar 1984 eingeladen wurde, verweigerten die Verantwortlichen in der DDR dem Film die Teilnahme. Für das 3. Spielfilmfestival der DDR im April 1984 in Karl-Marx-Stadt wurde „Olle Henry" gar nicht erst nominiert. Das war weniger fehlendem Sachverstand der Auswahlkommission zuzuschreiben, als deren Mangel an Zivilcourage - beziehungsweise den „Verhältnissen", nach denen ein Wink der entsprechenden Leitung zum Befehl und damit befolgt wurde.

Erst Ende 1984 zeichnete sich im Umgang mit „Olle Henry" eine Veränderung ab. Allerdings bedurfte es dazu Anstrengungen auf diplomatischer Ebene. DEFA-Generaldirektor Mäde am 27. 12. 1984 an Politbüromitglied Hager:

*... Genosse Moldt übermittelte der Hauptverwaltung Film folgende Nachricht: Oskar Lafontaine habe sich an ihn gewandt mit der Bitte, doch auf Teilnahme der DDR zum o. g. Filmwettbewerb hinzuwirken. Lafontaine verband die Bitte mit dem Hinweis auf bevorstehende Landtagswahlen. Der Vorgang hat folgenden Hintergrund:*
*Wir haben uns in den letzten Jahren an dem Wettbewerb, der dem Nachwuchs gewidmet ist, beteiligt. (1984 „Das Eismeer ruft" - Regisseur Jörg Foth; 1983 „Schwierig, sich zu verloben" - Regisseur Karl-Heinz Heymann; 1982 „Dein unbekannter Bruder" - Regisseur Ulrich Weiß.)*

„Dein unbekannter Bruder" und Ulrich Weiß persönlich wurden seinerzeit in Saarbrücken mit demonstrativer Aufmerksamkeit behandelt, zweifellos auch in Reaktion auf bei uns geäußerte Kritik an diesem Film. Weiß wurde für das folgende Jahr in die Jury eingeladen. Für 1984 wurden verschiedene Bemühungen unternommen, Ulrich Weiß' „Olle Henry" für den Wettbewerb zu gewinnen. Wir haben nach gründlicher Überlegung anders entschieden. Jetzt erneuert Saarbrücken nachdrücklich die Einladung dieses Films und seines Regisseurs. Da der Film nicht mehr den Bedingungen des Reglements entspricht, ist man zu einer „Sondervorführung" bereit, um die DDR dabei zu haben.

Gegen den Film „Olle Henry" gibt es im Prinzip keine Bedenken, die seine Auslandsentsendung verhindern. Ulrich Weiß wird allgemein als überdurchschnittlich begabt eingeschätzt, sein Weltbild und sein gesellschaftlicher Standort sind jedoch stark individualistisch gefärbt und diffus. Deshalb ist seine Haltung schwer kalkulierbar. Daß das besonders lebhafte Interesse der Saarbrücker Organisatoren mit seinem Persönlichkeitsbild zusammenhängt, ist wahrscheinlich.

In Abstimmung mit dem Leiter der Hauptverwaltung Film bitte ich bei der politischen Dimension des Vorgangs um Abstimmung der notwendigen Entscheidung: Sollen wir bei der Ablehnung bleiben und auf erneute Teilnahme im nächsten Jahr hinweisen? (Dann werden wir auch zwei neue Nachwuchsbeiträge anbieten können; in diesem Jahr haben wir zu „Olle Henry" keine Alternative.) Oder ist es zweckmäßig, trotz der beschriebenen Risiken dem Wunsch der anderen Seite kurzfristig nachzugeben?

In dem Falle könnte man das Risiko dadurch zu vermindern suchen, daß außer dem Regisseur auch der Generaldirektor des DEFA-Außenhandels ... oder der Chefdramaturg des Spielfilmstudios ... mit dem Film nach Saarbrücken reisen.

Ich erbitte kurzfristig Nachricht über die zu wählende Variante.[184]

Mäde schrieb am 04. 01. 1985 erneut an Hager:
Bezugnehmend auf meine Information vom 27. 12. 1984 unterbreite ich den Vorschlag, zur Sicherung unserer Teilnahme mit dem Film „Olle Henry" am Max-Ophüls-Wettbewerb in Saarbrücken, folgendermaßen vorzugehen:
Ulrich Weiß sollte die Ausnahmegenehmigung für eine einmalige Reise erhalten. Er ist zwar zum Reisekader vorgeschlagen, jedoch ist dieser Vorgang in der zur Verfügung stehenden Zeit nicht mehr abzuwickeln. Es ist auch vor einer endgültigen Entscheidung über einen solchen Status eine längere, sorgsame Prüfung angeraten.

*Der Chefdramaturg des Studios ... ist beauftragt, an der Reise teilzunehmen*
*und die kleine Delegation zu leiten. Er ist im Besitz des benötigten Visums.* [185]
Wie der DEFA-Generaldirektor vorgeschlagen hatte, wurde verfahren.
„Olle Henry" wurde in Saarbrücken gezeigt, die „kleine Delegation"
begleitete den Film. Sie konnte einen vom damaligen Saarbrückener
Oberbürgermeister Lafontaine gestifteten Sonderpreis entgegenneh-
men. Der Chefdramaturg zog in seinem „Bericht vom 14. 02. 1985 über
die Teilnahme am Filmfestival ‚Max-Ophüls-Preis' in Saarbrücken vom
16.01. bis 20.01.1985" ein positives Fazit. Positiv war auch die „Information zum Verhalten von Weiß, U. während der Filmfestspiele in Saarbrücken", die Oberleutnant Dörr am 12.02.1985 nach einem Bericht
des IM „Jörg Ratgeb" notierte.

Nach dieser „Information" enthält die OPK-Akte noch einige Routine-
unterlagen. Dann folgt vom 02. 01. 1985 der „Abschlußbericht zur operativen Personenkontrolle ‚Bruder'" Darin heißt es unter anderem:
*... In Durchführung der operativen Personenkontrolle zum W., Ulrich wur-*
*den folgende Erkenntnisse gewonnen:*
*... W. bekennt sich mit seinen künstlerischen Arbeiten zur sozialistischen Ge-*
*sellschaft. Mit politischen Äußerungen hält er sich zurück, begreift aber nicht*
*nur die politischen Vorgänge unserer Zeit, sondern setzt sie mit seinen künst-*
*lerischen Mitteln um. Positiv auf seine Entwicklung wirkt sich sein Umgang*
*mit progressiven, politisch zuverlässigen Filmschaffenden wie ... aus.*
*2. Im Ergebnis positiver Einflußnahme durch inoffizielle Kräfte und Kräfte des*
*Zusammenwirkens gelang es, den W. zu Änderungen bei der Realisierung des*
*Filmprojektes 'Dein unbekannter Bruder' zu bewegen, die letztendlich die*
*staatliche Abnahme sicherten. Während noch der Rohschnitt nicht befriedig-*
*te, wurde nach Einschätzung inoffizieller Kräfte durch W. ein nach der End-*
*fertigung ausgereifter Film und nützlicher Beitrag zur antifaschistischen The-*
*matik abgeliefert. Sichtbar wurde bei der Fertigstellung dieses Films, daß W.*
*ein überdurchschnittlich begabter und eigenwilliger, schwer lenkbarer Regis-*
*seur ist.(Veränderungsvorschläge akzeptierte er erst nach intensiver Diskussi-*
*on, dann aber mit der notwendigen Konsequenz. Ohne formales Festhalten an*
*seinen Vorstellungen verzichtete W. im Interesse einer eindeutigeren Aussa-*
*gekraft und Länge des Kinospielfilms auf eine ganze Reihe von Einstellungen.)*
*3. Es wird vorgeschlagen, die OPK 'Bruder' abzuschließen und auf Grundla-*
*ge der vorliegenden Erkenntnisse den Weiß, Ulrich als Reisekader-NSW zu*
*bestätigen.*
*Kuske, Hauptmann, Leiter der Abt.* [186].

Abgezeichnet wurde dieser Bericht von Oberstleutnant Unrath. Unter dessen Unterschrift folgt handschriftlich ein Zusatz:
*4. Umregistrierung auf SVG, Aktenanlage RK, weiter sorgfältig von sach-kundigen IM unter Kontrolle halten. Gericke.*
Wie in der „Umregistrierung" vorgesehen, befaßte sich das MfS auch nach dem Abschluß der "Operativen Personenkontrolle" mit Ulrich Weiß. Belege dafür reichen bis ins Frühjahr 1989.

**Vergebliche Versuche**

Gravierender als der Umgang mit "Olle Henry" wirkte auf die Situation, in der sich Ulrich Weiß befand, wie die Leitung der DEFA mit seinen nächsten Projekten umging. Die Arbeit am Stoff „Tanz im Volkshaus" wurde ihm untersagt, und Angebote vom Studio bekam er kaum. In-teressierte ihn ein angebotener Stoff, kam das Stop, sobald er seine Sicht darauf mitgeteilt hatte. Das passierte ihm zum Beispiel mit „Verbotene Liebe", einer Liebesgeschichte zwischen einem Abiturienten und einer Fünfzehnjährigen, die 1991 von Helmut Dziuba verfilmt wurde. Ulrich Weiß: „Ich habe eine Konzeption geschrieben. Danach wurden die Mit-schülerinnen der Heldin auf diese ungeheuer neidisch - sie hat einen Freund, alle anderen haben keinen. Daraufhin brach in der Klasse und im Dorf eine Art Liebeswütigkeit aus. Jedes Mädchen will einen Kerl. Die Situation eskaliert, und man muß ein Exempel statuieren. Mäde hat den Vorschlag sofort abgelehnt." [187]
Bei „Das Bild des Vaters" von Juri Brezan kam das Aus später. „Brezans Erzählung hat mich interessiert. Ich habe sie bearbeitet, ein Szenarium geschrieben. Brezan hat die erste Hälfte gelesen und war begeistert. Nach der zweiten Hälfte war er nicht mehr dafür. Er sagte, das Studio könne den Film machen, aber ohne seinen Namen. Da hat Mäde ent-schieden, daß es ohne Brezans Beteiligung nicht geht. Brezan war auch ZK-Mitglied." [188]
Parallel zu solchen Angeboten entwickelte Ulrich Weiß eigene Stoffe bis zum Treatment oder zum Szenarium. Dafür bekam er Verträge, mit denen hoffte er auf den nächsten Film. Aber die Ergebnisse wurden nie bestätigt. Teilweise kam das Aus vom Generaldirektor, mitunter schon vom Chefdramaturgen. Die angegebenen Gründe waren verschieden.
Bei „Tanz im Volkshaus" variierten sie im Laufe der Jahre. „Erst mein-te Mäde, jetzt noch nicht, zunächst solle ich etwas anderes machen. Dann wurde die Sache immer politischer, schließlich kam der Punkt, wo

er sagte, das Heikle der Politik der fünfziger Jahre, die Unwägbarkeit dieser Musik, die Unberechenbarkeit des Weiß - das seien zu viele Unsicherheitsfaktoren. Wenn Rücker den Film machen wolle, hat Mäde mir eingestanden, würde er ihn den Film machen lassen. Auf ihn könne man sich verlassen, auf mich nicht."[189]

Bei dem Strindberg-Projekt „Am offenen Meer", in dem Ulrich Weiß Strindbergs gleichnamigen Roman mit Ausschnitten aus dessen Leben verband, reichten die Argumente für die Ablehnung von der Verquickung des Romans mit Strindbergs Leben über die vorgesehene Länge und zu hohe Kosten - eine Grobkalkulation lag bei sieben bis acht Millionen Mark - bis zu der Frage, warum die DEFA überhaupt Strindberg machen müsse. Dazu die Dramaturgin Tamara Trampe, die an mehreren seiner Stoffe beteiligt war: „Mäde waren die Figur des Strindberg und der deprimierende Blick auf das Jahrhundert suspekt."[190]

Zwischen 1985 und 1987 schrieb Ulrich Weiß - unter dem Pseudonym Vera Haas - ein Szenarium für die österreichische Regisseurin Maria Knilli. Das Szenarium wurde verfilmt. 1988 konnte Weiß das Resultat unter dem Titel „Follow me" im Kino erleben. Ulrich Weiß: „Ich hatte die letzten eineinhalb Jahre vor der Wende einen Paß. Ich bin einfach zu Pehnert gegangen und hab' gesagt: ‚Ich darf hier keine Filme mehr machen, da will ich wenigstens was von der Welt sehen und reisen können.' Pehnert hat mir den Paß gegeben. Es war ganz einfach. Aber ich bin kaum gefahren. Ich hatte ja, bis auf ein paar Mark von der „Follow me"-Produkton, kein Geld."[191]

Die zuständigen DEFA-Funktionäre waren ob des Passes für Ulrich Weiß irritiert. IME „Wendt" wandte sich an das MfS:

*Von der HV Film wurden wir davon in Kenntnis gesetzt, daß W. für die Erarbeitung einer literarischen Vorlage für ... ein Ausreisevisum für die Zeit vom 4. Juli 1988 bis 15. März 1989 erhalten soll. Für die Beschaffung des Visums (durch die HV-Film) soll das Studio den Reisepaß zur Verfügung stellen und das erforderliche Avis ausschreiben.*

*Eine Rücksprache mit dem Generaldirektor und dem Chefdramaturgen hat ergeben, daß beiden Direktoren ein solcher Stoff nicht bekannt ist. Die HV-Film wurde von mir entsprechend informiert (09.06.1988).*

*Am 13.06. d.J. wurden wir von der HV-Film ... erneut davon verständigt, daß der stellvertretende Minister für Kultur, PEHNERT, die Weisung erteilt*

*hat, für W. ein Ausreisevisum für die BRD zu beantragen. Die Formalitä-*
*ten werden derzeit von der HV-Film erledigt. Da zur Zeit ein gültiger Rei-*
*sepaß von W. in der HV-Film liegt, wurde dieser für die Visabeschaffung*
*genommen.* [192]

Ulrich Weiß: „Sie wollten mich wohl auf eine billige Art loswerden. Ich
hab den Paß nicht ausgeschöpft, ich war vielleicht fünfmal drüben.
Aber ich hatte ihn. Und ich hätte bleiben können. Das kam für mich
allerdings nicht in Frage, die Bundesrepublik war nie eine Alternative
zur DDR. Ich habe erwogen, am Theater zu arbeiten und hätte in Berlin inszenieren können. Aber ich habe geschrieben. Ich habe mir immer gesagt: Du mußt schreiben, etwas anbieten, du mußt wieder einen Film machen. Und ich dachte, einen Stoff werde ich schon
durchbringen."[193]
    Ulrich Weiß drehte erst 1990/91 wieder einen Spielfilm. Der wurde,
wie seine vorigen Arbeiten, bei der DEFA produziert. Als Mäde im
Frühjahr 1989 das Studio wegen Krankheit verlassen hatte, wurde es
möglich, in die Auswahl der Stoffe, auf die im Herbst 1990 das letzte
vom Kulturministerium der DDR für das DEFA-Spielfilmstudio zur Verfügung gestellte Geld durch den Künstlerischen Rat der DEFA aufge-
teilt wurde, eine Arbeit von Ulrich Weiß aufzunehmen: "Miraculi".
Weiß hatte unter diesem Titel zwei Film-Ideen, die er mehrere Jahre
zuvor als eigenständige Stoffe entwickelt hatte, zusammengefaßt: eine
Skizze phantastisch-surrealer Ereignisse um einen über Nacht ver-
schwundenen See und die Geschichte eines Jungen, der zum Mitma-
cher und Aufpasser wird. Letzteren Stoff hatte er 1979 unter dem Titel „Der Kontrolleur" als Exposé eingereicht. Weiß: „Ich hatte es bei
Jürschik abgegeben. Als ich zum Gespräch kam, schaute er mich
lächelnd an und sagte: ‚Hier Uli, nimm's wieder mit'. Und ich sagte:
‚Dann gib's her.' Mehr war nicht. Ich hab nicht nachgefragt. Es war
eindeutig: Das können wir nicht machen."[194]

Einschränkungen setzte bei der Produktion von "Miraculi" nur das Bud-
get. Mit knapp zwei Millionen DM reichte es für „Miraculi" gerade
noch. Sein Lieblingsprojekt, „Tanz im Volkshaus" war damit nicht zu fi-
nanzieren. Mit den Musikrechte und dem Szenenbild mit der erforderlichen „Rekonstruktion" der fünfziger Jahre wäre dieser Film weit teu-
rer geworden. Das bedauerte nicht nur Ulrich Weiß, die „neue" Leitung
des Studios hätte „Tanz im Volkshaus" nunmehr gern bewilligt.

## Operativer Vorgang „Skorpion" – Objektvorgang
## VEB DEFA Studio für Spielfilme

Überwachung und Repression praktizierte der Staatssicherheitsdienst im VEB DEFA Studio für Spielfilme nicht nur gegen Frank Beyer, Rainer Simon und Ulrich Weiß. Mitarbeiter aus allen Bereichen wurden „bearbeitet".

Die Operativen Personenkontrollen „Dramaturg", „Sängerin", „Werner" und Absolvent" wären weitere Beispiele, ebenso die Operativen Vorgänge „Latte", „Koma", „Plakette", „Falschspieler" und „Regisseur".

Mit den in dieser Veröffentlichung nicht dargestellten Beispielen wurden sie erfaßt im „Objektvorgang DEFA Spielfilmstudio", den die Staatssicherheit 1960 angelegt hatte und seit 1974 unter dem Decknamen „Skorpion" führte. Im OV „Skorpion" wurden alle OPK und OV des Spielfilmstudios zusammengefaßt. Er enthielt alle „Sachstandsberichte" und für den Staatssicherheitsdienst wichtigen Informationen zu Personen, die „bearbeitet" wurden, zu Ereignissen oder Situationen, die das DEFA Spielfilmstudio betrafen. Der OV „Skorpion" war zugleich Grundlage der monatlichen Auswertung und Berichterstattung zum Bereich Kunst und Kultur von der BV Potsdam an das Ministerium und vom Ministerium an das ZK der SED.

## Operativer Vorgang (OV) „Zweifler" – Sibylle Schönemann und Hannes Schönemann

Das krasseste Beispiel aus dem Bereich des DEFA Spielfilmstudios für die Willkür des Staatssicherheitsdienstes, die Kooperationswilligkeit des Generaldirektors Mäde sowie für mangelnde Zivilcourage und Solidarität in der Leitung und unter den Mitarbeitern des Studios ist der Operative Vorgang „Zweifler". Im OV „Zweifler" wurden Sibylle und Hannes Schönemann „bearbeitet".[195]

Sibylle Schönemann, Jahrgang 1953, wurde 1972 im DEFA Spielfilmstudio Regieassistentin und studierte, mit einer Delegierung des Studios, ab 1974 an der Babelsberger Hochschule für Film und Fernsehen Regie. Während des Studiums drehte sie zwei Dokumentarfilme und einen Spielfilm. Die erste Regiearbeit war ein Dokumentarfilm im zweiten Studienjahr: „Kinderkriegen", eine Reflexion über die mit der Abschaffung des Paragraphen 218 in der DDR verbundene neue Freiheit und Verantwortung der Frauen im Umgang mit Schwangerschaft oder Schwangerschaftsabbruch. Im dritten Studienjahr folgte als Hauptprüfungsfilm das Porträt eines ungewöhnlichen Mannes und eines ungewöhnlichen Familienlebens: „Skizze über einen Clown". Für ihren Diplomfilm wollte Sibylle Schönemann eine Erzählung von Joachim Nowotny adaptieren, „Der kleine Riese". Der Vorschlag wurde von der Hochschulleitung abgelehnt. Daraufhin entschied sie sich für „Ramona", ein Buch von Hannes Schönemann, die Geschichte einer Begegnung: Ein junges Mädchen hat durch Zufall erfahren, wer ihr Vater ist, und taucht überraschend beim Vater auf, in seinem Dorf, in seiner Familie.

1980, nach dem Diplom, kehrte Sibylle Schönemann ins Spielfilmstudio zurück und arbeitete in der Dramaturgie. Sibylle Schönemann: „Das hatte zwei Gründe. Der eine war, daß mich diese Abteilung der Stoffentwicklung fasziniert hatte ... Eigentlich hätte ich sofort als Regieassistentin arbeiten sollen, aber da Hannes wieder als Regieassistent gearbeitet hat, wäre das praktisch, und das war der zweite Grund, mit den Kindern sehr kompliziert geworden. Luise war zwei und Fine war sechs, die war gerade zur Schule gekommen."[196]

Sibylle Schönemann kam in die Dramaturgengruppe Babelsberg. Sie begann eine Materialsammlung zur Thematik ihres ersten Hochschulfilms unter dem Arbeitstitel „Interruption" und arbeitete an einer Geschichte über fünf Kinder, deren Eltern tödlich verunglückt waren. 1982 übernahm sie eine Aufgabe, die ursprünglich ihrem Mann Hannes Schönemann zugedacht war. Hannes Schönemann arbeitete zu dieser Zeit an einem Projekt, das er aus der Materialsammlung von Sibylle und einer eigenen Geschichte entwickelt hatte. Er wollte das Projekt nicht aufgeben, die Leitung akzeptierte das. Sibylle Schönemann wurde an seiner Stelle Regieassistentin bei Herrmann Zschoche und seinem Film „Insel der Schwäne".

Hannes Schönemann, Jahrgang 1946, hatte 1968 mit dem Ziel, Filmautor zu werden, als Beleuchter im DEFA Spielfilmstudio zu arbeiten begonnen. 1969 wurde er Regieassistent, und nachdem er die Studio-Leitung überzeugt, die Aufnahmeprüfung bestanden und eine Sonderreifeprüfung als Ersatz für das fehlende Abitur abgelegt hatte, begann er 1975, an der Babelsberger Filmhochschule Regie zu studieren.

An der Hochschule drehte er fünf zwischen zwanzig und siebzig Minuten lange Dokumentarfilme und zwei siebzig- beziehungsweise fünfzigminütige Spielfilme. Diese in der Zahl und der Länge der Filme über dem HFF-Durchschnitt liegende Produktivität läßt nicht erkennen, welche Schwierigkeiten Hannes Schönemann während des Studiums hatte, seine Stoffe bei der Hochschul-Leitung durchzusetzen. Einigen seiner Filme wurde darüber hinaus die Abnahme verweigert.

Die Schwierigkeiten hingen sowohl mit den Stoffen zusammen als auch mit der Rigorosität, mit der Schönemann seine Ansichten vertrat, mit seinem Unwillen, Kompromisse einzugehen oder Pflichten zu erfüllen, die er als unsinnig ansah. Seine Haltung bei der Ausbürgerung von Biermann, als er und Sybille Schönemann zu den wenigen Studenten der HFF gehörten, die die Unterschrift unter eine Ergebenheitsadresse an die DDR-Führung verweigerten, tat ein übriges.

1980, nach Abschluß des Studiums, kehrte Hannes Schönemann, wie in der DDR üblich, zurück in den Betrieb, der ihn zum Studium delegiert hatte, ins DEFA Spielfilmstudio. Sein erstes Projekt beruhte auf der Materialsammlung von Sibylle Schönemann und einer von ihm verfaßten Geschichte. Es trug den Arbeitstitel „Die Unterbrechung". Nach einem Exposé schrieb er - unter Mitarbeit von Thomas Plenert, Kameramann beim DEFA Dokumentarfilmstudio und bereits an der HFF bei mehreren Arbeiten Schönemanns Partner - das Szenarium „Interruption". Eine Protokollnotiz des Chefdramaturgen vom 23. 9. 1982 vermerkte zum Arbeitsprozeß:

*Am 28. Juni d. J. wurde gemeinsam mit den Hauptdramaturgen und dem Leiter des Lektorats beim Chefdramaturgen eine Szenarienfassung beraten, aber nicht abgenommen, obgleich man sich nachdrücklich und entschieden für dieses Projekt erklärte, weil das Besondere der zugleich nicht ungewöhnlichen Problemlage der Heldin breite Identifikation erwarten läßt. (Dies wurde nur von Dr. Püschel (Lektoratsleiterin, d. A.) in Frage gestellt.) Die Kritik richtete sich sehr übereinstimmend gegen die einschichtige Sicht aus der momentanen Situation der Heldin, die es kaum ermöglicht, sowohl den ‚Horizont' der Figur über die Situation hinaus zu erfassen, als auch die Position der Schöpfer zu der mit dem Thema ‚Unterbrechung' verbundenen sozial-ethischen Frage. ...*

*Als Weg zur Lösung dieser Arbeitsprobleme wurde vor allem auf eine konsequentere Fabelführung und damit verbundene Akzentuierungen verwiesen. ... In der Beratung der Hauptdramaturgen am 1. Juli haben wir gemeinsam die schriftlich fixierten Überlegungen von Autor und Dramaturgen zu Veränderungen am Szenarium beraten und mit dem Hinweis, alles zu tun, um den Zuschauer die Verantwortung im Umgang mit dem 'Thema' empfinden zu lassen, bestätigt. Im August lag mir eine neue Fassung des Szenariums (in der Form eines Rohdrehbuchs) vor, die ich nach einer Aussprache mit dem Autor, der Dramaturgin und dem Hauptdramaturgen W. Beck am 3. September 82 abgenommen habe. Meines Erachtens ist die filmliterarische Arbeit an einem Punkt, der eine positive Entscheidung für diese Regiedebütarbeit ermöglicht. Dabei lasse ich mich von der Überzeugung leiten, daß ... es eine Zeitspanne gibt, die genutzt werden muß, um Arbeitslust, Frische des Umgangs mit der Sache und geistige Durchdringung des Gegenstandes im optimalen Verhältnis zu halten, was für den Nachwuchs sicherlich im besonderen Maße gilt.*[197]

Nach acht Punkte umfassenden Hinweisen zur weiteren Arbeit schließt das Protokoll des Chefdramaturgen:
*Dies erlaubt mir, ungeachtet der Länge dieser Liste, dem Generaldirektor vorzuschlagen, das Regiedrehbuch in Auftrag zu geben und die Realisation dieses Debütfilms im Frühjahr 1983 zu planen.*[198]

Normalerweise folgte Mäde einem solchen Vorschlag des Chefdramaturgen. In diesem Fall tat er es nicht. Anfang 1983 erfuhr Hannes Schönemann, daß „Interruption" nicht in den Produktionsplan aufgenommen wurde. Ein Gutachten von Dr. Ursula Püschel vom 28. 10. 1982 hatte Mäde in seiner Entscheidung beeinflußt. Ein Auszug aus dem Gutachten:
*... In dem Hauptkonfliktfeld, in dem sich die Fragen kreuzen, warum eine junge Frau ein Kind haben oder nicht haben will und welche Rolle in diesem Zusammenhang Partnerschaft spielt, ist das Rohdrehbuch leider keinen Schritt über das Szenarium weitergekommen. ... Das inhaltlich Unzureichende der Vorlage ist für mich, daß Gudrun - auch in dem neuen Arbeitsmaterial, dem Rohdrehbuch - eine perspektivlose Figur bleibt. ...*
*Für eine Produktionsentscheidung treten nun eine Anzahl miteinander verknüpfter Probleme auf, die Strukturen unserer Stoffentwicklung berühren: Unser Plan, Auslastung der Produktionskapazitäten usw., also ein gewisses Drängen dahin, auch Risiken einzugehen. Die Förderung des Nachwuchses einerseits, die Verantwortung des Studios gegenüber der Öffentlichkeit. Wenn es die Möglichkeit gäbe, daß junge Leute Filme machen könnten, die nur dann vor die Öffentlichkeit müßten, wenn sie entsprechenden Ansprüchen standhalten, wäre die Entscheidung vermutlich einfacher. ...*
*Das sind meine Überlegungen in dem Zusammenhang, daß ich einen Pro-*

duktionsbeschluß für ‚Unterbrechung' beim gegenwärtigen Arbeitsstand für problematisch halten würde und, würde ich um eine Meinung gefragt, abraten müßte.[199]

Nach der Ablehnung von „Interruption" griff Schönemann einen Stoff auf, den er bereits an der HFF entworfen hatte: „Von Montag bis Mittwoch", eine Geschichte um vier junge Leute, deren Wochenend-Vergnügen in der Katastrophe endet. Er legte ein Treatment vor. Das Treatment wurde vom Chefdramaturgen abgenommen, die Arbeit am Szenarium vom Generaldirektor jedoch gestoppt.

In seinem nächsten Versuch variierte Schönemann sein Grundthema - das Verhältnis von Außenseitern zur Gesellschaft - in der Adaption der Erzählung von Marie von Ebner-Eschenbach „Das Gemeindekind", die für Schönemann als ehemaliges Heimkind einen persönlichen Bezugspunkt aufwies. Die Geschichte ist im 19. Jahrhundert angesiedelt und handelt von einem Jungen, der, weil die Eltern wegen Raubmordes ins Gefängnis kommen, bei fremden Leuten untergebracht wird und als Eigentum der Gemeinde verrichten muß, was ihm aufgetragen wird. Hannes Schönemann: „Diesen Stoff habe ich sehr geliebt, den Film hätte ich gern gemacht. Für mich war es auch eine ganz persönliche Geschichte, dieser Bengel, so ein anarchischer, querulanter ‚Euch-werd'-ich's-zeigen-Typ', der von keinem geliebt wird und sich dennoch im Leben durchsetzt. "[200]

Im Oktober 1983 legte Schönemann eine Konzeption zur Adaption der Erzählung vor. Der Vorschlag wurde vom Leiter der Gruppe Berlin abgelehnt. Außerdem unterbreitete Schönemann mehrere Vorschläge für kurze Spielfilme, die Anfang der achtziger Jahre von Mäde als Talentprobe für Nachwuchsregisseure eingeführt wurden.

Zu diesen Vorschlägen die Dramaturgin Tamara Trampe: „Wir hatten zwei Stoffangebote. Das eine war ‚Mein Bruder Rudolf' von Turek, und das andere war diese Streikgeschichte. Ein junges Ehepaar träumt davon, sich ein Schlafzimmer zu kaufen, aber es kommt ein Streik dazwischen. Der Mann entscheidet sich für den Streik, und die Frau kann das nicht verstehen. So. Das war unser Angebot. Wir also hoch zu Mäde. (...) Und dann sagte er: Ja, die Angebote sind toll, beide, die Turekerzählung ist sogar genial. Aber, Herr Schönemann, es ist doch klar, daß eine solche Geschichte von einem großen Talent gemacht werden muß, und wer kann denn sagen, daß Sie ein so großes Talent sind. Diese zweite Geschichte mit dem Streik, die wird für uns relevant, wenn Sie es schaffen, das Gefühl, das jetzt in Großbritannien ist - damals waren dort diese großen Streiks - wenn Sie das in den Film reinkriegen. Ich weiß nicht wie, aber wir leben ja alle in einer Zeit. Schönemann, ich baue auf Sie. Bringen Sie den Streik in Großbritannien in eine Verbindung mit dieser Geschichte. Also, über den Turek müssen wir nicht mehr reden. Das ist einfach zu groß für Sie. In dieser Situation war ich sprachlos. Ich war einfach sprachlos vor dieser Demagogie..."[201] Hannes Schönemann zu dieser Situation: „Ich hatte das Gefühl, er genießt es, daß ich an einem Punkt angekommen war, wo ich schon fast bereit bin, mich selbst aufzugeben. Ich wußte aber auch, daß sein Angebot für mich unmöglich ist, bei dieser Geschichte... Das war im Frühjahr '84, und in der DEFA angefangen hatte ich 1967. Ich war 38 und auf Spielfilm fixiert."[202]

Zu diesem Zeitpunkt lagen hinter Sibylle Schönemann die Assistenz bei Zschoche und „Insel der Schwäne" sowie ein Angebot Mädes vom August 1983, die Regie bei dem Kinderfilm „Unternehmen Geigenkasten" zu übernehmen. Sibylle Schönemann zu diesem Regieangebot: „Innerhalb der nächsten vierzehn Tage sollte ich die Entscheidung für mich fällen. Gunter Friedrich war schon im Gespräch, aber Scheinert (Leiter der Gruppe ‚Johannisthal') wollte auch, daß ich den Film mache. Es war nicht gerade eine Wahnsinnsgeschichte, aber ich hatte schon Lust, etwas für Kinder zu machen. Wir haben das Szenarium gelesen, Hannes und ich, und darüber geredet, und wir haben alles, was an dem Buch falsch war, herausgefunden und einen Gegenentwurf geschrieben. Mehrere Tage haben wir gesessen und geschrieben, auch ganz konkret neue Szenenvorschläge zum Beispiel. Die haben Scheinert gut gefallen, aber er bezweifelte, ob die Autorin sie auch akzeptieren und nicht doch Gunter Friedrich vorziehen würde, der das Buch, so wie es war, machen wollte."[203]
Am 17. August 1983 schrieb Sibylle Schönemann an Mäde und teilte ihm ihr Interesse an der Regiearbeit mit: „... Voraussetzung meiner endgültigen Entscheidung sind literarische Veränderungen auf der Grundlage des vorliegenden Szenariums, zu denen Ihnen ein Angebot am kommenden Montag, dem 22. 8., vorliegen könnte..."[204] Sibylle Schönemann: „In einer Sitzung bei Mäde, Herrmann Zschoche war dabei, er sollte mein Mentor sein, wurde dann entschieden, daß ich das Buch, so wie es ist, drehen sollte. Herrmann redete mir zu, er wollte mir helfen. Aber wenn ich den ersten Film mache, dann einen zu machen, nur um ihn zu machen, obwohl ich sehe, wo die Schwächen sind, obwohl ich

weiß, wie man es besser machen kann, dazu war ich nicht bereit."[205]
Einige Monate später erhielt Sibylle Schönemann ein Regieangebot aus
der Gruppe „Roter Kreis": „Drei Rosen und ein Luftballon", nach einem Szenarium von Gudrun Deubener. Sibylle Schönemann: „Daran
haben Gudrun und ich lange und intensiv zusammengearbeitet. ... Das
Buch ist vom Chefdramaturgen akzeptiert worden, und wir haben die
Produktionsfreigabe bekommen. ... Dann haben wir mit der Kindersuche und der Motivsuche angefangen und mit den Probeaufnahmen
und der Besetzung. Bei der Kindersuche hat Hannes mitgeholfen. Weil
wir in Zeitdruck waren, hatte man nichts dagegen. ... Aber dann kam
zunehmend der Konflikt auf mich zu, der Wunsch, daß ich den Film
machen möchte, aber auch diese Trauer, daß er immer noch keinen
Film hatte. Und da habe ich mir gesagt, warum sollten wir den Film
nicht zusammen machen, das, was ich gut kann, und das, was er gut
kann, kämen zusammen, das kann doch nur gut sein. Dann wäre das
sein und mein erster Film, das konnte ich mir gut vorstellen. Ich weiß
noch genau, daß ich einen Brief an Mäde geschrieben habe, in dem ich
begründete, daß ich wegen der Kinder und der kurzen Zeit den Film
nicht ohne Hannes schaffen würde und daß ich ihn gern mit ihm zusammen machen möchte.

Als dann von Mäde ein kategorisches Nein kam, wurde mir schlagar-
tig klar, daß diese Absage ein deutliches Zeichen sein sollte, daß sie nur
mich fördern wollten und daß Hannes in diesem Studio nie eine Chance
haben würde. Ich konnte das nicht so unwidersprochen hinnehmen, für
mich ging es um mehr als nur um diesen einen Film. Ich kann mich noch
genau an die Situation erinnern: Ich hatte in Berlin Probeaufnahmen mit
den Kindern gedreht und war auf dem Weg nach Hause. Kurz nach Klein-
machnow habe ich den Fahrer gefragt, ob er weiß, wo Mäde wohnt, er
soll mich zu ihm fahren. Es war schon abends, und ich war müde, aber ich
war so verzweifelt und so wütend. Für mich hing viel davon ab. ... Meinen ganzen Mut hab' ich zusammengenommen. Man konnte doch nie
von sich aus einen Termin bei Mäde machen, das war, als ob du zu Gott
gehst und fragst, jetzt sage mir die Wahrheit, Gott. Todesmutig habe ich
an seiner Tür geklingelt, und Mäde hat aufgemacht und war ganz freund-
lich und nett und hat den Fahrer weggeschickt. Dann habe ich ihm meine ganze Verzweiflung mitgeteilt, meine Wut und meine Ratlosigkeit. Ich
habe ihn gefragt, warum es nicht möglich sein sollte, daß wir den Film
zusammen machen. Ich habe ihn angefleht, doch nicht so blind zu sein,
nicht so stur. Und ich habe von Hannes' anderen Stoffen gesprochen, aus

176

denen immer wieder nichts wurde, daß ich das nicht verstehe. Das stimmt doch gar nicht, sagte er, im Gegenteil, ich bin doch sehr interessiert, ich will ja nur, daß jeder seine eigene Regieleistung bringt. Das war sein einziges Argument, immer wieder. Ich habe gesagt, daß es doch Beispiele dafür gibt, wo zwei zusammen Regie geführt haben. Warum soll man das nicht bei einem Debüt probieren? Den nächsten Film kann dann ja jeder für sich machen. Warum denn nicht? Aber er bestand darauf. Er sagte, er wolle das mit Hannes noch einmal prüfen, es gäbe keinen Grund zur Sorge, er finde ihn sehr interessant. Da habe ich ihm geglaubt und bin nach Hause gefahren und habe Hannes alles erzählt. Ich hab' ihm gesagt: Ich werde den Film nicht ohne dich machen. Wenige Tage später haben sie die ganze Produktion gestoppt, weil angeblich die ganzen Probeaufnahmen dilettantisch seien."[206]

Tamara Trampe: „Das war ein Vorwand. Ich war in der Vorführung, als die Probeaufnahmen gezeigt wurden. ... Alle fanden die Aufnahmen schön, wobei sie mit der Figur von Kokisch als Vater Probleme hatten. Das hat aber mit dem Film von Ulli Weiß zu tun. (In ‚Dein unbekannter Bruder' spielt Uwe Kokisch die Hauptrolle, d. A.) Sie wollten nicht diesen Helden, den die jungen Leute für sich entdeckt hatten und der ihnen nicht paßte. ..."[207]

Sibylle Schönemann: „Das war im Frühjahr 1984. Nach dem Gespräch mit Mäde war ich ganz überzeugt, daß alles gut wird. Hannes wird seine Geschichten machen können und ich meine. Ich hab' immer zu ihm gesagt, ‚Mäde ist nicht so wie du denkst, glaube es mir'. Ich war wirklich so naiv. ‚Paß auf', hab ich dann gesagt, ‚wenn du recht hast, und wenn bei deinem nächsten Gespräch bei ihm klar wird, daß wieder nichts aus deinen Geschichten wird, dann hat es keinen Sinn, hier zu bleiben.' ... Für mich war klar, es gab keinen anderen Ausweg. Ich erinnere mich, wie er nach dem nächsten Gespräch bei Mäde nach Hause kam, und wie ich gesagt habe: ‚Jetzt ist es also soweit.' Drei Tage haben wir uns noch gequält und dann den Antrag gestellt. ..."[208]

Hannes Schönemann: „Wir spürten damals sehr deutlich den Versuch vom Studio, Billy aus meinem Einflußbereich zu befreien, vielleicht mit einer guten Absicht, nicht, um mich herunterzudrücken, sondern um ihr zu helfen. Es gab damals diesen Frauenförderungsplan, und im Studio arbeiteten nur wenige Regisseurinnen. Später bat ich um ein Gespräch mit Mäde, das mir erst nach vielen Wochen, im Frühjahr 1984, gewährt wurde. Unter vier Augen hat er mir ziemlich unmißverständlich zu verstehen gegeben, daß ich keine Chance im Studio habe. Alle meine Stoffvorschläge, die ich im Laufe der Zeit dem Studio unterbreitet hatte, seien der Beweis dafür, daß mein Menschenbild verschoben sei. Als ich nach diesem Gespräch nach Hause kam und Billy alles erzählte, sagte sie nur: ‚Siehst du denn nicht, was los ist? In diesem Studio wirst du nie einen Spielfilm machen können. Wir müssen uns ein anderes Studio suchen.' In der DDR gab es aber nur dieses eine Spielfilmstudio mit dem einen Generaldirektior an der Spitze, der mich nicht haben wollte. Also blieb uns nur der eine Ausweg, einen Ausreiseantrag zu stellen. Daß das ein Politikum sein würde, war uns klar. Der wachsende Unmut unter den jungen Filmemachern war kein Geheimnis, viele spielten mit dem Gedanken, das Land zu verlassen. Aber wir waren die ersten - und nach dem, was mit uns nach der Antragstellung geschah, blieben wir auch die einzigen, die diesen Weg wählten. Die Entscheidung fiel uns nicht leicht, denn dies würde ein Abschied auf immer sein.

Am 5. April '84 stellten wir bei der entsprechenden Behörde einen Ausreiseantrag, mit der gleichzeitigen Bitte, uns aus der Staatsbürgerschaft der DDR zu entlassen. Wir wollten eine politische Konfrontation vermeiden und gaben der Form halber Gründe der ‚Familienzusammenführung' mit meinem Vater in der BRD an. Wir hatten damals keine Ahnung, wie weit das Ganze führen würde und wie richtig unser Gefühl war, ‚aus dem Dunkeln heraus verwaltet zu werden.' "[209]

Trotz dieser illusionslosen Sicht auf ihre Situation konnten Sibylle und Hannes Schönemann nicht ahnen, zu welchen „Maßnahmen" ihre Entscheidung dem Staatssicherheitsdienst Vorwand geben würde. Der Staatssicherheitsdienst hatte sie bereits im März 1983 „unter operative Kontrolle gestellt" und dies im „Einleitungsbericht" mit „Operativ bedeutsamen Anhaltspunkten" begründet, die in ihrer unverfrorenen Fadenscheinigkeit kaum zu übertreffen waren (Anlage, Dokument 10).

Mehreren „Informationen" folgte fünf Tage nach Abgabe des Antrages auf Ausreise beim Rat der Stadt Potsdam ein „Sachstandsbericht". Nach zweimaliger Erneuerung des Antrages auf Ausreise und einem Brief an den Leiter der HV Film, Horst Pehnert, sowie dessen Antwort verfaßte die Staatssicherheit am 27. April den „Beschluß über das Anlegen eines Operativen Vorgangs"[210] und den „Eröffnungsbericht zum operativen Vorgang".

Bereits am 27. April 1984 hatte die Auswertungs- und Kontrollgruppe (AKG) der Bezirksverwaltung für Staatssicherheit Potsdam in einer Art internem Gutachten auf Ungereimtheiten im Vorgehen gegen Schönemanns hingewiesen. Die Hinweise bedeuteten eine indirekte Kritik an Hauptmann Kuske und dem Referat 7 der Abteilung XX. Sie standen - ohne daß dies beabsichtigt war oder gar zum Ausdruck gebracht wurde - einer Verschärfung der „Bearbeitung" im Grunde entgegen (Anlage, Dokument 11).

Diese Verschärfung wurde trotzdem ausgelöst. Sie beschränkte sich nicht auf die Eröffnung des „Operativen Vorgangs". Den Anlaß bot ein erneuter Antrag Schönemanns an den Rat der Stadt Potsdam zur Genehmigung der Übersiedlung in die BRD. Darin fand der Staatssichheitsdienst den willkommenen Vorwand. Er bestand in folgenden Sätzen:

*Je länger Sie uns die Genehmigung verweigern, umsomehr wächst die Gefahr der Eskalation und unkontrollierter Handlungen. Wir erklären hiermit, dass sich unsere Absicht nicht ändern wird und wir aber bei stetiger Verweigerung unserer Absicht, den weiteren unwürdigen Umständen nicht tatenlos gegenüber stehen werden.*

Zuvor hatte eine „Stellungnahme" die formalen Fehler genannt, die Hauptmann Kuske bis dahin bei der beabsichtigten Kriminalisierung begangen hatte, den Weg zum angestrebten Ermittlungsverfahren aber trotzdem gewiesen.

Dieses Ermittlungsverfahren wurde von der Untersuchungsabteilung der Bezirksverwaltung für Staatssicherheit am 27. November 1984 verfügt.[211] Am frühen Morgen des 27. Novembers wurden Sibylle und Hannes Schönemann verhaftet und in das Gefängnis des Staatssicherheitsdienstes in Potsdam eingeliefert. Dort wurden sie bis Februar 1985 in Untersuchungshaft gehalten. Am 04. 02. 1985 erhob Staatsanwalt Krüger Anklage.[212]

Am 15. Februar 1985 folgte Kreisgerichtsdirektor Schröter als Vorsitzender der Kammer für Strafrecht des Kreisgerichts Potsdam-Stadt in der nicht öffentlichen Hauptverhandlung dem Antrag des Staatsanwaltes Schulz und verurteilte Sibylle Schönemann zu einem Jahr und Hannes Schönemann zu einem Jahr und zwei Monaten Freiheitsstrafe

*... wegen gemeinschaftlicher Beeinträchtigung staatlicher Tätigkeit (Vergehen gemäß §§ 214 Abs. 1 und 3, 22 Abs. 2 Ziffer 2 StGB)*[213] *(Anlage, Dokument 12)*

Am 26. April 1985 faßte die Abteilung XX der BV Potsdam den Beschluß über die Archivierung des Vorgangs, am 30. Mai 1985 verfaßte sie den „Abschlußbericht".

Darin heißt es unter anderem:

*Die konsequente strafrechtliche Verfolgung der durch die Sch. begangenen strafbaren Handlungen trug wesentlich zur Stabilisierung der politisch-operativen Lage unter den Filmschaffenden des VEB DEFA-Studio für Spielfilme bei.*

*Negativen Kunst- und Kulturschaffenden, labilen Kräften und Sympathisanten für das Vorgehen der Sch. zur Durchsetzung ihrer Ziele wurden Grenzen aufgezeigt. Deutlich wurde, daß provokativ gestellte Forderungen und Erpressungsversuche gegenüber der staatlichen Leitung des Spielfilmstudios bzw. staatlichen Stellen zur Erlangung/Durchsetzung von beabsichtigten Vorhaben nicht zum Ziel führen.*

*... Insgesamt führten die durch BV Potsdam, Abt. XX in Abstimmung mit Abt. IX und Kräfte des Zusammenwirkens zielgerichteten politisch operativen Maßnahmen zur Stärkung der Position der Leitung des VEB DEFA-Studios für Spielfilme.* [214]

Zu diesem Zeitpunkt befanden sich Schönemanns im Strafvollzug: Sibylle in einem Gefängnis in Thüringen, Hannes im Zuchthaus Bützow. Acht Wochen zuvor waren sie vom DEFA Studio für Spielfilme, mit Zustimmung der zuständigen Gewerkschaftsleitung, der AGL 1, fristlos entlassen worden. Anfang Juli 1985 wurden Schönemanns in das Gefängnis Karl-Marx-Stadt verlegt und von dort am 17. Juli 1985, von der BRD inzwischen freigekauft, in einem Bus über die Grenze gebracht und in die BRD entlassen. Ihre Kinder, die nach der Verhaftung bei Sibylle Schönemanns Eltern gelebt hatten, durften ihnen vier Wochen später folgen.

## Gemeinsamkeiten und Unterschiede in den Auswirkungen der Repression

Die politischen und wirtschaftlichen Bedingungen hatten in der DDR im Bereich Film größeren Einfluß auf den Entstehungsprozeß als in anderen Bereichen der Kulturwirtschaft, etwa des Theaters oder der bildenden Kunst. Das lag nicht nur an den hohen Kosten, die der Staat dafür aufzubringen hatte, sondern vor allem an der Bedeutung, die die Funktionäre von Partei und Staat dem Film als Mittel zur Erziehung und Manipulierung der Massen beimaßen. Das staatliche Film-Monopol und die Regularien der Gesellschaft bestimmten die Struktur und die Organisation der DEFA-Studios.

Die Bedingungen im Studio waren für alle Regisseure gleich, deren Situation war dennoch verschieden. Sie wurde nicht zuletzt von den Regisseuren selbst bestimmt, von ihrem Status sowie, im besonderen Maße, von ihrer Haltung und ihrem Verhalten gegenüber Staat und Partei. Vom Einzelnen hing viel ab. Er konnte die Bedingungen nicht verändern, er konnte sich lediglich darauf einstellen. Er hatte nicht selten keine Wahl oder durfte nicht, was er am liebsten wollte. Im abgesteckten Rahmen hatte er dennoch oft nahezu ideale Bedingungen und ein Maß an Freiheit, das vieles zuließ - wenn er den Mut aufbrachte, es zu versuchen und durchzustehen.

Narrenfreiheit hatte niemand. Auch die Freiheit, sich bei der Wahl von Stoffen gegen die Partei und die staatliche Leitung durchzusetzen, gab es nur als glückliche Ausnahme für wenige in wenigen Momenten, nie als Prinzip oder als Recht eines Bevorzugten. Verdienste zählten in dieser Hinsicht kaum. Manche Stoffe durfte niemand machen, andere nur bestimmte Leute. Selbst ein Mann wie Konrad Wolf, der durch Herkunft und Biografie, durch seine Filme und seine gesellschaftliche Stellung prädestiniert schien, zum engen Kreis der SED-Führung zu gehören und Sonderrechte bei der Wahl seiner Stoffe in Anspruch zu nehmen, der über jedem Verdacht stehen mußte, ein „Abweichler" zu sein, wurde bespitzelt und hatte mehrfach große Schwierigkeiten, Stoffe und Filme durchzusetzen.

Der Druck durch Partei und Staat war nicht ständig spürbar und nicht ständig vorhanden. Er traf nur die, die den Erwartungen von Partei und Staat nicht entsprachen. Der Alltag war anders, aber nicht stärker reglementiert als der in einer kapitalistischen Demokratie wie der BRD. In Konfliktsituationen, die urplötzlich und jederzeit entstehen konnten, wurde der Druck jedoch heftig und genau kalkuliert. Möglichkeiten, dem Druck auszuweichen, gab es kaum. Ihm zu widerstehen, war schwer. Anpassung war oft nicht zu umgehen; die Frage war dabei vor allem, um welchen Preis und mit welchem Ergebnis. Manchen war der Druck auch Stimulanz. Bei einigen Regisseuren weckte er Widerstand und wurde Antrieb, auf die Verhältnisse mit ihren Filmen Einfluß zu nehmen, die Gesellschaft zu verändern.

Zu den wenigen, die dem Druck standhielten und die Energie und den Mut hatten zu kritischer, auf Veränderung gerichteter Kunst, gehörten Frank Beyer, Rainer Simon und Ulrich Weiß. Filme wie „Spur der Steine" oder „Geschlossene Gesellschaft", wie „Till Eulenspiegel" und „Jadup und Boel" oder „Dein unbekannter Bruder" belegen das ebenso wie die Auseinandersetzungen um ihre verbotenen und um einen Großteil ihrer durchgesetzten Projekte.

Als Ulrich Weiß 1976 als Gast ins DEFA Spielfilmstudio kam, war er vierunddreißig Jahre alt und hatte bereits acht Jahre Filmpraxis an der Babelsberger Filmhochschule und im Dokumentarfilmstudio hinter sich. Trotzdem wurde er von der Studio-Leitung nicht nur als Spielfilm-Neuling behandelt, sondern - bis 1989 - als „Nachwuchsregisseur". Sein Spielfilmdebüt bewies zwar sein Talent und sein handwerkliches Können. Und sein zweiter Spielfilm, „Blauvogel", bestätigte beides. Beide Filme brachten ihm jedoch nicht nur Anerkennung. Sein Bemühen, Erwartungen an den Stoff oder das Genre entgegenzuwirken, trug ihm bei „Blauvogel" heftige Vorwürfe ein. Studiodirektor Mäde hielt ihm vor, er sabotiere das Genre. Auch Kollegen kritisierten, er gehe egoistisch mit ernst zu nehmenden Publikumsinteressen um.

Bei „Dein unbekannter Bruder" traf der Verstoß gegen Erwartungen die wichtigste Traditionslinie der DEFA, den antifaschistischen Film. Publikum und Kritiker waren irritiert, Funktionäre verärgert. Besonders schwer wog ein Sakrileg: Ein antifaschistischer Widerstandskämpfer wird aus Schwäche zum Verräter. Noch schlimmer war, daß Weiß dafür nicht öffentlich verdammt werden konnte. Den Grundsatz, den die Dogmatiker angewandt sehen wollten - Antifaschisten waren niemals schwach, sie waren und sind siegreich, stark und ohne Fehler - konnten sie nicht einfordern; sie hätten sich lächerlich gemacht. Dazu kam, daß auch die Ähnlichkeit der im Film dargestellten Gestapo mit dem Staatssicherheitsdienst nicht beim Namen genannt werden durfte.

Der zunächst „inoffiziell" formulierte Vorwurf, der Film verunglimpfe den antifaschistischen Widerstand und verletze sozialistische Positionen, wurde mit der Abnahme des Films zwar offiziell nicht aufrechterhalten. Der Ärger über den Film war damit aber nicht verflogen. Der Erfolg im Ausland verstärkte ihn. Ein Film, über den ein wichtiger Genosse gesagt hatte „So waren wir nicht", durfte weder hochklassig noch erfolgreich sein.

Die Schwierigkeiten, die Ulrich Weiß mit seinen Stoffen und Filmen im Spielfilmstudio hatte, wurden durch „Olle Henry", seinen vierten Spielfilm, gegen den niemand Einwände hatte, nur unterbrochen. Bis zum Ausscheiden des Generaldirektors Hans Dieter Mäde aus dem Studio im Frühjahr 1989 wurden Ulrich Weiß trotzdem alle Projekte abgelehnt.

Das lag nicht in erster Linie an den Folgen des „Unbekannten Bruder". Auch der Staatssicherheitsdienst war dafür nicht verantwortlich: Die Bezirksverwaltung Potsdam stellte die OPK „Bruder" 1985 ein. Gegen Ulrich Weiß fiel entscheidend ins Gewicht, daß er nicht fähig war, sich pragmatisch zu verhalten. Er wollte und konnte sich nicht in dem Maße anpassen, wie der Generaldirektor es von ihm erwartete. Ulrich Weiß war Maximalist. Er war entgegenkommend im Umgang, aber unnachgiebig, wenn es um seine Sache ging. Wenn er eine Forderung nicht akzeptieren konnte, war er unfähig, Zugeständnisse zu machen.

Mäde hatte in Weiß große Hoffnungen gesetzt. Seine Sympathie für ihn trug jedoch keine Früchte. Weiß ignorierte seine Wünsche und Weisungen, wenn sie seiner Auffassung nicht entsprachen. Er entzog sich und verweigerte die „Einsicht", die Mäde von ihm erwartete. Mäde verzieh ihm das nicht. Er stellte ihn kalt. Einen Eklat rsikierte er damit kaum. Weiß war nicht so prominent wie Beyer oder Simon, von ihm mußte Mäde auch nicht annehmen, daß er sich an die Öffentlichkeit wenden würde. Spektakuläre Solidaritätsaktionen hatte Mäde ebensowenig zu befürchten. Auch von der Leitung des Spielfilmstudios und der HV Film trat niemand Mäde entgegen und setzte sich mit der Konsequenz für Ulrich Weiß ein, die in Anbetracht seiner Bedeutung für das ideell-künstlerische Profil des Studios erforderlich und die nötig gewesen wäre, Mäde umzustimmen.

Mäde sah in Ulrich Weiß' ideeller und ästhetischer Position „Subjektivismus". Ihn störte wahrscheinlich nicht, daß Weiß nicht der SED angehörte. Das hatte Weiß gemeinsam mit den meisten Regisseuren seiner Generation, deren Pragmatismus im Umgang mit den Institutionen des Staates und der Partei sich deutlich unterschied von dem Elan und dem Glauben, der die Gründerjahre in der DDR bestimmt und die Generationen von Beyer und Simon motiviert hatte. Weiß machte verdächtig, daß er sozialistische Ideale höher hielt als die sogenannten Kommunisten. Hinzu kam sein ausgeprägter Wille zur Eigenständigkeit. Erwartungen des Publikums, aber auch der Funktionäre und seiner DEFA-Kollegen zu unterlaufen, war ihm Programm. Er zielte nicht auf die Illusion, die Geschichten, die seine Filme erzählen, hätten sich so abgespielt, wie er sie zeigte. Ihm ging es darum mitzuteilen, wie er sie sich vorstellte, was ihn daran interessierte und was daran für die Gegenwart interessant sein könnte. Das waren eher Verhaltensmuster als deren Erscheinungsformen.

Die Folge war durch Überhöhung in Spiel und Ausstattung sowie durch adäquate Bildgestaltung charakterisierte Stilisierung. Die ausgeprägte künstlerische Form war für Ulrich Weiß ein eigenständiger Wert. Sie bestimmte auch die Figuren seiner Filme. Die schienen weniger aus der Zeit und den Umständen, unter denen sie existierten, entwickelt als aus der Geistes- und Vorstellungswelt des Regisseurs.

Rainer Simon war, als er 1965 ins DEFA Spielfilmstudio kam, vierundzwanzig Jahre alt. Seinen ersten Spielfilm drehte er mit sechsundzwanzig. Als „Till Eulenspiegel", sein erster großer künstlerischer und kommerzieller Erfolg, ins Kino kam, war er vierunddreißig. Er war vierzig, als „Jadup und Boel" verboten wurde.

Zu diesem Zeitpunkt hatten ihn die Schwierigkeiten bei der Durchsetzung seiner Projekte dazu gebracht, sich von der sozialistischen Kulturpolitik loszusagen. Die Rebellion, die im „Eulenspiegel" sehr direkt ihren Ausdruck gefunden hatte, war bereits vor den Dreharbeiten der Einsicht gewichen, daß er damit in der DEFA keine Zukunft haben würde. In dem lange ersehnten Gegenwartsstoff hatte er ein positives Gegenbild zu dem Rebellen Till entworfen und bei aller Skepsis den Verhältnissen gegenüber Konsens in Grundfragen erkennen lassen.

Mit dem Verbot von „Jadup und Boel" mußte er seinen Vorsatz, sich mit Gegenwartsfilmen ins Leben der Gesellschaft einzumischen, begraben. Sein Ehrgeiz, das DEFA-Spektrum und die eigenen Möglichkeiten zu erweitern, litt darunter nicht. Er sah diese Chance auch mit der Verfilmung historischer Sujets.

Simons Hinwendung zur Vergangenheit entsprach Mädes Absichten und der vom Politbüro vorgegebenen Linie. Simon wurde beschäftigt, ein Eklat vermieden. Außerdem waren „Das Luftschiff" und die folgenden Filme Belege für die These von der „Vielfalt sozialistischer Kunst", sie brachten der DEFA Anerkennung in der DDR und im Ausland.

Der Staatssicherheitsdienst folgte Mädes Taktik. Er schloß den Operativen Vorgang „Schreiber" nicht ab, obwohl die Projekte nach „Jadup und Boel" auch im Verständnis des Staatssicherheitsdienstes keine Gefahr erkennen liessen, unternahm jedoch nichts, die Situation zu verschärfen oder Simon an diesen Projekten zu hindern.

Der Druck, der auf Simon ausgeübt wurde, beeinflußte seine Filme. Besonders das Verbot von „Jadup und Boel" wirkte sich auf die Wahl seiner folgenden Stoffe und die Ästhetik seiner späteren Arbeiten aus. Behauptet hat er sich trotzdem. Sein Thema, die Auseinandersetzung des Einzelnen mit der Gesellschaft und das Beharren auf Individualität, gab er nicht auf. Zugeständnisse an die ideelle und filmische Qualität zu machen, kam Simon ebenfalls nicht in den Sinn. Nach dem „Luftschiff" wählte er zwar dramaturgisch und ästhetisch sicheres Terrain. Den Anspruch, die filmischen Möglichkeiten des jeweiligen Stoffes auszureizen, sich künstlerisch nicht zu wiederholen und sich mit seinen Filmen in die Belange der Gesellschaft einzumischen, erhielt er aufrecht.[215]

Frank Beyer hatte das „Glück", den Repressionen relativ spät ausgesetzt zu sein. Er war dreiundzwanzig, als er ins Studio kam, drehte mit vierundzwanzig seinen ersten und mit fünfundzwanzig seinen zweiten Spielfilm. 1966, beim Verbot von „Spur der Steine", war er vierunddreißig, in einem Alter, in dem er fünfzehn Jahre später als Nachwuchs gegolten hätte.

Bis dahin hatte er sich mit seinen Filmen stets im Einklang mit der Gesellschaft befunden. Er hatte sieben erfolgreiche Kinofilme gedreht und war ein bekannter und anerkannter, mit nationalen und internationalen Preisen ausgezeichneter Regisseur.[216] Er war sich und seiner Mittel sicher und trotzdem jung genug, in schwierigen Situationen die nötige Unbedenklichkeit zu bewahren und auf Positionen zu beharren, die er als richtig und notwendig erkannt hatte. Wie er bei „Fünf Patronenhülsen" seine Forderungen durchgesetzt hatte, kam es ihm 1966 nicht in den Sinn, sich von „Spur der Steine" zu distanzieren.

Die Folgen dieses Beharrens empfand Beyer als ein eklatantes Mißverständnis der machtausübenden Funktionäre. Sie brachten ihn auf Distanz zum „System" und der sozialistischen Kulturpolitik, jedoch nicht dazu, sich davon loszusagen. Auch die Verbannung in die Provinz bewog ihn nicht, seine Grundsätze aufzugeben oder sich gar zu unterwerfen. Die von ihm angestrebte schnelle Rückkehr ins DEFA Spielfilmstudio schlug er aus. Der Preis, die Regie beim zweiten Teil des DEFA-Films über Karl Liebknecht zu übernehmen, war ihm zu hoch.

Die Lösung vom System und die Distanzierung von der sozialistischen Kulturpolitik begann mit den Repressionen nach der Unterschrift unter die Protestresolution gegen die Ausbürgerung von Biermann. Sie fand ihren Abschluß mit dem Verdikt gegen „Geschlossene Gesellschaft" und den Manövern des DEFA Spielfilmstudios und des DDR-Fernsehens, ihm angemessene Arbeit zu verweigern. Als er den Antrag stellte, in der BRD zu arbeiten, war er achtundvierzig und auf der Höhe seiner Möglichkeiten. Nach drei verbotenen Filmen und den nicht abreißenden Repressalien war er nicht mehr bereit, sich der Willkür der Funktionäre auszusetzen.

Die Situation, in der sich Frank Beyer in den siebziger und achtziger Jahren befand, unterschied sich von der seiner DEFA-Kollegen unter anderem durch sein Anstellungs-Verhältnis. Er arbeitete bei der DEFA nur als Gast. Sein „Arbeitgeber" war das DDR-Fernsehen, die von Dogmatikern reglementierte Propaganda-Hochburg. Verbündete waren dort noch seltener als im liberaleren Spielfilmstudio. Seine Gegner beim Fernsehen waren nicht nur Funktionäre aus dem Apparat der SED und des Staatlichen Komitees, sondern Kollegen: Genossen, denen der Mut fehlte, sich wie er durchzusetzen, die seine Filme wie seine Konsequenz und Unbeugsamkeit vielleicht insgeheim bewunderten, die sie ihm jedoch öffentlich als Überheblichkeit anlasteten, die neidisch waren auf seine Ausnahmestellung.

Beyer hatte andererseits einflußreiche Fürsprecher. Lamberz und Hager waren nicht seine Freunde. Aber sie wußten seinen Ruf und seine Bedeutung für die Filmkunst und das Ansehen der DDR zu schätzen. Hager und andere „Liberale" wollten den Skandal, den seine Vertreibung aus der DDR vor allem im Ausland bedeutet hätte, vermeiden. Sie waren klug genug, deren Folgen höher einzuschätzen als die Befriedigung und den Triumph der „Gerechtigkeit" fordernden Parteimitglieder. Sie wußten oder ahnten, daß Frank Beyers Übersiedlung in den Westen für die DDR eine Niederlage und für die SED-Führung ein Eigentor geworden wäre. Beyer war auch im Westen ein Begriff. Die DDR hätte ihren neben Konrad Wolf prominentesten und wichtigsten Filmkünstler verloren, und als Meister des anspruchsvollen Erzählkinos hätte sich Frank Beyer auch in der BRD oder in Hollywood durchgesetzt.

Daß Beyer aus der SED ausgeschlossen wurde, zeigt andererseits die Grenzen von Hagers Engagement sowie die Kompliziertheit der Beziehungen, der Ziele und Motive der Politbüromitglieder. Den Versuch, sich gegen den für Agitation zuständigen Joachim Herrmann in dessen Bereich beim Parteiausschluß durchzusetzen, wagte Hager nicht. Die sogenannte Basis mußte zufriedengestellt werden, Konflikte innerhalb des Politbüros galt es zu vermeiden.

Beyer, Simon und Weiß waren im Spielfilmstudio angetreten, mit ihren Filmen auf die Gesellschaft Einfluß zu nehmen und den Sozialismus zu verbessern. Daß diese Absicht und ihre in diesem Sinne wirkungsvollsten Filme ihnen als deren Gegenteil angelastet wurden, hatten sie mit DDR-Bürgern ähnlicher Geisteshaltung in anderen Bereichen der Gesellschaft gemeinsam: Wer Kritik übte und sich uneinsichtig zeigte, war gegen den Staat und die Partei und letztlich gegen den Frieden. Ihre Filme waren nicht auf Umsturz gerichtet. Sprengkraft hatten sie trotzdem. „Spur der Steine" und „Jadup und Boel" beispielsweise zeigten das Leben, wie es war und wie es sich hätte verändern können. In einer Gesellschaft, deren Medien die Aufgabe hatten, das, was die Machthaber wünschten, als Realität auszugeben und auf diese Weise eine Scheinwelt aufzubauen, war das subversiv und konstruktiv. Die Zensoren im Partei- und Staatsapparat spürten das und handelten.

Beyer, Simon und Weiß war gemeinsam, daß sich ihr Verhältnis zu Staat und Partei in Folge ihrer Konflikte mit ihnen wandelte. Die schmerzhaft gewonnene Erkenntnis, daß der Gegensatz zwischen der Wirklichkeit und dem, was Staat und Partei als Wirklichkeit ausgaben, im Laufe der Jahre nicht geringer, sondern krasser wurde, führte bei ihnen nicht zur Aufgabe des Anspruchs an die eigene Haltung, sondern zu Distanz gegenüber Partei und Staat und machte sie aus deren Verbündeten zu deren Gegnern.

Bei Beyer und Simon kam ein Zwiespalt hinzu, der im Laufe der Jahre immer stärker wurde. Sie waren, wie nahezu alle Regisseure ihrer Generationen, Mitglied der SED. Damit waren sie nicht nur verpflichtet, sich dem wichtigsten Verhaltenskodex der SED, der Parteidisziplin, zu unterwerfen. Sie waren formal und moralisch mitverantwortlich für eine Politik, die sich zunehmend gegen ihre Erkenntnisse, Intentionen und Interessen richtete, die sie persönlich und direkt betraf, die ihre Existenz bedrohte.

Auseinandersetzungen mit Instanzen des Staates oder der SED waren in der DDR nie eine Bagatelle. Wurden sie aus Gründen der Staatsräson oder wegen Verletzung der Parteidisziplin geführt, wurden sie oft zum Tribunal. Die Parteiaktiv-Sitzungen zu „Spur der Steine" oder „Geschlossene Gesellschaft" sind drastische Beispiele. Regelverletzungen wurden nur bei Reue und Buße verziehen. Fehlende „Einsicht" hieß, gegen die Partei, gegen den Staat, gegen den Frieden zu sein. Abbitte zu verweigern, war eine Todsünde. Wer die Stirn hatte, zu seiner Regelverletzung zu stehen, setzte zwar nicht sein Leben aufs Spiel, aber seine berufliche Existenz - vorausgesetzt, die Existenz war lukrativ genug, daß sich die Gefahr, sie zu verlieren, als Druckmittel eignete.

Als Simon, um diesen Zwiespalt zu beenden und seinen Protest auszudrücken, seinen Austritt aus der SED erklärte, war das ein Politikum. Daß er die angedrohten Folgen so ernst nahm, wie sie gemeint waren, und seine Austrittserklärung zurückzog, war kein zu hoher Preis. Filme zu machen, war ihm wichtiger als bei seinem Entschluß zu bleiben.

Frank Beyer hatte nie erwogen, die SED zu verlassen. Der Ausschluß aus der SED traf ihn hart. Darin den erleichternden Schlußpunkt einer Kette unliebsamer Auseinandersetzungen zu sehen, war er nicht in der Lage. Zu der Bitternis, von einer Gemeinschaft ungerechtfertigt ins Abseits gestellt zu werden, kam seine lange und grundlegende Bindung zur SED. Er war länger und aus anderer Überzeugung in dieser Partei als viele derer, die ihn ausschließen wollten. Wie andere kritische Künstler und Intellektuelle in der DDR unterschied er zwischen Sozialismus als Idee und Ziel sowie seiner realen Erscheinungsform in der DDR und seinen Totengräbern in Gestalt der herrschenden Funktionäre. Sich von den Funktionären und ihrem Sozialismus loszusagen, mußte nicht dazu führen, die Ideale der Jugend preiszugeben und sich vom eigenen Leben, das diesen Idealen verbunden gewesen war, zu distanzieren.

Eine Entscheidung, die viele DDR-Bewohner nach Konfliktsituationen trafen, die denen von Beyer, Simon und Weiß glichen oder ähnelten - die DDR zu verlassen -, kam für die drei Regisseure auch in den Phasen stärksten Drucks nur als letzter Schritt in Betracht. Das lag nicht nur an ihren privaten Bindungen in der DDR. Dazu trug auch die in der DDR verbreitete Auffassung bei, daß die BRD-Gesellschaft keine wünschenswerte Alternative war. Hinzu kam die Bedeutung der DEFA. Beyer, Simon und Weiß waren Regisseure aus Leidenschaft. Filmemachen war für sie nicht in erster Linie Broterwerb, sondern Aufgabe, Herausforderung, Verpflichtung. Sie wollten nicht irgendwelche Filme machen, sie wollten ihre Filme machen. Wenn das gewährleistet war, schlossen sie auch Kompromisse. Sie wollten keine Märtyrer sein, und sie waren keine Dissidenten. Sie wußten, daß sie bei allen Schwierigkeiten, die hinter ihnen und die vor ihnen lagen, im Spielfilmstudio Bedingungen hatten, die ihnen im Westen nicht geboten werden würden. Die DEFA ermöglichte ihnen, trotz der geschilderten Einschränkungen, Filme, die im Westen durch kaum einen Produzenten erwogen worden wären und finanziert werden konnten. Das sozialistische Studio räumte ihnen Rechte ein und bot ihnen Einfluß auf die Gesellschaft, von denen Regisseure im Westen meist nur träumen konnten. Auch die verbotenen Filme waren von der Besetzung bis zum Schnitt ihr Werk.

Die Auseinandersetzungen um Verbot oder Zulassung von Filmen und Stoffen, um Änderungen in Schnitt und Buch, um einzelne Bilder, Sätze und Wörter waren unannehmbare Eingriffe in ihre Rechte. Sie waren dies aber vor dem Hintergrund der Bedingungen in der DDR und im DEFA Spielfilmstudio. Sie sind Ausdruck eines Konflikts, der aus der Handhabung einer gesellschaftlichen Vereinbarung entstand. Die Machthaber beanspruchten Rechte, die Machthaber zwar traditionell besitzen, die in der DDR jedoch den Künstlern übertragen worden waren. Die Auseinandersetzungen sprechen auch für die Wertschätzung der Regisseure durch Staat und SED. Wenn einer der mächtigsten Männer der DDR mit einem Regisseur und einem Autor ernsthaft über das Für und Wider ihres Spielfilms debattierte oder wenn der erste Mann im Staate dem Direktor des Spielfilmstudios die Ziele und Aufgaben seiner Arbeit vorgab und absegnete, hatte das auch seine komische Seite. Zunächst offenbarten diese Gepflogenheiten jedoch die Bedeutung des Massenmediums Film in der DDR. Film war Staatssache. Das beeinflußte den Rang und die Akzeptanz der Filmkünstler in der Gesellschaft. Das hieß allerdings auch, daß die Politiker für sich in Anspruch nahmen, über Film zu entscheiden, und daß sie dies mit dem gleichen Eifer und Ernst sowie aus der gleichen Motivation und Perspektive betrieben wie ihre übrige politische Tätigkeit.

Die Wertung der beschriebenen Auseinandersetzungen darf davon nicht abstrahieren. Sie kann sich nicht an den Maßstäben der heutigen Gesellschaft orientieren, auch wenn die Bedingungen des Marktes die

Geld- und Auftraggeber legitimieren, zu entscheiden, was wie gemacht oder nicht gemacht wird. Eine Wertung muß die Beispiele zu den Wertvorstellungen und Bedingungen in der DDR in Beziehung setzen. Diese Wertvorstellungen waren zum Teil Utopien oder beruhten auf ihnen. Häufig erwiesen sie sich als Lippenbekenntnisse. Sie waren jedoch im öffentlichen Verständnis vorhanden. Gegen diese Normen zu verstoßen, wurde als Verstoß empfunden - auch wenn die Machthaber das Gegenteil erklärten. Die Empörung über Verbote oder Zensur und die relativ große Wirkung derartiger Aktionen belegen das.

Der Konflikt zwischen Geldgeber und Künstler, zwischen Macht und Geist existierte in der DDR unter anderem in der beschriebenen spezifischen Form. Beyer, Simon und Weiß haben sich diesem Konflikt mit ihren Filmen gestellt. Sie hatten den Mut, auch in schwierigen Situationen Nein zu sagen. Ihre vaterlose Kindheit hat dazu beigetragen, diese Eigenschaft auszubilden und zu festigen. Persönliche und künstlerische Integrität waren ihnen so unverzichtbar wie selbstbestimmte und der Gesellschaft verpflichtete Arbeit. Ein wichtiger Antrieb war ihnen die Utopie, daß sich die Gesellschaft „verbessern" lasse und daß die Kunst dazu beitragen könne.

Hannes Schönemann war dieser Impuls fremd. Er wollte nicht die Welt verbessern, er wollte seine Filme machen. Die Möglichkeit dazu wurde ihm im DEFA Spielfilmstudio verweigert. Er erhielt keine Chance zu zeigen, worauf es ihm ankam und was er konnte. Diese Verweigerung begründete seine Tragik und die Schuld der Studio-Leitung. Die Kriminalisierung seiner Konsequenz war die Folge seiner Schutzlosigkeit. Sie lag in der Logik des Systems. Die Rechte des Einzelnen standen oft nur auf dem Papier. Wenn die Herrschenden sich durch Widerspruch herausgefordert fühlten und nichts riskieren mußten, wurden sie bedenkenlos gebrochen. Der Umgang mit Sibylle und Hannes Schönemanns zeigte, wozu die Leute, die das System nach oben gespült hatte, fähig waren, wenn sie konnten, wie sie wollten.

Sibylle und Hannes Schönemann sind wie Frank Beyer, Rainer Simon und Ulrich Weiß Beispiele für das Spektrum der „Möglichkeiten", die der Staat und das Studio kritischen Künstlern einräumte. Sibylle und Hannes Schönemann wurden ihre Rechte verweigert. Beyer, Simon und Weiß gelang es, mit anspruchsvollen Filmen den eigenen Weg zu gehen.

# SED, staatliche Leitung und Staatssicherheitsdienst – eine Symbiose

Das DEFA Spielfilmstudio war in bezug auf die Zusammenarbeit zwischen SED, staatlicher Leitung und Staatssicherheitsdienst und das damit wirksame System von Kontrolle, Steuerung und Repression im Bereich der Kultur ein Schwerpunkt, aber keine Ausnahme. Im Vergleich zu dem Massenmedium, mit dem das Studio gleichzeitig kooperierte und konkurrierte, dem Fernsehen der DDR, waren die Bedingungen im Babelsberger Studio sogar gekennzeichnet durch einen großen Spielraum der Mitarbeiter an ideeller und künstlerischer Freizügigkeit.

Beim DDR-Fernsehen waren das Reglement strenger, die Grenzen enger, die Ausrichtung auf die Vorgaben durch die Partei ungleich stärker und in einigen Bereichen absolut zwingend. Im Fernsehen der DDR hatte die SED einen noch größeren Stellenwert als in der DEFA. Die Grundorganisation hatte den Rang einer Kreisleitung. Ihr erster Sekretär war dem Zentralkomitee direkt unterstellt. Offizielles Leitungsgremium des DDR-Fernsehens war das „Staatliche Komitee". Dieses Komitee bestand nicht aus Fachleuten, sondern aus linientreuen Genossen und wachte über die Umsetzung der Parteibeschlüsse in Fernsehprogramm.

Abweichungen von dem, was die Partei vorschrieb und das Komitee umzusetzen trachtete, wurden im Fernsehen der DDR auch von Kollegen in einer Weise angefeindet, die den Höhepunkt der kollektiven Disziplinierung Einzelner im DEFA Spielfilmstudio, die Parteiversammlungen zu „Spur der Steine" im Juli 1966, noch übertraf.

Für das Fernsehen der DDR und für das DEFA Spielfilmstudio gilt gleichermaßen: Ebenso eng und problemlos wie mit den staatlichen Instanzen hat der Staatssicherheitsdienst mit den Leitungen der gesellschaftlichen Organisationen zusammengearbeitet.

Besonders reibungslos funktionierte die Kooperation mit den Leitungen der Grundorganisationen der SED. Das lag in der Logik des Systems. „Die Partei" war in diesem System die beherrschende Kraft. „Die Partei" bestimmte alles, und die SED war überall. Die Parole „Wo ein Genosse ist, ist die Partei" schien zwar falsch, weil zwischen „dem Genossen" und „der Partei" durchaus Diskrepanzen auftraten und sich „der Genosse" oft von „der Partei" genauso geschurigelt oder entmündigt fühlte wie der Nicht-Genosse. Die Parole stimmte trotzdem. Die Partei war über die Mitglieder in der DDR überall vertreten und dominierte in den wesentlichen Bereichen. In den wichtigen Bereichen saßen auf den leitenden Positionen Genossen. Genossen zogen die Fäden, über Genossen liefen die Fäden, an den Fäden hingen Genossen.

Die Verteilung der Macht war in der DDR in der Verfassung festgeschrieben und in den Mechanismen des öffentlichen Lebens klar geregelt.

Die Führung des Staates lag in den Händen der marxistisch-leninistischen Partei, der Sozialistischen Einheitspartei Deutschlands - in denen der Führungsspitze. Diese Führungsspitze, das Sekretariat des ZK der SED und das Politbüro, war „die Partei".

Die SED war streng hierarchisch organisiert. Dem Vorbild KPdSU entsprechend, hatte die SED ihre höchsten Organe faktisch nicht in den Vollversammlungen ihrer verschiedenen Ebenen, sondern in den jeweiligen Leitungen und deren Repräsentanten. Die Macht ging nicht vom Volke, von der Parteibasis aus, sondern vom höchsten Gremium, dem Politbüro - und dort von seinem ersten Sekretär. Der erste Mann an der Spitze des Politbüros und des ZK - bis 1971 Walter Ulbricht, von 1971 bis 1989 Erich Honecker - war der mächtigste Mann im Staat. Er entschied die wichtigen Fragen, gegen seinen Willen fiel im Politbüro oder im Zentralkomitee auch im Bereich der Kultur keine Entscheidung. Der Verlauf und die Beschlüsse des 11. Plenums sowie das Verbot von „Spur der Steine" wurden von Ulbricht bestimmt. Die Entscheidungen um „Geschlossene Gesellschaft" oder um den Parteiausschluß von Ulrich Plenzdorf und Frank Beyer sowie die Ausreise von Frank Beyer traf Honecker.

Die Mitglieder des ZK und des Politbüro waren am Funktionieren des Systems an erster Stelle beteiligt, die Mitglieder der SED sanktionierten dieses System durch ihre Mitgliedschaft. Dabei gab es Ausnahmen, auch in der DEFA. Autor Ulrich Plenzdorf und Regisseur Siegfried Kühn erklärten ihren Austritt aus der SED und wurden ausgeschlossen. Beyer ließ sich nicht verbiegen und wurde ausgeschlossen. Simon demonstrierte seinen Protest durch seine Austrittsabsicht. Andere handelten ähnlich oder bewiesen gelegentlich, in Diskussionen oder bei Abstimmungen, Zivilcourage.

Die Zahl dieser Ausnahmen war gering. Das Prinzip, den Einzelnen zu disziplinieren oder zu vereinnahmen, funktionierte; es war die Grundlage des DDR-Stalinismus. Die Mitverantwortung für das Funktionieren des Systems trugen nicht nur die Genossen, aber sie besonders. Viele waren gleichzeitig Opfer und Täter. Sie erhielten Befehle und wurden zu „Einsicht" oder Parteidisziplin genötigt. Viele ließen sich dazu nötigen. Viele mußten nicht genötigt werden. Viele gaben die Befehle weiter und nötigten ihre Untergebenen zu Einsicht und Disziplin. Nur wenige hatten gelernt, Nein zu sagen. Niemand wollte sich an den Pranger stellen lassen, und viele hatten etwas zu verlieren. Nur wenige brachten den Mut auf, ihre Privilegien oder ihre Existenz zu riskieren. Siegfried Kühn: „Die Masse war impotent. Als Rechtfertigung, in der SED zu bleiben, galt: solange ich noch in der Partei bin, kann ich etwas verändern. Das war natürlich scheinheilig. Jeder wußte, daß in diesen verfestigten Strukturen nichts zu verändern war. Die meisten hatten einfach Angst um ihre Karriere. Sie schimpften hinter vorgehaltener Hand gegen die Partei und die Kulturpolitik, liefen aber in jede Versammlung und schwiegen zu allem."[217]

Die SED - in Gestalt ihrer Führung - dirigierte den Staat. Sie tat dies in zweifacher Form, direkt und indirekt. Sie gab über Direktiven vor, was die staatlichen und gesellschaftlichen Instanzen zu tun hatten, und formulierte und kontrollierte die Grundsätze der Politik und der Wirtschaft. Sie entschied parallel dazu in allen Bereichen die wichtigen sogenannten Kaderfragen. Leitungsposten in volkseigenen Betrieben, in Institutionen oder in Ministerien bis zur Ebene der Abteilungsleiter oder darunter wurden in der Regel an SED-Mitglieder vergeben. Die Leiter führten aus, was die Partei vorgab, und sicherten schon damit die führende Rolle der SED. In jedem Betrieb, in jeder Institution existierte eine SED-Organisation. Deren Leitung kontrollierte die staatliche Leitung des Betriebes und dirigierte sie. Der erste Mann im Bezirk, im Kreis und oft auch in den großen Betrieben war der jeweilige erste SED-Sekretär.

Die doppelte Absicherung erforderte eine beträchtliche Ansammlung unnützer Leute. Sie war höchst unproduktiv. Im Sinne des Herrschaftsanspruchs der SED war sie nötig. Die Mitgliedschaft in der SED bot keine hinreichende Sicherheit, daß Leiter im Sinne der Führung handelten. Sachkenntnis und praktische Verantwortung sorgten mitunter für ein Bewußtsein, das der Befehlsausführung im Wege stand.

Diesen Prinzipien unterlag auch das DEFA Studio für Spielfilme. Sich den Mechanismen dieses Systems zu verweigern, war auch dort letztlich nur möglich, indem man es verließ. Ein Leitungsmitglied hatte zwar Freiraum. Den wirklich zu nutzen, hieß jedoch, den Posten zu riskieren. Seit Ende der sechziger Jahre begab sich niemand, der etwas verändern wollte, in eine höhere Leitungsposition. Voraussetzung für eine solchen Aufgabe war die Bereitschaft zu funktionieren. Diese Bereitschaft war im DEFA Spielfilmstudio nicht geringer ausgeprägt als in anderen Betrieben der DDR. Das „DDR-Problem", vorhandenen Freiraum nicht auszuschöpfen, existierte hier ebenso wie an Universitäten und Hochschulen oder in Betrieben.

Der Einzelne konnte die Verhältnisse nicht ändern. Er konnte es allerdings versuchen. Die geschilderten Beispiele zeigen, daß es möglich war. Sie zeigen jedoch auch, daß es keinem gelang, sich gegen die Führung durchzusetzen, und daß die, die es versuchten, selbst dann keine Unterstützung fanden, wenn sie prominent waren und überzeugende Argumente hatten.

Der Staatssicherheitsdienst war nach der offiziellen Sprachregelung der DDR ein Ministerium wie die anderen Ministerien der DDR und damit ein relativ unbedeutendes staatliches Organ. In Wirklichkeit hatte der Staatssicherheitsdienst zentrale Bedeutung: Er war das neben dem Parteiapparat wichtigste Herrschaftsinstrument des Politbüros und seines ZK. „Die Partei" dirigierte die staatlichen Leitungen maßgeblich mit seiner Hilfe. Und sie herrschte im Apparat der Staatssicherheit selbst.

Die Verflechtung von SED und Staatssicherheitsdienst war eng und unlösbar. Für die hauptamtlichen Mitarbeiter der Staatssicherheit war Mitgliedschaft in der SED Bedingung. Dazu kam der beschriebene Einfluß der Staatssicherheit auf die Gremien und Mitglieder der Partei vor allem unterhalb des Zentralkomitees.

Der Staatssicherheitsdienst kontrollierte und steuerte die wichtigen Bereiche im Staat auch über die SED. Der Minister für Staatssicherheit und seine Stellvertreter gehörten zum ZK der SED. Erich Mielke, Jahrgang 1907, Minister für Staatssicherheit von 1957 bis 1989, war seit 1971 auch Mitglied des Politbüros. Das MfS hatte eine eigene Kreisleitung der SED, auch deren 1. Sekretär war Mitglied des ZK. Die Leiter der Bezirksverwaltungen und der Kreisdienststellen waren Mitglieder der jeweiligen Bezirks- bzw. Kreisleitungen der SED. Auf diese Weise wurde der politische Wille der SED zur Maxime des Staatssicherheitsdienstes. Umgekehrt beeinflußte der Staatssicherheitsdienst die Politik und das praktische Handeln der SED. Was „die Partei" befahl, war für den Staatssicherheitsdienst Gesetz. Umgekehrt waren die Wünsche der Staatssicherheit für staatliche und gesellschaftliche Leiter oft Befehl.

Wie Partei und Staat stand der Staatssicherheitsdienst unter dem Zwang zum Erfolg. Als Folge der Staatsreligion, nach der die Entwicklung planmäßig und vom Niederen zum Höheren zu verlaufen hatte, mußte auch das MfS ständig Bestleistungen liefern. Nicht selten hieß das, Erfolge zu erfinden. In Form von Fakten war das kaum möglich. Die Überprüfung von Personen und Ereignissen durch mehrere „Quellen", die nichts voneinander wußten, stand dem entgegen. Oft war ein Erfolg des Staatssicherheitsdienstes nur eine Frage der Interpretation oder der Perspektive. Und die hing ab von der Beteiligung am jeweiligen Fall. Der Abschluß des Operativen Vorgangs gegen Frank Beyer drückt das aus. Auch die Bewertung des Gerichtsurteils gegen Sibylle und Hannes Schönemann ist dafür ein Beispiel. Der Staatssicherheitsdienst hatte gewiß recht mit seiner Einschätzung, „die konsequente strafrechtliche Verfolgung" habe „wesentlich zur Stärkung der Position der Leitung des VEB DEFA-Studios für Spielfilme" beigetragen. Das ändert allerdings nichts am Charakter der kriminellen Aktion.

Die Kontakte zu seinen Helfern paßte der Staatssicherheitsdienst den Gegebenheiten an. Teils waren sie inoffiziell, teils offiziell. Wichtige Dokumente und Informationen gelangten wie selbstverständlich zum MfS. Sie wurden von Inoffiziellen Mitarbeitern oder von staatlichen Leitern geliefert. Selbst hohe Funktionäre wie der Leiter der Hauptverwaltung Film und Stellvertretende Kulturminister oder der Stellvertretende Leiter der Abteilung Agitation beim ZK der SED waren sich nicht zu schade für Dienste, die normalerweise Inoffizielle Mitarbeiter übernahmen.

Staatliche Leiter waren zur Zusammenarbeit verpflichtet. Dies war ungeschriebenes Gesetz. Sie hatten allerdings auch in dieser Frage einen Spielraum. Ein Leiter mußte dem Staatssicherheitsdienst nicht alles sagen, was er wußte; er mußte ihm nicht jede Frage beantworten. Er konnte auch sagen: Das weiß ich nicht. Grundsätzlich ablehnen konnte er die Zusammenarbeit mit der Staatssicherheit jedoch nur auf Kosten seiner Funktion. Der ehemalige Stasi-Hauptmann Wirth: „Wenn ein staatlicher Leiter die Zusammenarbeit verweigert hätte, wäre er mit Sicherheit nicht lange Leiter geblieben."

Über repressive Maßnahmen gegen unliebsame Personen entschied der Staatssicherheitsdienst. Dessen Mitarbeiter bestimmten, wer wie intensiv „bearbeitet" wurde. Sie legten fest, ob und wann eine Operative Personenkontrolle, ein Operativer Vorgang oder ein Ermittlungsverfahren eröffnet oder abgeschlossen wurde. Einschätzungen von Inoffiziellen Mitarbeitern oder Leitungsmitgliedern beeinflußten jedoch diese Entscheidungen. Und die Situationen, die Anlaß der Maßnahmen waren, lagen meist in der Zuständigkeit von Betrieb oder Partei. Dort arbeiteten die

Leute, für die sich die Staatssicherheit interessierte, dort fielen sie auf und störten, dort hatten sie ihre Konflikte.

Mitunter gaben Signale aus der staatlichen Leitung den Ausschlag, ob der Staatssicherheitsdienst aktiv wurde und welche Form der „Bearbeitung" er praktizierte - so gegen Sibylle und Hannes Schönemann. Manchmal kamen die Zeichen oder Befehle direkt aus dem ZK oder dem Politbüro - so zu Frank Beyer nach „Geschlossene Gesellschaft". Manchmal stimmten die Staatssicherheit und die staatliche Leitung überein, die Situation nicht eskalieren zu lassen und unbequeme Leute an Scheinprojekten arbeiten zu lassen, um sie ruhigzustellen.

Mit welchem Ziel und welchen Mitteln jemand „bearbeitet" wurde, hing nicht nur davon ab, was ihr oder ihm vorgeworfen wurde. Nicht selten waren der Status und der Bekanntheitsgrad der Person innerhalb und außerhalb der DDR ausschlaggebend oder der von ihr zu erwartende Nutzen für Staat und Partei.

Sibylle und Hannes Schönemann hatten darunter besonders zu leiden. Sie waren nicht prominent, für sie setzte sich niemand ein. Bei ihnen hatte der Staatssicherheitsdienst freie Hand. Er konnte an ihnen das Exempel statuieren, das ihm in anderen Fällen verwehrt worden und das geeignet war, „Querulanten" und Unzufriedene zu disziplinieren. Ihr Beispiel zeigt, daß es dem Staatssicherheitsdienst nicht darum ging, einen Verdacht zu prüfen. Er wollte Beschuldigte überführen. Das durchzusetzen, war keine Frage von Recht oder gar Gesetz, dieses Vorgehen folgte meist und mitunter vorgeblich politischen Zwecken.

Wie überall, wo der Staatssicherheitsdienst aktiv war, gab es im VEB DEFA Studio für Spielfilme nicht wenige, die sich ihm verweigerten. Diese positiven Beispiele fehlen in dieser Veröffentlichung. Das bedeutet nicht, daß sie mißachtet oder ignoriert werden sollen. Sie fehlen, weil derartige Beispiele kaum dokumentiert wurden und weil die angemessene Recherche und ihre Darstellung den Rahmen der zugrundeliegenden Studie überschritten hätten. Auch unter diesen Personen waren staatliche Leiter und Mitglieder der SED. Zivilcourage gab es dort wie in Bereichen, die hier keine Erwähnung fanden.

Daß es sie gab, änderte nichts daran, daß das System, das SED, Staat und Staatssicherheit bildeten, lange gut funktionierte. Seine Elemente waren aufeinander angewiesen und ineinander verflochten, sie existierten wie in Symbiose: „Die Partei" befahl, Parteiapparat, Staat und Staatssicherheitsdienst vollzogen ihren Willen.

# Anmerkungen

1 Die anderen fünf Männer der Gruppe, wie Maetzig Mitglieder der KPD, waren die Szenenbildner Carl Hacker und Willy Schiller, der in der Nazizeit wegen illegaler Arbeit inhaftierte Alfred Lindemann, der vor allem als Partner von Ernst Busch in Brecht/Dudows „Kuhle Wampe" bekannte Adolf Fischer sowie der aus der Moskauer Emigration zurückgekehrte Schauspieler Hans Klering.

2 Das im Babelsberger Ortsteil Nowawes gelegene Althoff-Studio, das nicht im Besitz der UFA gewesen war, hatte - im Gegensatz zu den im Krieg zerstörten großen Babelsberger Ufa-Ateliers - die Jahre zwischen 1933 und 1945 unversehrt überstanden. Ab 1. Januar 1953 beherbergte es das DEFA Studio für populärwissenschaftliche Filme und später den daraus hervorgegangenen Babelsberger Teil des DEFA Studios für Dokumentarfilme. Von Juni 1990 bis August 1996 (Redaktionsschluß) stand es unter Verwaltung der Treuhand bzw. der BvS und ist Sitz der DokFilm Studio Babelsberg GmbH.

3 vgl. Ralf Schenk (Hrsg.): Das zweite Leben der Filmstadt Babelsberg, Berlin 1994, S. 10 ff

4 Margit Voss: Interview mit Wolfgang Staudte für den Berliner Rundfunk, in: Zur DEFA-Geschichte. Spielfilme 1946-1949. Eine Dokumentation. Studentenarbeiten des ersten Studienjahres der Fachrichtung Film- und Fernsehwissenschaften. Angeleitet, ergänzt und für den Druck vorbereitet von Christiane Mückenberger, Reihe Information der HFF, Potsdam 1976, S. 93

5 ebenda, S. 96

6 Ulrich Gregor und Heinz Ungureit: Interview mit Wolfgang Staudte, in: Ulrich Gregor: Wie sie filmen, Gütersloh 1966, S. 22, zitiert nach: Ralf Schenk, a. a. O., S. 68

7 DEFA-Betriebsarchiv, Akte 025, zitiert nach Ralf Schenk, a. a. O., S. 70

8 Konrad Wolf, geb. am 20. Oktober 1925, war der Sohn des Dramatikers Friedrich Wolf. 1933 emigirierte er mit seinen Eltern und seinem Bruder Markus in die Sowjetunion, 1944 kehrte er als Leutnant der Roten Armee nach Deutschland zurück. Er studierte Filmregie in Moskau, war 1953 Regieassistent in der DEFA bei Maetzig („Ernst Thälmann - Sohn seiner Klasse"). Seit 1965 war

er Präsident der Akademie der Künste der DDR. Sein Bruder Markus Wolf war Chef der HV Aufklärung der Staatssicherheit, des Spionagedienstes des MfS. Die Produktion seines Filmes „Sonnensucher" konnte Konrad Wolf nur unter erheblichen Schwierigkeiten zum Abschluß bringen, die Aufführung wurde 1959 verboten und erst 1972 erlaubt. Weitere Filme von Konrad Wolf waren „Sterne" (1959), „Professor Mamlock" (1961), „Der geteilte Himmel" (1964), „Ich war neunzehn" (1968), „Goya" (1971), „Der nackte Mann auf dem Sportplatz" (1974), „Solo Sunny" (1980). Konrad Wolf starb am 7. März 1982.

9   Für den Aufschwung der fortschrittlichen deutschen Filmkunst. Resolution des Politbüros des ZK der SED, in: Neue Filmwelt, Berlin 1952, Heft 9, S. 6, zitiert nach: Ralf Schenk, a. a. O., S. 73

10  Nachdem Herbert Ballmann bereits für die Verfilmung von Strittmatters Roman „Tinko" (1957) kritisiert worden war, wurde ihm sein wichtigster Stoff, der mit seinen Erlebnissen in sowjetischer Kriegsgefangenschaft korrespondierende Roman von Harry Türk „Die Stunde der toten Augen", von der DEFA-Leitung entzogen. Außerdem erklärte ihm die Studio-Leitung, daß seine Ehe mit der am West-Berliner Schiller Theater spielenden Gisela Uhlen unerwünscht sei.

11  vgl. Bericht des Politbüros an die 11. Tagung des Zentralkomitees der Sozialistischen Einheitspartei Deutschlands, 15.-18. Dezember 1965, Berichterstatter: Genosse Erich Honecker, Berlin 1966

12  Das Arbeitsverbot wurde den Betroffenen nicht mitgeteilt. Es war nicht befristet und wurde nie aufgehoben.

13  Nach „Die Söhne der Großen Bärin" (1966, Regie: Josef Mach) drehte die DEFA nahezu jährlich einen Film in diesem vom Publikum gut angenommenen Genre; bis 1979 entstanden insgesamt zwölf „Indianer-Filme".

14  Heinz Heitzer: DDR. Geschichtlicher Überblick, Dietz Verlag Berlin 1989, S. 208 f

15  Protokoll der Verhandlungen des VIII. Parteitages der Sozialistischen Einheitspartei Deutschlands. 15. bis 19. Juni 1971 in der Werner-Seelenbinder-Halle zu Berlin, (Bd. 1), Berlin 1971, S. 34, zitiert nach: Heinz Heitzer, a. a. O., S. 210 f

16  Walter Janka, geboren 1914, gestorben 1994, Kommunist, Spanienkämpfer, nach der Rückkehr aus dem mexikanischen Exil Leiter des Aufbau Verlages, wurde 1956 wegen angeblicher Ver-

schwörung gegen die SED-Führung verhaftet und zu fünf Jahren
Zuchthaus verurteilt und 1960 nach anhaltenden internationalen
Protesten aus dem Zuchthaus Bautzen entlassen. Von 1962 bis
1972 arbeitete er als Dramaturg im DEFA Spielfilmstudio. Seiner
Freundschaft mit Martha Feuchtwanger, der Witwe des Schriftstel-
lers Lion Feuchtwanger, hatte die DEFA es zu danken, daß das
Studio die Rechte zur Verfilmung des Romans bekam.

17  Die Bemerkung bezieht sich auf Regisseur Herrmann Zschoche.
Zschoches und Plenzdorfs gemeinsamer Film „Karla" war 1966 in
Folge des 11. Plenums verboten worden.

18  Axel Geiss: Gespräch mit Ulrich Plenzdorf, in: Filmspiegel 5/1990
vom 28. 02. 1990, S. 27

19  Dazu Drehbuchautor Ulrich Plenzdorf: „Der letzte krasse Fall staatlicher Zensur, den ich erlebt habe, passierte bei „Insel der Schwäne".
Zunächst schien alles in Ordnung. Das Buch wurde nicht be-
anstandet, der Film gedreht und abgenommen. Dann wurde die
Abnahme rückgängig gemacht und auf einer Liste von zwanzig
Punkten vorgeschrieben, was geändert werden sollte. Es war depri-
mierend: die gleichen Chefs, die den Film abgenommen hatten,
Mäde und Pehnert, sollten nun erklären, daß sie die Abnahme
zurückziehen. Sie taten es." Zitiert nach: Axel Geiss: Die verlorene
Zeit. Gespräch mit Ulrich Plenzdorf, in: Film und Fernsehen
19. Jahrgang, Heft 8+9/91, S. 6

20  Richtlinie Nr. 1/ 58 vom 1.10.1958 für die Arbeit im Gebiet der
Deutschen Demokratischen Republik, zitiert nach: Clemens Vollhals:
Das Ministerium für Staatsicherheit. Ein Instrument totalitärer
Herrschaftsausübung. Der Bundesbeauftragte für die Unterlagen
des Staatssicherheitsdienstes der ehemaligen deutschen Demokra-
tischen Republik (BfUStS), Abteilung Bildung und Forschung,
Berlin 1995, S. 1

21  Richtlinie Nr. 1/79 für die Arbeit mit Inoffiziellen Mitarbeitern
(IM) und Gesellschaftlichen Mitarbeitern für Sicherheit (GMS),
zitiert nach : Clemens Vollnhals, a.a. O., S. 12

22  Helmut Müller-Ensberg: IM Statistik 1985 - 1989, BF informiert
3/1993, BUSt, S. 8 - 11

23  Name vom Verfasser im Einvernehmen mit der Redaktion geändert,

24  Axel Geiss: Gespräch mit Werner Wirth, Langerwisch am
25. August 1995, nicht veröffentlicht; alle folgenden Äußerungen
von Wirth entstammen ebenfalls diesem Gespräch

25  GENEX war eine 1957 gegründete SED-eigene „Geschenkdienst GmbH", über die DDR-Bürger PKW u.a. in der DDR rare Konsumgüter des sogenannten gehobenen Bedarfs beziehen konnten. Die „Geschenke" kamen meist aus der BRD. Sie konnten nur mit Devisen und nur aus dem Ausland bezahlt werden. Die Preise lagen in der Regel über den BRD-Einzelhandelspreisen, aber deutlich unter den inoffiziellen Schwarzmarktpreisen in der DDR, die im Durchschnitt etwa das fünffache des DDR-Preises betrugen.

26  Axel Geiss: Gespräch mit Werner Wirth, Langerwisch am 25. August 1995, nicht veröffentlicht; alle folgenden Äußerungen von Wirth entstammen ebenfalls diesem Gespräch

27  Abteilung XX/1, Vorschlag zur Einstellung des Kandidaten Klaus-Peter Gericke, Potsdam, 7. 10. 1969, MfS-Akte Gericke, BStU 000034-000040

28  BV Potsdam, Vorschlag zur Beförderung, Potsdam, 22. 09. 1988, MfS-Akte Gericke, BStU 000110

29  Abteilung XX/7, Begründung zur Werbung des IMV „Gerhard Lorenz", Potsdam, MfS-Akte „Gerhard Lorenz"

30  Abteilung XX/7, Bericht über die Verpflichtung eines IMV, Potsdam, den 3. 3. 1972, MfS-Akte „Gerhard Lorenz"

31  Abteilung XX/7, Einsatzkonzeption 1976, Potsdam, 23. Januar 1976, wie alle folgenden Dokumente zu IM "Wassili" Teil der MfS-Akte „Wassili", BStU 000112

32  Abteilung XX, Information an den Stellvertreter Operativ, Gen. Oberst Ribbecke, Potsdam, 19. 5. 1980, MfS-Akte OV „Schreiber"

33  Abteilung XX/7, Aktenvermerk, Potsdam, 9. 3. 1977, MfS-Akte Hans Dieter Mäde, Bl.-Nr. 146-152, die folgenden Dokumente zu Hans Dieter Mäde stammen ebenfalls aus dieser Akte

34  Abteilung XX/7, Information, Potsdam, 13. 04. 1977, MfS-Akte Hans Dieter Mäde, Bl.-Nr. 170-174

35  Abteilung XX/7, Information, Potsdam, 10. 05. 1977, MfS-Akte Hans Dieter Mäde, Bl.-Nr. 238-240

36  Abteilung XX/7, Tonbandabschrift, 15. 2. 1983, MfS-Akte OV „Zweifler", BStU 000113

37  Axel Geiss: Gespräch mit Frank Beyer, Berlin am 21. 01. 1992 und am 06. 02. 1992, nicht veröffentlicht

38  ebenda

39  Damit lebe ich bis heute, Frank Beyer im Gespräch mit Ralf Schenk, in: Ralf Schenk (Hrsg): Regie: Frank Beyer, Berlin 1995, S. 13

40 Ebenda, S. 13
41 Axel Geiss: Gespräch mit Frank Beyer, a. a. O.
42 ebenda
43 ebenda
44 Leonie Ossowski verfaßte das Buch unter dem
   Pseudonym Jo Tiedemann, es war ihre erste Filmerzählung.
45 Axel Geiss: Gespräch mit Frank Beyer, a. a. O.
46 „Das Stacheltier" war eine ab Mitte fünfziger bis Anfang sechziger Jahre im DEFA Studio für Dokum.-filme produzierte satirische Kurzfilm-
   Reihe, deren Beiträge in den Kinos als Vorfilme eingesetzt wurden.
47 Axel Geiss: Gespräch mit Frank Beyer, a. a. O.
48 ebenda
49 ebenda
50 ebenda
51 ebenda
52 ebenda
53 ebenda
54 ebenda
55 Menschen in ihrer Zeit, Frank Beyer im Gespräch mit Axel Geiss,
   Film und Fernsehen 8/1990, S. 11
56 Axel Geiss: Gespräch mit Frank Beyer, a. a. O.
57 ebenda
58 SED-Hausmitteilung, Abteilung Kultur an Gen. Hager,
   18. 04. 1966, Handakte Hager, S. 6
59 MfK, An den Leiter der Ideologischen Kommission beim Politbüro,
   14. 5. 66, Handakte Hager, B.-Nr. 78-80
60 Handschriftliche Notiz von Kurt Hager, Handakte Hager, S. 99-103
61 Abschrift: VEB Berliner Filmtheater, Abt. Filmeinsatz/Presse/Wer-
   bung, Berlin, den 29. Juni 1966, Handakte Hager, S. 104-106
62 Archiv Frank Beyer
63 BPA SED-Bl Potsdam, Signatur IV A-7/510/453, Archiv Frank Beyer
64 SED-Hausmitteilung, Siegfried Wagner an Kurt Hager, Betr.: DEFA-
   Film „Spur der Steine", 30. 6. 66, Handakte Hager, S. 110
65 Axel Geiss: Gespräch mit Frank Beyer, a. a. O.
66 Abschrift: Genosse Konrad Wolf (Brief an das Parteiaktiv II), Berlin,
   den 14. 9. 1966, Handakte Hager, Bl.-Nr. 171-176
67 Information über eine Beratung der Abteilung Kultur des ZK mit
   Genossen der ZPL des DEFA-Studios für Spielfilme am 23.8.66,
   Handakte Hager, Bl.-Nr. 163-166

68  HA XX/7, Vermerk, 8. 4. 1970, MfS-Akte OV „Karbid", BStU 000060
69  Axel Geiss: Gespräch mit Frank Beyer,. a. a. O.
70  ebenda
71  ebenda
72  ebenda
73  ebenda
74  HA XX/7, Information, Berlin, 1. 12. 1976,
    MfS-Akte OV „Karbid", BStU 000070
75  Axel Geiss: Gespräch mit Frank Beyer, a. a. O.
76  ebenda
77  ebenda
78  ebenda
79  Handakte Hager, o. Bl-Nr.
80  Beschlüsse im Sekretariat des ZK der SED am 28. 11. 1978, Arbeits-
    protokoll Nr. 143, Bd. 1 und 2, SED-Archiv, Sign. J IV 2/3 A - 3234
81  SED-Hausmitteilung, 28. 12. 1978, Handakte Hager, S. 36, Bl.-Nr. 36
82  HA XX, Vermerk, Berlin, 28. 3. 1979, MfS-Akte OV „Karbid",
    BStU 000289
83  gemeint ist Helmut Baierl
84  Information, Berlin, 4. 4. 1979, Handakte Hager, Bl.-Nr. 56
85  Fensch an Herrmann, Berlin, 21. 6. 1979, Handakte Hager,
    Bl.-Nr. 147-148
86  Hauptabteilung XX, Information, Berlin, 13. 7. 1979, MfS-Akte
    OV„Karbid", BStU 000222
87  Bellag/Mai: Entwurf: Antwort auf den Brief..., Berlin, 12. 2. 1980,
    MfS-Akte OV „Karbid", BStU 000017
88  Abschrift: Information für Genossin Ursula Ragwitz und Genossen
    Eberhard Fensch, 14. 3. 1980, MfS-Akte OV „Karbid",
    BStU 000375-000377
89  Hauptabteilung XX/7, Vermerk, Berlin, 25. 3. 1980, MfS-Akte
    OV „Karbid", BStU 000374
90  Horst Pehnert, Information für Genossen Hager mit der Bitte um
    Entscheidung, Berlin, 24. Januar 1980, Handakte Hager, S. 38-39
91  Axel Geiss: Gespräch mit Frank Beyer,  a. a. O.
92  ebenda
93  HA XX, Information, Berlin, 21. 3. 1980, MfS-Akte OV „Karbid,
    BStU 368-000369
94  Axel Geiss: Gespräch mit Frank Beyer, a. a. O.
95  ebenda

96 Niederschrift über das persönliche Gespräch mit
   Genossen Frank Beyer am 25. 04. 1980 ...,
   MfS-Akte OV „Karbid", BStU 000024-000027
97 Leitung APO 9: Bericht an die Mitgliederversammlung, Bln.,
   28. 4.1980, MfS-Akte OV „Karbid", BStU 000391-000394
98 Axel Geiss: Gespräch mit Frank Beyer,. a. a. O.
99 Axel Geiss: Gespräch mit Frank Beyer, a. a. O.
100 ebenda
101 Frank Beyer an Kulturminister Hoffmann, Berlin, 16. 2. 83, Archiv
   Frank Beyer
102 Axel Geiss: Gespräch mit Frank Beyer, a. a. O.
103 ebenda
104 ebenda
105 ebenda
106 Hauptabteilung XX/7, Vermerk, Berlin, 16. 1. 1984, MfS-Akte
   OV „Karbid", BStU 000261
107 Axel Geiss: Gespräch mit Frank Beyer, a. a. O.
108 ebenda
109 ebenda
110 Fred Gehler, Hannes Schmidt: Rainer Simon. Werkstattgespräch
   und Dokumentation, in Theorie und Praxis des Films, Heft 1/1990, S. 7f
111 ebenda, S. 8
112 Axel Geiss: Gespräch mit Rainer Simon, Potsdam
   am 21. September 1991, nicht veröffentlicht
113 Fred Gehler, Hannes Schmidt, a.a.O., S. 14
114 ebenda, S. 14
115 ebenda, S. 16
116 ebenda, S. 20
117 ebenda, S. 22
118 Axel Geiss: Gespräch mit Rainer Simon, a. a. O
119 Fred Gehler, Hannes Schmidt, a.a.O., S. 29
120 Axel Geiss: Gespräch mit Rainer Simon, a. a. O.
121 Abteilung XX/7, „Wassili": Film „Till Ulenspiegel", Potsdam,
   22. Nov. 1974, MfS-Akte IM „Wassili", BStU 000030-000032
122 Abteilung XX/7, „Lorenz" 3. 12. 1974,
   Reaktionen ... auf „Ulenspiegel", Potsdam, 5. Dezember 1974,
   MfS-Akte IM „Gerhard Lorenz", o. Bl.-Nr.
123 DEFA Studio für Spielfilme, Hauptdirektor: Stellungnahme zum
   Film „Till Eulenspiegel" vom 19. 12. 1974, Betriebsarchiv des

DEFA Spielfilmstudios, Produktionsakte „Till Eulenspiegel"

124 „Franziska Linkerhand" kam 1981 in der Regie von Lothar
Warneke als „Unser kurzes Leben" ins Kino.

125 Fred Gehler, Hannes Schmidt, a.a.O., S. 31

126 Axel Geiss: Gespräch mit Rainer Simon, a. a. O.

127 vgl. Fred Gehler, Hannes Schmidt, a.a.O., S. 34

128 Fred Gehler, Hannes Schmidt, a.a.O., S. 34

129 Keine Konfektion, Axel Geiss im Gespräch mit dem Kameramann
Roland Dressel, in Film und Fernsehen 18. Jahrgang, Heft 5/91, S.19

130 Mäde/Püschel zu „Jadup" 2. 1. 80/10 . 12. 79 , Betriebsarchiv
DEFA Spielfilmstudio, Produktionsakte „Jadup und Boel"

131 Fred Gehler, Hannes Schmidt, a.a.O., S. 35

132 ebenda, S. 35

133 Abteilung XX/7, Information zum DEFA-Spielfilm „Jadup und
Boel", Regie: Rainer Simon (OPK „Schreiber"), 15. Mai 1980,
MfS-Akte OV „Schreiber",o. Bl.-Nr.

134 Abt. XX/7, Bemerkungen zur politisch-ideolgischen Situation im
DEFA-Studio für Spielfilme Mai 1980, MfS-Akte OV „Schreiber",
o. Bl.-Nr.

135 Ergebnisse der Arbeitsvorführung „Jadup und Boel" am 9. 5. 1980
(Stichwortprotokoll), Betriebsarchiv des DEFA Spielfilmstudios, Produktionsakte „Jadup und Boel" und Handakte Hager, Bl.-Nr. 185-192

136 Mäde an Ragwitz, Leiterin der Abt. Kultur beim ZK der SED
am 12. 5. 1980, Betriebsarchiv des DEFA Spielfilmstudios,
Produktionsakte „Jadup und Boel"

137 Fred Gehler, Hannes Schmidt: a. a. O., S. 35

138 Gruppe Babelsberg: Vorschläge zu „Jadup und Boel"
vom 29. 7. 1980, Betriebsarchiv des DEFA Spielfilmstudios,
Produktionsakte „Jadup und Boel"

139 Abteilung XX/7, Operativplan OV „Schreiber", 28. Juni 1982,
MfS-Akte OV „Schreiber"

140 Fred Gehler, Hannes Schmidt: a. a. O., S. 40

141 ebenda, S. 40

142 ebenda, S. 42

143 ebenda, S. 90 f

144 ebenda, S. 54 f

145 Axel Geiss: Gespräch mit Rainer Simon, a. a. O.

146 Axel Geiss: Gespräch mit Rainer Simon, in Filmspiegel 7/1991, S. 25

147 Weiß an Mäde am 15. 8. 82, MfS-Akte OPK „Bruder", Bl.-Nr. 93-99

148 Axel Geiss: Gespräch mit Ulrich Weiß, Ferch am 15. und
    am 21. Januar 1995, nicht veröffentlicht
149 ebenda
150 ebenda
151 ebenda
152 ebenda
153 ebenda
154 ebenda
155 ebenda
156 Axel Geiss: Gespräch mit Jörg Foth, Berlin am 03. 03. 1995, nicht
    veröffentlicht
157 Protokoll der Studioabnahme vom 22.05.1979, Betriebsarchiv
    DEFA-Spielfilmstudios, Produktionsakte „Blauvogel"
158 Axel Geiss: Gespräch mit Ulrich Weiß, a. a. O.
159 ebenda
160 ebenda
161 ebenda
162 ebenda
163 ebenda
164 ebenda
165 ebenda
166 Abt. XX/7, Einleitungsbericht zur OPK „Bruder",
    Potsdam, den 28. 5. 81, MfS-Akte OPK „Bruder", o. Bl.-Nr.
167 Abt. XX/7, Information über Weiß, Ulrich, Gastregisseur im DEFA-
    Studio für Spielfilme, Potsdan, den 8. 5. 81,
    MfS-Akte OPK „Bruder", Bl.-Nr. 56-57
168 Abt. XX/7, Kontaktgespräch mit IM-Vorlauf „Willibald", Potsdam,
    den 8. 5. 81, MfS-Akte OPK „Bruder", Bl.-Nr. 58-59
169 Abt. XX/7, Treffvermerk, Potsdam, den 18. 5. 81, MfS-Akte
    OPK„Bruder, Bl.-Nr. 60-61
170 Axel Geiss: Gespräch mit Ulrich Weiß, a. a. O.
171 ebenda
172 ebenda
173 Axel Geiss: Gespräch mit Rudolf Jürschik,
    Berlin am 15. September 1992, nicht veröffentlicht
174 Axel Geiss: Gespräch mit Ulrich Weiß, a. a. O.
175 ebenda
176 Raymund Stolze: Fragen zu einem neuen DEFA-Film, in: Junge
    Welt vom 14. 05. 1982

177 H.H.: So waren wir nicht, in: Der antifaschistische Widerstandskämpfer, Nr. 6/1982

178 Axel Geiss: Gespräch mit Ulrich Weiß, a. a. O.

179 ebenda

180 Abt. XX/7, Notiz vom 1. 9. 1982, MfS-Akte OPK „Bruder", o. Bl.-Nr.

181 Abt. XX/7, Notiz vom 6. 10. 1982, MfS-Akte OPK „Bruder" o. Bl.-Nr.

182 Axel Geiss: Gespräch mit Ulrich Weiß, a. a. O.

183 MfS-Akte OPK „Bruder, o. Bl.-Nr.

184 MfS-Akte OPK „Bruder", Bl.-Nr. 026-027

185 MfS-Akte OPK „Bruder", Bl.-Nr. 025

186 Abt. XX/7, Abschlußbericht zur operativen Personenkontrolle
„Bruder", Potsdam, d. 2. 1. 85, MfS-Akte OPK „Bruder", Bl.-Nr. 155-158

187 Axel Geiss: Gespräch mit Ulrich Weiß, a.a.O.

188 ebenda

189 ebenda

190 Axel Geiss: Gespräch mit Tamara Trampe,
Potsdam am 24. Januar 1995, nicht veröffentlicht

191 Axel Geiss: Gespräch mit Ulrich Weiß, a. a. O.

192 MfS-Akte OPK „Bruder"

193 Axel Geiss: Gespräch mit Ulrich Weiß, a. a. O.

194 ebenda

195 Ihr beruflicher Werdegang und ihr Schicksal im DEFA
Spielfilmstudio wurde von Christel Gräf im Rahmen eines
Forschungsprojekts der Hochschule für Film und Fernsehen
untersucht und in einem Sonderheft der Zeitschrift
„Film & Fernsehen", der Nummer 6/94, dokumentiert.
Die folgende Darstellung folgt weitgehend dieser Veröffentlichung.
Deren Grundlage waren außerdem ein nicht veröffentlichtes
Gespräch mit Hannes Schönemann am 21. April 1996 in Berlin
und die im OV „Zweifler" enthaltenen Unterlagen des MfS.

196 Christel Gräf: Nachwuchs-Nachlese. Regie-Nachwuchs der
achtziger Jahre im DEFA-Film, Film und Fernsehen 6/94, S. 107

197 ebenda, S. 84

198 ebenda, S. 84

199 ebenda, S. 86 f

200 ebenda, S. 90

201 ebenda, S. 90

202 Torsten Schulz: Gespräch mit Hannes Schönemann, in:
„Jetzt - wohin?", zitiert nach: Christel Gräf, a. a. O., S. 91

203 Christel Gräf, a. a. O., S. 108

204 ebenda, S. 108

205 ebenda, S. 108

206 ebenda, S. 108 f

207 ebenda, S. 109

208 ebenda, S. 109

209 ebenda, S. 91

210 BV Potsdam, DE XX/7, Beschluß über das Anlegen eines Operativen Vorganges, Deckname „Zweifler", Potsdam, den 27. 07. 1984, MfS-Akte OV „Zweifler", BStU 000313

211 BV Potsdam, Untersuchungsabteilung, Verfügung zur Einleitung eines Ermittlungsverfahrens, Potsdam, den 27. 11. 1984, MfS-Akte OV „Zweifler", BStU 000007-000008

212 Staatsanwalt des Bezirkes Potsdam, Anklage ..., Potsdam, den 04. 02. 1985, MfS-Akte OV „Zweifler", BStU 000124-000127

213 Kammer für Strafrecht des Kreisgerichtes Potsdam-Stadt, IM NAMEN DES VOLKES !, Potsdam, 15. 02. 1985, MfS-Akte OV „Zweifler", BStU 000130-000134

214 Abteilung XX/7, Abschlußbericht OV „Zweifler", Reg.-Nr. IV/477/84, Potsdam, 30. Mai 1985, MfS-Akte OV „Zweifler", BStU 000310-000312

215 Rainer Simon erhielt unter anderem folgende Auszeichnungen: 1985 den „Goldenen Bär" der Internationalen Filmfestspiele West-Berlin und 1986 den Preis für Regie beim 4. Nationalen Spielfilmfestival der DDR in Karl-Marx-Stadt sowie den Heinrich-Greif-Preis für „Die Frau und der Fremde"; 1987 den erstmals vergebenen Konrad-Wolf-Preis der Akademie der Künste der DDR für sein Werk; 1988 den Kritikerpreis der Sektion Theorie und Kritik des Verbandes der Film- und Fernsehschaffenden der DDR für „Wengler & Söhne"; 1989 den Sonderpreis der Sektion Theorie und Kritik des Verbandes der Film- und Fernsehschaffenden der DDR für „Jadup und Boel"; 1989 den Nationalpreis II. Klasse der DDR

216 Frank Beyer erhielt unter anderem 1961 den Heinrich-Greif-Preis (im Kollektiv) für „Fünf Patronenhülsen"; 1963 den Nationalpreis I. Klasse der DDR (im Kollektiv) für „Nackt unter Wölfen"; 1965 den Kunstpreis der DDR. Später kamen unter anderem hinzu: 1975 der Nationalpreis II. Klasse der DDR (im Kollektiv) und die Oscar-Nominierung in der Kategorie „bester ausländischer Film" für „Jakob der Lügner"; 1979 der Kritikerpreis des Verbandes der

deutschen.Kritiker e. V., Berlin (West) für „Das Versteck"; 1990 der Ernst-Lubitsch-Preis des Clubs der Filmjournalisten Berlin (West) (mit Wolfgang Kohlhaase) für „Der Bruch"; 1991 der Fernsehspielpreis der Deutschen Akademie der Darstellenden Künste Baden-Baden und eine Emmy-Nominierung in New York für „Ende der Unschuld".

217 Axel Geiss: Zuckerbrot und Peitsche, Interview mit dem Filmregisseur Siegfried Kühn, in: Potsdamer Neueste Nachrichten vom 17. August 1992, S. 13

# Literatur- und Quellenverzeichnis

- Agde, Günter (Hrsg.): Kahlschlag. Das 11. Plenum des ZK der SED 1965. Studien und Dokumente, Berlin 1991
- Axen, Hermann: Über die Fragen der fortschrittlichen deutschen Filmkunst, Rede auf der Konferenz des ZK der SED am 17. und 18. 9. 1952 in Berlin, Berlin 1952
- Bock, Hans-Michael: Cinegraph - Lexikon zum deutschsprachigen Film, Loseblattausgabe, München edition text und kritik
- Brandes, Heino, Fritz Dick u. a.: Betriebgeschichte des VEB DEFA Studio für Spielfilme, Teil 3, Hrsg.: Betriebsparteiorganisation der SED im VEB DEFA Studio für Spielfilme, Potsdam 1984
- Dalichow, Bärbel: Regie: Konrad Wolf, Potsdam 1983
- Die Verfassung der Deutschen Demokratischen Republik vom 6. April 1968 in der Fassung des Gesetzes zur Ergänzung und Änderung der Verfassung der Deutschen Demokratischen Republik vom 7. Oktober 1974 (GBl. Nr. 47 S. 432), in: Verfassung der Deutschen Demokratischen Republik und Jugendgesetz, Berlin 1987
- Film und Fernsehen, Jg. 1, 1/ 1973 ff
- Gehler, Fred, Hannes Schmidt: Rainer Simon. Werkstattgespräch und Dokumentation, in: Theorie und Praxis des Films, Heft 1/1990
- Geiss, Axel (Hrsg.): Filmstadt Babelsberg, Berlin 1994
- Gräf, Christel: Nachwuchs-Nachlese. Regie-Nachwuchs der achtziger Jahre im DEFA-Film, Sonderheft Film und Fernsehen 6/94
- Heitzer, Heinz: DDR. Geschichtlicher Überblick, Dietz Verlag Berlin 1989
- Henke, Klaus-Dietmar, Siegfried Suckut u. a.: Anatomie der Staatssicherheit - Geschichte, Struktur, Methoden. MfS-Handbuch: Die hauptamtlichen Mitarbeiter des Ministerium für Staatssicherheit, Der Bundesbeauftragte für die Unterlagen des Staatssicherheitsdienstes der ehemaligen DDR, Abteilung Bildung und Forschung, Berlin 1995
- Henke, Klaus-Dietmar, Siegfried Suckut u. a.: Anatomie der Staatssicherheit. Geschichte-Struktur-Methoden, MfS-Handbuch: Die Organisationsstruktur des Ministeriums für Staatssicherheit 1989, Der Bundesbeauftragte für die Unterlagen des Staatssicherheitsdienstes der ehemaligen DDR, Abteilung Bildung und Forschung, Berlin 1995

- Jacobsen, Wolfgang (Hrsg.): Babelsberg. 1912 - 1992, Ein Filmstudio, Berlin 1992
- Krug, Manfred: Abgehauen - ein Mitschnitt und ein Tagebuch, Düsseldorf 1996
- Kulturkonferenz 1960 - Protokoll der vom 27. bis 29. April 1960 abgehaltenen Konferenz, Berlin 1960
- Maetzig, Kurt: Filmarbeit - Gespräche, Reden, Schriften, Berlin 1987
- Mückenberger, Christiane, Günter Jordan: „Sie sehen selbst, Sie hören selbst ...". Eine Geschichte der DEFA von ihren Anfängen bis 1949, Marburg 1994
- Müller-Enbergs, Helmut: BF informiert: IM Statistik 1985- 1989, Der Bundesbeauftragte für die Unterlagen des Staatssicherheitsdienstes der ehemaligen DDR, Abteilung Bildung und Forschung, Berlin 1993
- Richter, Rolf (Hrsg.): DEFA-Spielfilm - Regisseure und ihre Kritiker, 2 Bd., Berlin 1981 und 1983
- Schenk, Ralf (Hrsg): Regie: Frank Beyer, Berlin 1995
- Schenk, Ralf (Hrsg.): Das zweite Leben der Filmstadt Babelsberg, Berlin 1994
- Schulz, Günter: DEFA-Spielfilme 1946-1964, Filmografie, Filmarchiv 4, Berlin 1989
- Unsere Kultur - DDR-Zeittafel 1945 - 1987, Berlin 1989
- Vollnhals, Clemens: Das Ministerium für Staatsicherheit. Ein Instrument totalitärer Herrschaftsausübung, Der Bundesbeauftragte für die Unterlagen des Staatssicherheitsdienstes der ehemaligen DDR, Abteilung Bildung und Forschung, Berlin 1995
- Wilkening, Albert: Die DEFA in der Etappe von 1953 bis 1953, Betriebgeschichte des VEB DEFA Studio für Spielfilme, Teil 2, Hrsg.: Betriebsparteiorganisation der SED im VEB DEFA Studio für Spielfilme
- Wilkening, Albert: Geschichte der DEFA von 1945 - 1950, Betriebsgeschichte des VEB DEFA Studio für Spielfilme, Teil 1, Hrsg.: VEB DEFA Studio für Spielfilme
- Wolf, Christa und Gerhard: Till Eulenspiegel. Erzählung für den Film, Berlin und Weimar 1986
- Wolf, Heinz: Betriebgeschichte des VEB DEFA Studio für Spielfilme in Bildern 1945 - 1953, Hrsg.: Betriebsparteiorganisation der SED im VEB DEFA Studio für Spielfilme
- Wolf, Konrad: Direkt in Kopf und Herz, Aufzeichnungen, Reden, Interviews, Berlin 1989
- Wolf, Konrad: Selbstzeugnisse, Fotos, Dokumente, mit einem Essay von Klaus Wischnewski, Berlin 1985

- *Die Gewerkschaften sind treue Kampfgefährten unserer Partei. Aus der Diskussionsrede von Horst Heintze, in: NEUES DEUTSCHLAND vom 15. Dezember 1978*
- *Betriebsarchiv DEFA Spielfilm, AE 242-HV Film*
- *Betriebsarchiv des VEB DEFA Studio für Spielfilme, Produktionsakte „Tambari"*
- *ebenda, Produktionsakte „Blauvogel"*
- *ebenda, Produktionsakte „Dein unbekannter Bruder"*
- *ebenda, Produktionsakte „Olle Henry"*
- *ebenda, Produktionsakte „Till Eulenspiegel"*
- *ebenda, Produktionsakte „Zünd an, es kommt die Feuerwehr"*
- *ebenda, Produktionsakte „Jadup und Boel"*
- *ebenda, Produktionsakte „Das Luftschiff"*
- *ebenda, Produktionsakte „Die Frau und der Fremde"*
- *ebenda, Produktionsakte „Wengler und Söhne"*
- *ebenda, Produktionsakte „Spur der Steine",*
- *ebenda, Produktionsakte „Das Versteck",*
- *ebenda, Produktionsakte „Der Aufenthalt"*
- *ebenda, Produktionsakte „Der Bruch"*
- *Beschlüsse im Sekretariat des ZK der SED am 28. 11. 1978, Arbeitsprotokoll Nr. 143, Bd. 1 und 2, SED-Archiv, Sign. J IV 2/3 A - 3234*
- *Geiss, Axel: Gespräch mit Frank Beyer, Berlin am 21. Januar 1992 und am 6. Februar 1992, nicht veröffentlicht*
- *Geiss, Axel: Gespräch mit Rainer Simon, Potsdam am 21. September 1991, nicht veröffentlicht*
- *Geiss, Axel: Gespräch mit Ulrich Weiß, Ferch am 15. und am 21. Januar 1995, nicht veröffentlicht*
- *Geiss, Axel: Gespräch mit Werner Wirth, Langerwisch am 25. August 1995, nicht veröffentlicht*
- *Geiss, Axel: Gespräch mit Rudolf Jürschik, Berlin am 15. September 1992, nicht veröffentlicht*
- *Geiss, Axel: Gespräch mit Tamara Trampe, Potsdam am 24. Januar 1995, nicht veröffentlicht*
- *Geiss, Axel: Gespräch mit Dieter Wolf, Potsdam am 11. November 1991, nicht veröffentlicht*
- *Es gibt nicht mehr das frühere Zentrum. Der Regisseur Frank Beyer im Gespräch mit Axel Geiss, in: Medium 2/93, Frankfurt/Main, Juli 1993, S. 56 ff*

211

- *Menschen in ihrer Zeit, Frank Beyer im Gespräch mit Axel Geiss, in: Film und Fernsehen 8/1990, S. 11 ff*
- *Keine Konfektion, Axel Geiss im Gespräch mit dem Kameramann Roland Dressel, in: Film und Fernsehen 18. Jahrgang, Heft 5/91, S.19 ff*
- *Geiss, Axel : Zuckerbrot und Peitsche, Interview mit dem Filmregisseur Siegfried Kühn, in: Potsdamer Neueste Nachrichten vom 17. August 1992 und vom 24. August 1992*
- *Geiss, Axel: Die verlorene Zeit. Gespräch mit Ulrich Plenzdorf, in: Film und Fernsehen 19. Jahrgang, Heft 8+9/91, S. 6 ff*
- *Geiss, Axel: Gespräch mit Ulrich Plenzdorf, in: Filmspiegel 5/90 vom 28. 02. 1990, S. 27 f*
- *Bestandsaufnahme, Interview von Günter Netzeband mit Hans Dieter Mäde, in: Film und Fernsehen 5/78, S. 2 ff*
- *Stolze, Raymund: Fragen zu einem neuen DEFA-Film, in: Junge Welt vom 14. 05. 1982*
- *Vater, Hubert: Was ich mir mehr von unseren Filmemachern wünsche, in: NEUES DEUTSCHLAND, 36. Jahrgang, Nr. 272 vom 17. November 1981, S. 2*
- *NEUES DEUTSCHLAND vom 17. 11. 1976*
- *SPIEGEL 12/96 vom 18. 3. 1966*
- *MfS-Akte OPK „Bruder"*
- *MfS-Akte OV „Karbid"*
- *MfS-Akte OV „Regisseur"*
- *MfS-Akte OV „Schreiber"*
- *MfS-Akte OV „Zweifler"*
- *MfS-Akte Hans Dieter Mäde*
- *MfS-Akte IM „Gerhard Lorenz"*
- *MfS-Akte IM „Wassili"*
- *MfS-Akte IME „Mirko"/„Werner Weber"*
- *MfS-Akte K.-P. Gericke*
- *MfS-Akte HFIM „Schiller"*
- *MfS-Akte XX 759/5*
- *Stellenplanbestandsnachweis der Bezirksverwaltung Potsdam der Staatssicherheit, Abteilung XX, Potsdam, 27. Juni 1989*
- *Vorgangsheft Nr. 36, Bezirksverwaltung Potsdam des MfS*
- *Handakte Hager*
- *Akte Büro Hager*
- *Archiv Frank Beyer*

# Dokumente - Übersicht

## Inoffizielle Mitarbeiter des Staatssicherheitsdienstes im VEB DEFA Studio für Spielfilme

| Nr. | Deckname | Kategorie | Einsatzbereich/ Tätigkeit | aktiv/erfaßt |
|---|---|---|---|---|
| 1. | Max Albert | IMS/HFIM | Betriebsakademie | 1980 - 89 |
| 2. | Alfred | IMS/IMV | Regisseur | 1976 - 85 |
| 3. | André / Janos | GI | Regisseur | 1960 - 69 |
| 4. | Andrej | IM | | 1976 |
| 5. | Andreas | IMK/KW | Kameramann | 1987 - 89 |
| 6. | Anna | IMS | Schnittmeisterin | 1977 - 85 |
| 7. | Anker | IMS / IMV | | 1974 - |
| 8. | Anton | IMB / GI | freiber. Schriftsteller | 1962 - 78 |
| 9. | Antonio | IMS/IMV | Szenenbildner | 1963 - 89 |
| 10. | Atelier | IMK / KW | | 1970 - |
| 11. | Victor Barth | IMB | Dokfilm-Regisseur | 1977 - 89 |
| 12. | Karl Berger | IMS | Produktionslenkung | 1971 - 89 |
| 13. | Berger | IM | | 1964 - 80 |
| 14. | Bettina | IMS | | 1974 |
| 15. | Ruth Blume | FIM | nicht berufstätig | 1970 - |
| 16. | Brecht | IMS | | 1960 - |
| 17. | Bruno/Insel | IMS | Aufnahmeleiter | 1968 - 89 |
| 18. | Carola | IMS | Produktionsleiter | 1988 - 89 |
| 19. | Cerstin | IMS | Produktionsleiter | |
| 20. | Charlott | IME | Leitung Kaderabteilung | |
| 21. | Richard Collos | IMV / GI | Requisiteur | 1967 - 80 |
| 22. | Dorit | IM | Regie-Assistentin | 1978 - |
| 23. | Erikson | IMS / IMV | Chefmaskenbildner | 1972 - |
| 24. | Ernst | IMS | Betriebssicherheit | 1962 - |
| 25. | Eva | IMS / IMV | Produktionsleiter | 1973 - 89 |
| 26. | Felderhoff | IMS / FIM | Regie-Ass./Regisseur | 1973 - 88 |
| 27. | Manfred Fiedler | IME | Leitungsebene | 1970 - 89 |

| Nr. | Deckname | Kategorie | Einsatzbereich/ Tätigkeit | aktiv/erfaßt |
|---|---|---|---|---|
| 28. | Frank | | | |
| 29. | Armin Franke | IM | Leitung Muster- kopierwerk | 1978 - |
| 30. | Franke | IMS / HFIM | Bereich EDV, HFF-Absolv. | 1972 - |
| 31. | Friedrich | IMS / HFIM / HIME | Maskenbildner | 1975 - 89 |
| 32. | Fritz | GMS/IMS | Leit. Archiv, Leit. KD-Verm. | 1976 - 89 |
| 33. | Christoph Gärtner | IMS | Prod.ltr./Aufn.-Ltr. | 1977 - 88 |
| 34. | Siegmar Geßmann | IMS | Produktionsleiter | 1985 - 89 |
| 35. | Götz | IMS | | 1968 - |
| 36. | Gustl | IMS | | 1970 - |
| 37. | Hans | IMS | Aufnahmeleiter | 1978 - |
| 38. | Harald | IMS | Tonassistent | 1981 - 89 |
| 39. | Alfred Haupt | IMS | Abt. Kontrolle, Ltg. | 1970 - 86 |
| 40. | Hartmann | | | 1973 - |
| 41. | Heidrun | IMS | Regieassistent | 1984 - 88 |
| 42. | Heinze | IMS | Betriebssicherheit | 1960 - |
| 43. | Hermann | IMS | | 1980 - |
| 44. | Manfred Hollmann ab 1973: Gerber | IMS/GI | Kleindarsteller Aufnahmeleiter | 1968 - 73 1973 - |
| 45. | Horst | IME | Produktionsleiter | 1977 - 89 |
| 46. | Idyll | IMK / KW | | 1960 - |
| 47. | Ina | IME | Dramaturgin | 1981 - 89 |
| 48. | Jan | IMS | Gewandmeister | 1971 - 85 |
| 49. | Jens | IMS | Aufnahmeleiter | 1987 - 89 |
| 50. | Johannes | IMV / IME | Regisseur | 1977 - 89 |
| 51. | Jose | IME | Autor | |
| 52. | Journalist | IMS / FIM | Redakteur | 1974 - 80 |
| 53. | Jung-Bernd | Führungsoffizier XX IMS | Sachbearbeiter | bis 1983 1984 - 89 |
| 54. | Karin | IME | | 1976 - |
| 55. | Karsten | IMS / IME GI, FIM | Abt. Öffentlichk.arb. KD-Verm., Schauspielerin | 1960 - 1967 - |
| 56. | Karl Langer | IMS | | 1974 - |

215

| Nr. | Deckname | Kategorie | Einsatzbereich/ Tätigkeit | aktiv/erfaßt |
|---|---|---|---|---|
| 57. | Klaus | IMV/ / GMS | Autor / HFF-Stud. | 1978 - 89 |
| 58. | Kleinfeld | IMS | Leitung Kaderabt. | 1986 - 89 |
| 59. | Hans Klepzig | IMS / HFIM | Referent Leitung / Tricktechn. | 1979 - 89 |
| 60. | Knittel | IMS | Autor, freiberuflich | |
| 61. | Koch | IM | Aufn.ltr, APO-Mitgl. | 1978 - |
| 62. | Peter Kolbe | IMS / HFIM | wiss. Mitarb. Leit. /Kostümabt. | 1980 - 89 |
| 63. | Michael Kretschmar | IMS | Leitung Trickabteil. | 1986 - 89 |
| 64. | Krüger | IMS | Aufn.ltr./Prod.lkg. | 1984 - 89 |
| 65. | Kuffner | IMV | | 1978 - |
| 66. | Herbert Kurtze | IMK / KW | | 1971 - |
| 67. | Kurze | IMV | | 1960 - |
| 68. | Laube | IMS / IMV | | 1960 - |
| 69. | Laura | IMS | Dramaturgie-Ass. | 1980 - |
| 70. | Lehmann | IM / DA | | 1986 |
| 71. | Lehmann II | IM | HA Ausstg., Ltg. | 1978 - |
| 72. | Oskar Lubinski | IMS | Produktionsleiter | 1979 - 89 |
| 73. | Gerhard Lorenz | IME | Dramaturg / Autor | 1970 - 89 |
| 74. | Ralf Lothar | IMS | | |
| 75. | Maler | IMS | Deko-Maler | 1978 - 89 |
| 76. | Manfred | IM | | |
| 77. | Margarete | IMS | hptamtl.Mitarb.MfS KD-Vermittlung | bis 1966 1967 - |
| 78. | Martin | IMS | | 1973 - |
| 79. | Galina Marte | IME / IMB | Schauspielerin | 1971 - 84 |
| 80. | Matthias | IME / IMB | Schriftsteller | 1963 - 89 |
| 81. | Max | IMK / KW | | |
| 82. | Gerhard Meinke | IM | | |
| 83. | Mehnert | GM | | 1958 |
| 84. | Meinhold | IMS | Produktionsleiter | 1979 - 89 |
| 85. | Menzel | GMS / FIM | Technologe | |
| 86. | Meyer | IMB | Filmwirtschaftler | 1980 - |
| 87. | Michael | IMS | Musterkopierwerk | 1980 |
| 88. | Mirko/W. Weber | IME | Hauptdramaturg | 1981 - 89 |
| 89. | Monique | | | 1968 - 88 |

| Nr. | Deckname | Kategorie | Einsatzbereich/ Tätigkeit | aktiv/erfaßt |
|---|---|---|---|---|
| 90. | Moritz | IMS | Stud.HFF/Regie-Ass. | 1971 - 89 |
| 91. | Mosler | IMS | Aufn.-, Prod.ltr. | 1975 - |
| 92. | Martin Müller | GI | KD-Vermittlung | 1961 - 72 |
| 93. | Norden | GMS / IM / HFIM | Abt.leitung. Maske | 1979 - 89 |
| 94. | Margot Otto | IM | Dramaturgie | 1980 |
| 95. | Alfred Pager | IMS | Aufnahmeleiter | 1975 - 89 |
| 96. | Palme | IME | Produktionsleiter | |
| 97. | Peter | IMS | Aufnahmeleiter | 1983 - 89 |
| 98. | Peter | IMV | HFF-Stud., Regie | |
| 99. | Peter | IM | Kameramann | |
| 100. | Peter Pan | IMS | | 1971 - |
| 101. | Physiker | IMS | Aufnahmeleiter | 1981 - 83 |
| | | | hptamtl.Mitarb.MfS | 1983 - 89 |
| 102. | Picasso | IMS | HFF-Stud., Prod.ltr. | 1979 - 89 |
| | | | Leitung Prod.lenk. | |
| 103. | Poekel | IMV | Regisseur, | 1957 - 85 |
| | | | Abt. Öffentl.arb./Prod.lkg. | |
| 104. | Possekel | IMK / KW | | 1971 - |
| 105. | Jörg Ratgeb | IMS | Direktion | 1979 - 89 |
| 106. | Reburk | IME | Leitung | 1975 - 78 |
| 107. | Max Retlaff | IMS | | 1963 - |
| 108. | Richter | IMS | Ltg. HA Dekobau | 1973 - 89 |
| 109. | Frank Riegk | IMS | Produktionsleiter | 1973 - 89 |
| 110. | Rita | IME | | 1977 - |
| 111. | Maria Romberg | IMS | Filmfotograf | 1968 - 75 |
| 112. | Romeo | IMS | Dramaturg | 1985 - 89 |
| 113. | Rosa | IM | Kaderinstrukteurin | 1970 - 72 |
| 114. | Rose | IMV / IMB | Hauptdramaturg | 1978 - 89 |
| 115. | Ruth | GMS | Leitung Kaderabt. | 1977 - 89 |
| 116. | Schiller | IMS | Referent | 1972 - 78 |
| | | HFIM, IMK/KW | | 1978 - 89 |
| 117. | Schirrmeister | IMS | Meister, Bühne | 1978 - 89 |
| 118. | Schober | IMS | Autor | 1971 - 89 |
| 119. | Schön | GI | | 1959 - |
| 120. | Julia Scholz | IMS | | 1970 - |

| Nr. | Deckname | Kategorie | Einsatzbereich/ Tätigkeit | aktiv/erfaßt |
|---|---|---|---|---|
| 121. | Bernd Schreiber | IMS | Fotograf, freiber. | |
| 122. | Schulze | IM | Betriebssicherheit, APO-Leitung | |
| 123. | Seiler Peter | FIM | Autor | |
| 124. | Semich | IMS | | 1960 - |
| 125. | Semich | IMK / D | | 1971 - |
| 126. | Sonka | IMK | | 1962 - |
| 127. | Heinz Steinberg | IMS | Verb. Film + Ferns. | 1972 - 89 |
| 128. | Steiner/Oldern | IMS | Dramaturg | 1971 - |
| 129. | Stephan | IMS | Regieassistent | 1987 - 89 |
| 130. | Sven | IMS | Prod.ltr. /HFF-Stud. | 1978 - 89 |
| 131. | Ullrich | IMS | HFF-Stud./APO-Sekr. | 1978 - 85 |
| 132. | Venedig | GM | Ltg.Presse/Öff.arb. | 1956 - |
| 133. | Wald | IMS | | 1978 - |
| 134. | Wassili | IMS / IME | wiss.Ass./ APO-Sekr./ HFF | 1974 - 89 |
| 135. | Weber | IMS | Regisseur | 1984 - 89 |
| 136. | Wego | IMS/IMV | Kaskadeur, freiber. | 1975 - 84 |
| 137. | Hermann Wendt | IMS | Abt. Ausl.bez./ Prod.ltr. | 1969 - 89 |
| 138. | Wenzel | IMK | | 1978 - |
| 139. | Werner | GI | | 1957 |
| 140. | Werner | IMS / GMS | Direktion | 1980 - |
| 141. | Hans Werner | IME | Direktion | 1977 - 89 |
| 142. | Winter | IMF / GI / GM | Hauptreferent | 1955 - 73 |
| 143. | Zöpke | IM | Leitung Elektro- u. Nachr.techn. | 1975 - |
| | Hans Dieter | KP | | 1977 - |
| | Ursula | KP | | 1980 |
| | Thea | KP | | 1981 |
| | Reinhard | KP | | 1989 |

Hauptabteilung XX/7       Berlin, den 04. 12. 1976    *140*

M a ß n a h m e p l a n

zur operativen Bearbeitung der OPK gegen   B e y e r ,    Frank

1. Es werden verstärkt die IMV "Ruth" und GMS "Manfred" zur
Klärung folgender Probleme eingesetzt:

- Verhaltensweisen und Einstellung des Beyer zu den
Maßnahmen der DDR gegen BIERMANN;

- Mit welchen Personen kommt er zusammen, um Aktivitäten abzusprechen und was wird vorbereitet, um andere
Personen negativ zu beeinflussen;

- Durch den IMV und GMS werden mit Beyer Gespräche geführt, um eine positive Wandlung in seiner Einstellung
zu Biermann zu erreichen;

- Wie verhält sich nach der Durchführung eines
Parteiverfahren.

✓ IMV "Ruth" und GMS "Manfred" üben die Bearbeitung und
Kontrolle im Arbeitsbereich aus.

       Termin:     laufend
       Verantw.:   Hptm. Weller

2. Koordinierung mit der BV Potsdam, Abteilung XX, um BEYER
bei der DEFA in Babelsberg, wo er z. Z. einen Film mit
Jurek Becker, Manfred Krug und Jutta Hoffmann produziert,
operativ zu bearbeiten und unter Kontrolle zu halten.

       Termin:    03. 12. 1976
       Verantw.:   Hptm. Weller

141

3. Einleitung von Maßnahmen der Abteilung M, Abteilung 26 und
   der HA VI/Zollabwehr.

   Termin:    05. 12. 1976
   Verantw.:  Hptm. Weller

4. Ermittlung zur Person, zum Verhalten und den Verbindungs-
   kreisen im Wohngebiet durch die Abt. VIII.
   Durch Überprüfung der Hausbewohner (Hausmeister) Schaffen einer
   Quelle zur ständigen Kontrolle im Wohnbereich.

   Termin:    08. 12. 1976
   Verantw.:  Hptm. Weller

5. In dem Bereich Dramatische Kunst feststellen, an welchen
   Produktionen gegenwärtig der B. tätig ist und welche Produktionen in der Perspektive geplant sind, welcher Personenkreis wird dabei eingesetzt, prüfen ob sie vorhanden sind,
   die Beyer operativ bearbeiten bzw. unter Kontrolle halten
   können.

   Termin:    laufend
   Verantw.:  Hptm. Weller

6. Ständige Abschöpfung aller in dem Bereich Dramatische Kunst
   vorhandenen Quellen, um Informationen zur Haltung des Beyer
   zu der Frage BIERMANN zu erhalten.

   Termin:       laufend
   Verantwortl.: Hptm. Weller

7. Einleitung von Schriftenfahndung in der HA II/5 und XX/2.

   Termin:    10. 12. 1976
   Verantw.:  Hptm. Weller

8. Überprüfung in der Abt. XII aller Verwandten ersten Grades des Beyer.

    - Ermittlungen in den jeweiligen Wohngebieten einleiten.

    - Überprüfung HA VI, Abt. M und PZF sow. HA IX/11.

        Termin:    l...
        Verantw.:    Weller

9. Einleitung der Reisesperre für nicht-soz. Staaten und Westberlin. (Rücksprache vor ...id)

        Termin:    11. 12. 1976
        Verantw.:    Hptm. Weller

Weller
Hauptmann

*Frank Beyer, 25. September 1977*
Offener Brief an den Generaldirektor des DEFA Studios für Spielfilme

Lieber Hans Dieter Mäde,

in Deinem Brief vom 30.8.1977 an mich hast Du in lapidarer Form meinen Vorschlag abgelehnt, das im Frühjahr 1978 im Hinstorff Verlag erscheinende Buch von Jurek Becker LEBEN IN DER LUFT (= SCHLAFLOSE TAGE) zu verfilmen. Du schreibst: „... daß Beckers Buch nach seiner Konzeption und Struktur in der Planung unseres Studios keinen Platz findet..." und schlägst mir gleichzeitig vor, über neue Projekte im Gespräch zu bleiben. Die Projekte sind: Wellms PUGO-WITZA, Wogatzkis ROMANZE MIT AMELIE und Feuchtwangers ERFOLG. Von anderer Seite werden mir ähnliche Projekte vorgeschlagen.

Auf einen einfachen Nenner gebracht heißt das, Du hinderst mich daran, ein Gegenwartsbuch von höchst aktuellem Inhalt zu verfilmen und rätst mir, mich doch lieber der Vergangenheit zuzuwenden. Nun bestreite ich keinesfalls Dein Recht als Generaldirektor des DEFA Studios für Spielfilme, darüber zu entscheiden, welche literarischen Werke im Studio verfilmt werden und welche nicht. Jedoch steht die Ablehnung Beckers Buch in einer Reihe, in einer kulturpolitischen Tradition möchte ich beinahe sagen, die zu durchbrechen allerhöchste Zeit ist. Es geht um Fragen der Wirksamkeit unserer Filmkunst überhaupt und um das Gegenwartsthema als Kernstück unserer Arbeit. Und dies ist auch meine Verantwortung als Regisseur.

Ich muß ziemlich weit ausholen, um zusammenhängend zu erläutern, was ich meine.

Als ich ein junger Regisseur war und meine ersten Schritte im Studio machte, hatte ich eine sehr vage Vorstellung von den Filmen, die ich machen wollte. Es sollten vor allem Filme sein, deren Handlung in der Gegenwart unseres Landes spielen. Ich war nur in der Lage, am Beispiel zu artikulieren, was mir vorschwebte. Damals hatte Konrad Wolf gerade nach einem Drehbuch von Egel/Wiens SONNENSUCHER gedreht. Dieser Film war eine große Ermutigung für mich. Ich sagte mir, wenn ein Film mit solchem Realitätsbezug, solcher Genauigkeit im Detail, solcher Ehrlichkeit entstehen kann, so müssen die Zeiten günstig sein für das, was du selber willst.

Das Schicksal dieses Films ist bekannt. Er war fünfzehn Jahre lang verboten und wurde dann, in einer Serie von Wiederaufführungen alter DEFA-Filme versteckt, im Fernsehprogramm ausgestrahlt. Mir kommt das irgendwie schäbig vor, unaufrichtig. Kann jemand, der sich unaufrichtig zu seiner Vergangenheit verhält, in der Gegenwart eine aufrichtige Politik machen?

SONNENSUCHER, fünfzehn Jahre zu spät in der Öffentlichkeit, fand meines Wissens keine nennenswerte Resonanz. Das ist schwer erklärbar, aber es bestätigt wieder einmal die Tatsache, daß Gegenwartsfilme bald nach ihrer Herstellung an die Öffentlichkeit kommen müssen, sonst verlieren sie ihre Wirkung. Analog dazu kann man auch sagen, daß Gegenwartsliteratur bald nach ihrer Entstehung verfilmt werden muß. Geschieht das zu spät, so entsteht eine Art von Avantgardismus aus zweiter Hand, der schwer erträglich ist. Auf diese Problematik komme ich noch zurück.

Ein zweiter Film, der mich in diesen Jahren stark bewegte, war BERLIN/ ECKE SCHÖNHAUSER von Klein/Kohlhaase. Ein beim Publikum erfolgreicher Gegenwartsfilm mit künstlerischem Anspruch. Ein Kunstwerk mit einem Massenpublikum; man sollte meinen, daß dies für Künstler und Ideologen das gleichermaßen erstrebenswerte Ziel ist. Ich erinnere mich an zahllose Diskussionen, in denen dieser Film und die ganze Richtung scharf attackiert wurden (Randprobleme, Außenseiterthematik, Halbstarkenidylle). Ist es eine müssige Spekulation zu fragen, was wäre geschehen, wenn damals BERLIN/ ECKE SCHÖNHAUSER nicht behindert, sondern gefördert, wenn SONNENSUCHER nicht verboten, sondern aufgeführt worden wäre? Was hätte an stimulierender Wirkung auf andere Autoren und Regisseure ausgehen können? Ich bin natürlich Realist und weiß, daß damit noch keineswegs die Fähigkeiten von Autoren und Regisseuren multipliziert worden wären. Jedoch die Fülle von Belanglosigkeiten und der fürchterliche Schematismus Ende der der fünfziger, Anfang der sechziger Jahre sind überhaupt nur verständlich durch die falschen Maßstäbe und die falschen Forderungen, mit denen Autoren und Regisseure in diesen Jahren von den Ideologen und Organisatoren traktiert wurden. (Übrigens: der letzte und meiner Meinung nach beste Film aus der sogenannten Berlin Serie, BERLIN UND UM DIE ECKE wurde 1966, nachdem SPUR DER STEINE-Spektakel verboten.

Wäre es nicht schon längst eine Ehrenpflicht gegenüber dem toten Gerhard Klein gewesen, diesen Film wenigsten als historisches Dokument zugänglich zu machen?).

Ich arbeitete 1958/59 an dem Gegenwartsfilm EINE ALTE LIEBE. Das ist ein Film, den heute aus zwei Gründen fast niemand mehr kennt: erstens, weil er nicht besonders gut war, zweitens, weil er ein halbes Jahr nach seiner Uraufführung verboten wurde. Der Film beruhte auf einem Material des Schriftstellers Werner Reinowski, das interessant und politisch hochbrisant war: unser Land hatte damals ziemliche Sorgen mit der Landwirtschaft, die Kollektivierung war schon im Gange, ging aber nicht recht vorwärts, weil allzuviele reiche Mittelbauern nicht bereit waren, in die Genossenschaften einzutreten. Im Bezirk Halle gab es zahlreiche Mittelbauern, die Mitglieder der Partei waren und sich weigerten einzutreten. Irgendwo hatte eine LPG-Vorsitzende, auf Anweisung oder aus Ungeduld, die Grenzsteine eines Genossen Einzelbauern überpflügen lassen und den Acker für die LPG vereinnahmt, in der Hoffnung, damit auch den Mann zu vereinnahmen. Solcherart war das Material und hier liegen auch sicher die Wurzeln für das spätere Verbot. Ich kann das nicht mit Sicherheit sagen, denn es hat nie mit mir darüber ein Gespräch oder gar eine Auseinandersetzung stattgefunden, und ich erfuhr von dem Verbot auch erst viel später. Daß ich nicht in einen schweren Konflikt geriet, hatte auch noch andere Gründe.

Meine Vorstellungen über die Wirkungsweise von Kunstwerken waren damals ziemlich primitiv. Ich glaubte ernsthaft daran, daß Filme irgendwie direkt auf das Bewußtsein der Menschen einwirken, daß sie Diskussionen auslösen und in deren Folge wiederum Leute vom falschen Handeln zum richtigen Handeln bringen. Das lief letztendlich auf die Theorie von den „nützlichen" und den „schädlichen" Filmen hinaus. Ich hätte mir wahrscheinlich wochenlang den Kopf mit der idiotischen Frage zermartert, wie es mir mit dem „richtigen Bewußtsein" hatte passieren können, einen Film mit „falschem Bewußtsein" zu produzieren. Außerdem wurde nach dem Film EINE ALTE LIEBE ein Grenzgebiet meines Interesses für eine Reihe von Jahren zu meinem Hauptarbeitsfeld: die Zeit des Faschismus. Das waren für mich produktive Jahre, ich fand gute Stoffe, ich hatte auch eine Rechtfertigung vor mir selber: lieber einen guten Film aus der Vergangenheit als einen schlechten Gegenwartsfilm machen. Ich hatte mit diesen Filmen im In- und Ausland Erfolg. Der Preis für diesen Erfolg scheint mir aus heutiger Sicht hoch zu sein: Verzicht auf das Gegenwartsthema.

Anfang der sechziger Jahre begann in der Literatur unseres Landes ein vielversprechender Prozeß. Es erschienen Bücher mit tieferen, genaueren Realitätsbezügen als früher. Diese Bücher kamen zum Teil gegen große Widerstände auf den Markt, aber sie erschienen und stießen bei einer breiten Leserschaft auf große Resonanz. Kein Wunder, daß sich auch das Studio anschickte, an dieser Entwicklung zu partizipieren. Die Filmkunst eines Landes ist auf differenziertere Weise mit der Literatur verknüpft als durch die Übernahme von Prosatexten, aber natürlich ist ein sozialistisches Studio gut beraten, wenn es sich an der Gegenwartsliteratur orientiert. Die Literarisierung des Films ist mitunter die kleinste Gefahr.

Ich drehte damals den Film SPUR DER STEINE, nach dem Roman von Neutsch. Ich habe den Film seit 1966 nicht wieder gesehen, kann also nur aus der Erinnerung über ihn sprechen. Möglicherweise enthielt er manche polemische Zuspitzung und sicher gibt es in diesem Film bittere Szenen menschlichen Versagens. Das hat mich während der Arbeit viele schlaflose Nächte gekostet. Ich stellte mir wieder und wieder die Frage, ob der Film Übertreibungen enthält, ungerechtfertigte zugespitzte Szenen.

Was anschließend m i t dem Film geschah, stellt alles in den Schatten, was i n i h m geschildert wurde. SPUR DER STEINE wurde in einer Reihe von öffentlichen und internen Veranstaltungen exekutiert gegen den Willen des Publikums und gegen den Willen des Filmbeirats beim Ministerium für Kultur, der ihn in der vorgelegten Fassung mit erdrückender Mehrheit gebilligt hatte und der deshalb im Anschluß daran auch aufgelöst wurde.

Und nicht nur das. Fast die Hälfte der Jahresproduktion der DEFA Studios für Spielfilme wurde als „partei- und staatsfeindlich" verboten, nicht zu sprechen von den Projekten, die unter ähnlichen Beschuldigungen gar nicht mehr in Produktion gingen. Was damals mit dem besseren Teil der DEFA-Produktion geschah, scheint mir im Rückblick eher einem Amoklauf als einer ideologischen Auseinandersetzung zu gleichen. Das Studio hat Jahre gebraucht, um sich von den damaligen „Beschlüssen" zu erholen. Kein einziger dieser Filme war „partei- und staatsfeindlich", die meisten von ihnen hatten noch nicht einmal polemische Züge. Ihre künstlerische Qualität war ganz unterschiedlich. Aber in ihnen war ein Reflex auf das, was die Literatur dieser Jahre auszeichnete: kritische Sicht auf gesellschaftliche Vorgänge der Gegenwart und unmittelbaren Vergangenheit. In ihnen wurde die Erkenntnis

225

reflektiert, daß auch unsere Gesellschaft mehr und kompliziertere Probleme hat, als wir in der Euphorie unserer Gründerjahre vermuteten. Das schlimmste an den Verboten war ihre Folgenlosigkeit beim breiten Publikum. Niemand bemerkte, daß die Filme nicht ins Kino kamen, niemand vermißte sie, weil sich in den Jahren vorher das DEFA-Emblem mehr und mehr zu einem Wahrzeichen für leere Kinosäle entwickelt hatte, entstand auch jetzt durch das Ausbleiben dieser Filme keine schmerzlich empfundene Lücke.

Im Jahre 1966 wurden die Filmleute beschuldigt, noch weitreichendere Pläne zu haben: „... die Gesellschaft mit dem Gift des Skeptizismus und Pessimismus zu infizieren..." (Ich zitiere aus dem Gedächtnis, aber dem Sinne nach genau). Dies war ein wichtiges Argument für die Verbote, die sozusagen unter dem Gesichtspunkt „wehret den Anfängen" stattfanden. Ich will mich mit diesem Vorwurf nicht theoretisch auseinandersetzen, sondern meine Pläne von damals nennen. Tatsächlich hatte ich zum ersten Mal in meiner Arbeit als Regisseur weitreichende Pläne, Pläne für mehrere Jahre. Neben dem Film JAKOB DER LÜGNER, dessen Drehbuch Becker und ich unmittelbar nach Abdrehen von SPUR DER STEINE im Dezember 1965 dem Studio eingereicht hatten, waren das zwei Literaturverfilmungen: WARTEN AN DER SPERRE von Neutsch und DIE AULA von Kant, zwei Gegenwartsromane reinsten Wassers. JAKOB DER LÜGNER konnte ich neun Jahre später realisieren, WARTEN AN DER SPERRE war als Buch jahrelang verboten, erschien dann in einer meiner Meinung nach verwässerten Fassung unter dem Titel AUF DER SUCHE NACH GATT und wurde wiederum Jahre später als Film für das Fernsehen produziert. Zu diesem Zeitpunkt hatte das Projekt vieles, wesentliches seiner ursprünglichen Aktualität verloren. Für DIE AULA interessierte sich weder das Fernsehen der DDR noch das DEFA Studio für Spielfilme, präziser gesagt, es gab die Anweisung, dieses Buch nicht zu verfilmen. Für mich war das insofern nicht von Bedeutung, als mir nach SPUR DER STEINE für mehrere Jahre die Möglichkeit genommen wurde, überhaupt Filme zu drehen.

1968 versuchte ich erneut, DIE AULA zu produzieren. Ohne Erfolg. Später wurden die Verfilmungsrechte für dieses Buch von den zuständigen Instanzen an das Fernsehen der BRD verkauft. Das ist kein Einzelfall. Ich erwähne Plenzdorf, dessen erster Film KARLA 1966 verboten wurde, dessen Manuskript DIE NEUEN LEIDEN DES JUNGEN W. im DEFA Studio für Spielfilme nicht angenommen wurde und dessen Verfilmungsrechte ebenfalls in die Bundesrepublik verkauft wurden.

Ich halte das nicht für sozialistische Kulturpolitik, sondern für die Perversion derselben. Es kann überhaupt niemandem verwehrt werden, die Konsequenzen solcher Kulturpolitik logisch zu Ende zu denken und entsprechend zu handeln, weder Schriftstellern, deren Projekte hier abgewiesen wurden, noch Regisseuren, die sie realisieren wollen.

Doch zurück zu unserem Thema: Verfilmung von DDR-Literatur in der DDR. Meine gescheiterten Versuche, DIE AULA zu produzieren, hatten 1975 ein Nachspiel. In diesem Jahr wurde mir nämlich sowohl vom DEFA Studio für Spielfilme als auch vom Fernsehen der DDR angeboten, das Buch zu verfilmen. Ich zitiere aus meinem Brief vom 9.6.75 an den damaligen Leiter der Hauptabteilung Kunst und Kulturpolitik im Fernsehen der DDR: „... Ich habe DIE AULA noch einmal gelesen, mit Vergnügen und dem Wunsch, eine Lesart zu finden, die es mir ermöglicht, heute daraus einen Film zu machen. Du weißt, zweimal wollte ich das schon tun: kurz nach dem Erscheinen des Buches und 1968. Damals hatte das Buch für mich eine Gegenwartsebene und eine Vergangenheitsebene. Kant war damals ein bißchen skeptisch, aber nicht dagegen. Heute nun hat das Buch für mich ein Imperfekt und ein Perfekt und keine Gegenwartsebene mehr. Es ist kein Buch mehr mit einem aktuellen Gegenstand und noch keins mit einem historischen. Wie das in zehn oder zwanzig Jahren aussieht, weiß ich nicht, ob es als Literatur bestehen bleibt oder nur als schöne Anekdotensammlung. Jedenfalls finde ich im Augenblick keinen Weg, so absurd das für mich selber ist..."

Ich denke, dieser Gesamtvorgang DIE AULA ist aufschlußreich und ich muß ihn in keine Richtung mehr kommentieren.

1975, nach der Produktion von JAKOB DER LÜGNER hatten Becker und ich kein weit genug ausgereiftes eigenes Gegenwartsprojekt. Wir schlugen deshalb dem Studio vor, PAUSE FÜR WANZKA von Alfred Wellm zu verfilmen, ein seit 1968 in vielen Auflagen erschienenes Buch. Becker schrieb einen ersten Szenariumsentwurf. Entgegen den Verabredungen erwarb das Studio die Verfilmungsrechte für den Roman nicht und wir wurden aufgefordert, die Arbeit an dem Projekt abzubrechen. Danach interessierte ich mich für die Erzählung ALTE FILME von Schlesinger. Hierfür hatte das Studio die Verfilmungsrechte gekauft. Auf diesen Vorschlag habe ich nie eine Antwort erhalten, es sei denn, ich nehme als indirekte Antwort, daß die Studioleitung die Verfilmungsrechte inzwischen an Schlesinger zurückgegeben hat.

Das bisher letzte Glied in der Kette der Ablehnungen ist LEBEN IN DER LUFT (=SCHLAFLOSE TAGE). Damit wird mir nun allerdings ein entscheidendes Stück Boden meiner künstlerischen Existenz als Filmregisseur entzogen. Es handelt sich für mich dabei nicht um einen Fall unter anderen, sondern mit dieser Ablehnung wird vermutlich für eine nicht absehbare Zeit meine Zusammenarbeit mit Becker unterbrochen, eine Zusammenarbeit, die so mühsam, mit so unnötig vielen Jahren Verspätung zustande gekommen ist. Meiner Ansicht nach muß es das Anliegen jeder Studioleitung sein, langfristige Zusammenarbeit von Autoren und Regisseuren zu organisieren und nicht, sie zu zerstören.

Dieser schmale Ausschnitt eines Teilproblems, den ich hier behandelt habe, wirft natürlich auch weit über meine Person hinausgehende Fragen auf. Ich will einige nennen.

Aus allem, was in diesem Brief gesagt wurde, kann man auf Mut und die Entscheidungsfreude vergangener Studioleitungen schließen, wenn es sich um Annahme oder Ablehnung von Originalstoffen handelte, die nicht durch die öffentliche Verbreitung von Verlagsauflagen ideologisch abgesichert waren.

In letzter Zeit wird manchmal von der „wirklichen Wende" gesprochen, die der VIII. Parteitag gebracht hat. Wenn ich die Filmpolitik betrachte, sehe ich weit und breit nichts von einer wirklichen Wende. Sicher, der öffentliche Skandal ist durch den lautlosen Verwaltungsakt ersetzt worden. Ein fertig produzierter Film wird nicht mehr im Kino niedergeschrien, sondern das Drehbuch verschwindet vor der Produktion im Archiv. Vom Standpunkt des Finanzministers aus ist das natürlich ein Fortschritt.

Die Kontinuität der Kulturpolitik scheint mir oft nur eine Kontinuität der Restriktionen zu sein, wie die ersten sieben Seiten dieses Briefes für ein Teilgebiet belegen.

Die staatlichen Leitungen haben sich bei der Beantwortung der Frage, was „nützlich" und was „schädlich" ist, was wirkungsvoll und was wirkungslos ist, so oft geirrt, daß sie einen beträchtlichen Teil meines Vertrauens in diesen Dingen vertan haben. Alle meine Erfahrungen gehen dahin, daß sich die sogenannten „zentralen Probleme" dann gar nicht als das erweisen, wofür sich das Publikum interessiert, während oft die sogenannten „Randprobleme" (PAUL UND PAULA oder die Theateraufführungen von DIE NEUEN LEIDEN DES JUNGEN W.) plötzlich viele Leute berühren, beschäftigen, bewegen.

Außerdem sind meine Kenntnisse über das, was die Leute in unserem Land bewegt, was sie freut und worunter sie leiden, nicht kleiner als die meiner jeweiligen staatlichen Leiter, die mich ständig darüber belehren, was „echte" und was „unechte" Konflikte sind, was gestaltungswürdig und was nicht gestaltungswürdig ist.

Ich wurde als Filmregisseur ausgebildet mit dem ausdrücklichen Auftrag, daß die Gestaltung des Gegenwartsthemas das Kernstück meiner künftigen Arbeit sein sollte. Und tatsächlich befinden sich bei dieser Forderung, die ja überhaupt die Forderung der Partei an die Kulturschaffenden ist, gesellschaftliches und persönliches Interesse in schönster Übereinstimmung. Ich habe keine Lust mehr, im Namen der Zukunft Vergangenheitsbewältigung zu betreiben und mich damit an der Bewältigung der Gegenwart vorbeizudrücken. Ich habe auch keine Lust mehr, die Erfahrungen einer älteren Generation, die nicht die meinen sind, weiterzugeben, sondern ich möchte meine Erfahrungen wiedergeben, verbündet mit Schriftstellern meiner Generation.

Ein wesentlicher, interessanter Teil von DDR-Literatur war bisher immer aus den Studios der DEFA und des Fernsehens ausgesperrt. Die Frage ist, ob das so bleiben darf, ob die Studios sich nicht entschließen müssen, die DDR-Literatur in ihrer Gesamtheit, in allen ihren Farben zu akzeptieren. Weil das bisher nicht so ist, weigern sich eine Reihe von Autoren für Film und Fernsehen zu schreiben. Sie empfinden die Studioleitungen als Bastionen stockkonservativer Kulturpolitik.

Welche andere Alternative gibt es denn aber für die DEFA und das Fernsehen, als das zu nehmen, was die Schriftsteller unseres Landes geschrieben haben? Wie die Lage sich nun einmal bei uns entwickelt hat, wird jeder einigermaßen ernst zu nehmende Gegenwartsstoff immer im Grenzbereich des jeweils Erlaubten angesiedelt sein.

Einer meiner westdeutschen Kollegen beschrieb mir kürzlich seine Lage so: wenn ich einen Film anfange, bin ich am Ende. Meine besten Kräfte habe ich in einem zermürbenden Kampf um die Finanzierung des Projekts verausgabt. Ich fand, daß ich an diesem Punkt gut dran bin. Dann begann ich darüber nachzudenken, ob ich auch am Ende bin, wenn ich einen Film anfange. Meine besten Kräfte habe ich in einem zermürbenden Kampf mit den Instanzen um die Genehmigung des jeweiligen Projektes verbraucht.

Ich wünsche mir, Filme zu drehen, statt Briefe zu schreiben.

Mit sozialistischem Gruß!
Frank Beyer

Dokument Beyer (Fotokopie)

Hauptabteilung XX/7          Berlin, 20. 12. 1978

Eröffnungsbericht

zum OV "Karbid" über

Beyer, Frank
geb.am: 26.5.1932 in Nobitz
wh.: 1017 Berlin, Strausberger Platz 1,
    Wohnung 62
Regisseur im Fernsehen der DDR
Partei: SED
Familienstand: verheiratet

Am 3. 10. 1977 hat BEYER an den Generaldirektor des
DEFA-Spielfilmstudios in Potsdam-Babelsberg, Genossen
MÄDE, einen als offenen Brief gekennzeichnetes Schreiben
gesandt.
In diesem Schreiben nimmt BEYER die durch Genossen MÄDE
ausgesprochene Ablehnung der Verfilmung des von Jurek
BECKER erarbeiteten Romanmanuskriptes "Leben in der Luft"
bzw. "Schlaflose Tage" zum Anlaß, seine Auffassungen zur
Filmpolitik der DDR darzulegen.

BEYER stellt fest, daß es seit vielen Jahren immer
wieder Erscheinungen gibt, wonach in der DDR aktuelle
gesellschaftlich engagierte Filmvorhaben unterbunden
bzw. nach Fertigstellung verboten werden. Er zählt eine
Reihe diesbezüglicher Beispiele auf, darunter die
DEFA-Filme "Spur der Steine", "Sonnensucher", "Alte Filme"
von SCHLESINGER u. a.

Schlußfolgernd kommt Frank Beyer zu der Feststellung, daß
es in der Filmpolitik der DDR seit dem VIII. Parteitag
keine wirkliche Wende gegeben habe, wie das in letzter
Zeit wiederholt propagiert worden sei.

Da sich seiner Meinung nach die staatlichen Leitungen bei
der Beantwortung der Frage, was nützlich und was schädlich
sei, schon so oft geirrt hätten, habe er zu ihren Entscheidungen kein Vertrauen mehr.

Von Beyer bestand die Absicht, mit dem Brief unter den
Filmschaffenden eine offene Diskussion zu entfachen.
Mit Hilfe von inoffiziellen und offiziellen Quellen konnte
diese Absicht verhindert werden. Durch geeignete operative
Maßnahmen wurde erreicht, daß sich der stellvertreter
für Kultur, Gen. Horst Pehnert in den Klärungsprozeß ein-
schaltete und mit Beyer persönliche Gespräche führte, um
Beyer von seinem Vorhaben abzubringen.

Stimulierend wirkte dabei, daß ihm mitgeteilt wurde, daß
der DEFA-Film "Das Versteck", wo Beyer die Regie führte
und Manfred KRUG die männliche Hauptrolle spielt, im Oktober 1978 zur Aufführung gelangt. Die Absicht von Beyer,
eine öffentliche Diskussion zu den in seinem "offenen Brief"
aufgeworfenen Problemen zu entfachen, wurde verhindert.

Durch den Einsatz inoffizieller Quellen konnte festgestellt
werden, daß Beyer weiteren persönlichen Kontakt zu dem
Schriftsteller und Mitunterzeichner

                B e c k e r ,   Jurek
                geb. am:        30. 9. 1937

unterhält und auch gegenseitige Absprachen geführt werden.

Dabei geht es um Probleme der derzeitigen Kulturpolitik der DDR sowie der Realisierung von Filmvorhaben.

Zum weiteren engen Bekanntenkreis des Beyer gehören die Mitunterzeichner

M u e l l e r - S t a h l , Armin
geb. am: 17. 12. 1930
Schauspieler

P o c h e , Klaus
geb. am: 18. 11. 1927
Schriftsteller

H o f f m a n n , Jutta
geb. am: 3. 3. 1941
Schauspielerin

Mit POCHE als Autor, MUELLER-STAHL und HOFFMANN in den Hauptrollen produzierte Beyer von März bis Juni 1978 den Fernsehfilm "Geschlossene Gesellschaft"

In dem jetzt vorliegenden Film spiegelt sich die politisch-ideologische bzw. schwankende Haltung des Beyer entsprechend wider.
Bei einer ersten Sichtung der Rohfassung durch die Leitung des DDR-Fernsehens wurde folgendes festgestellt:

Im Film werden weltanschaulich negative Tendenzen zum Ausdruck gebracht. Einige negative Momente des Drehbuches werden durch die optischen Darstellungen verstärkt.

- 4 -

Es wird nicht mehr, wie im Szenarium festgelegt, eine
Ehegeschichte abgehandelt, sondern es werden zwei
DDR-Bürger gezeigt, "die im Sozialismus nicht mehr atmen
können".

Es wird eingeschätzt, daß BEYER aus seinem bisherigen
Verhalten im Zusammenhang mit Biermann und später keine
Schlußfolgerungen gezogen hat.

Der Film muß als ein Produkt seiner politisch-ideolo-
gisch negativen Haltung zur Politik unserer Partei
angesehen werden.

BEYER stellte am 31. 5. 1978 an die Leitung des DDR-Fernsehens den Antrag, ihm und seiner Lebensgefährtin,
UNFERFERTH, Monika eine Urlaubsreise vom 1. 8. bis
5. 9. 1978 in die BRD sowie die Benelux-Staaten zu
genehmigen und bei der Beschaffung der Visa behilflich
zu sein.
In diesem Zusammenhang erklärte BEYER, daß er seit
einiger Zeit mit seiner Lebensgefährtin den Jahresurlaub
nutzt, um eine Art von "Bildungsreisen" in andere Länder
durchzuführen.

BEYER muß nach wie vor als ein an seiner negativen
Haltung zu Grundfragen der Partei festhaltender Kultur-
schaffender bezeichnet werden, der vor allem versucht,
alle vorhandenen "legalen" Möglichkeiten in seinem Sinne
auszunutzen.

Auf Grund des bisherigen operativen Standes wird die
OPK abgeschlossen und zum OV erhoben.

Weller
Hptm.

233

II/... - I ... - III ... ... /4 - Abt.
3/35

Hauptabteilung XX/7     SK   8        Berlin, 3. 1. 1984     0.00298

ZF   2089002833

**Dokument Beyer 6** (Fotokopie)     DU   35...

ZN

A b s c h l u ß b e r i c h t

zu dem Operativ-Vorgang "Karbid", Reg.-Nr. XV/4863/78

Am 18. 12. 1978 wurde der Operativ-Vorgang "Karbid" angelegt, in dem der

> Frank  B e y e r
> geb. 26. 5. 1932, in Nobitz
> 1017 Berlin, Straußberger Platz 1
> Filmregisseur
> Fernsehen der DDR

nach §§ 219 und 220 StGB operativ bearbeitet wurde.

Beyer gehörte zu den Personenkreis, der gegen die Aberkennung
der DDR-Staatsbürgerschaft des Biermann protestierte und in
den westlichen Massenmedien genannt wurde. Er trat fortlaufend
mit Erpressungen in Erscheinung, würdigte die gesellschaftlichen Verhältnisse in der DDR ab und verleumdet Partei-
und Staatsfunktionäre. Beyer zeigte in seinen Verhaltensweisen
Denkansätze für lebhafte Veränderungen in der DDR unter Miß-
brauch seiner künstlerischen Tätigkeit.

Darüber hinaus provozierte Beyer ständige Konflikte mit der
Leitung des Fernsehens der DDR und versuchte Forderungen
durchzusetzen, die der sozialistischen Kulturpolitik
widersprachen. Das Gesamtverhalten von Beyer war weiterhin
darauf ausgerichtet, feindlich-negative Kräfte für oppositio-
nelle Verhaltensweisen zu inspirieren.

Im Prozeß der operativen Bearbeitung wurden Maßnahmen durchgesetzt, mit deren Hilfe Beyer keine Möglichkeiten mehr hatte,
in vorgenommener Weise wirksam zu werden. Er wurde von anderen
feindlich-negativen Personen und Sympathisanten Biermanns
systematisch isoliert.

Weiterhin wurden differenzierte Maßnahmen durchgesetzt, in
deren Ergebnis Beyer keine Möglichkeiten mehr hatte, in der DDR
wirksam zu werden und auf die sich verändernden personellen
Prozesse Einfluß auszuüben.
Im Ergebnis der persönlichen Einflußnahme auf Beyer sowie die
vorgenannten Maßnahmen wurde erreicht, daß sich Beyer von
antisozialistischen Aktivitäten zurückhält und ein gesell-
schaftsgemäßes Verhalten in der DDR zeigt.

Die politisch-operative Zielstellung der operativen Bearbeitung
ist erreicht. Der Operativ-Vorgang wird in der Abteilung XII
abgelegt.

234

Dokument Simon (Fotokopie) 2

XMS/BVW Potsdam     **K O P I E**     Potsdam , den 14.9.81

Diensteinheit    XX/7

Mitarbeiter    Dörr

Reg.-Nr.    **IV 148 3/8**

# Übersichtsbogen zur operativen Personenkontrolle

" Schreiber "
Deckname

| Lfd. Nr. | Name, Vorname | PKZ [1] | Karteikarten erhalten Datum/Unterschrift |
|---|---|---|---|
| 1. | Simon , Rainer | 110141406137 | 8. 09. 81  SS XII AG |

## 1. Gründe für das Einleiten

S. vertritt eine ablehnende Haltung gegenüber der sozialistischen
Kulturpolitik und schließt sich mit negativ eingestellten Filmschaffenden zusammen, um seinen Standpunkt durchzusetzen.

## 2. Zielstellung der OPK

1. Zurückdrängung des negativen Einflusses des S. im DEFA-Studio f.
   Spielfilme
2. Rechtzeitige Aufklärung der Pläne und Absichten des S. , weitere
   Aufklärung seines Verbindungskreises
3. Systematische Gewinnung des S. für eine produktive Arbeit als
   sozialistischer Filmschaffender

## 3. Entscheidung über das Einleiten

Bestätigt: *J. y/Uh*                 14.3.76          *Dör*
               *23-07-81*              Datum              Unterschrift

## 4. Eingesetzte IM/GMS                          Koordiniert mit

IME " Wendt "          IME " Rose "
IME " Lorenz "

IME " Hans Werner "
IMS " Ullrich "

235

**5. Nachweis der überprüften Informationsspeicher**

KOPIE

| VSH | ZPDB | VI | M | PZF | KMK | Kader-akte | WKK | Pers.-Kontr. VP |
|-----|------|----|----|-----|-----|-----------|-----|----------------|
|     |      |    |    |     |     |           |     |                |
|     |      |    |    |     |     |           |     |                |
|     |      |    |    |     |     |           |     |                |

**6. Kontrolle**

Wiedervorlage:   monatlich ☐   vierteljährlich ☐   halbjährlich ☐

Kontrolle durch:   Leiter   ✳☐

　　　　　　　　　Stellvertreter des Leiters   ☐

　　　　　　　　　Referatsleiter/Arbeitsgruppenleiter   ☐

　　　　　　　　　Auswerter   ☐

Signum über durchgeführte Kontrollen:　　　　　　Kontrollvermerke auf Blatt der Akte:

| Jan. | Febr. | März | April | Mai | Juni | Juli | Aug. | Sept. | Okt. | Nov. | Dez. |
|------|-------|------|-------|-----|------|------|------|-------|------|------|------|
|      |       |      |       |     |      |      |      |       |      |      |      |

**Abschluß**

7. Gründe für den Abschluß ~~XXXXXXX~~ der OPK

Im Ergebnis der OPK kann eingeschätzt werden, daß S. aus seiner ver-
festigten negat. polit. Haltung Verbindungen zu anderen feindl.-negat.
Kunst-u.Filmschaffenden herstellt bzw. aktiviert. Die Handlungen des
S. verletzen möglicherweise die Straftatbestände der §§ 106,107 StGB.

**Abschluß**

Maßnahmen nach ~~XXXXX~~ der OPK

Einleitung eines OV gemäß §§ 106,107 StGB

**9. Archivierung der OPK-Akte**　　OPK - Material wird in den OV übernommen

Die OPK-Akte bestehend aus ................ Band/Bänden mit ................ Blatt ist/sind gesperrt/nicht gesperrt abzulegen.

Die OPK-Akte kann nach der Ersatzverfilmung vernichtet werden
(ausgenommen folgende Blätter ..........................) / nicht vernichtet werden. [1]

_____
Mitarbeiter

Bestätigt:　_____
　　　　　　Datum

_____
Unterschrift

1　Nichtzutreffendes streichen

236

Dokument Simon    (Fotokopie)

MfS/BV/Verw. .......Potsdam........    .....Potsdam........, den 28.06.1982

Diensteinheit   Abt. XX

Mitarbeiter   Hagedorn.............    Reg.-Nr.: **IV 1483/81**

K O P I E

# Beschluß

über das Anlegen

eines Operativen Vorganges

1. Deckname ......."Schreiber"......

2. Tatbestand ......§§ 106, 107 StGB

eines Ermittlungsverfahrens
(nur bei Ermittlungsverfahren ohne Haft/gegen Unbekannt/bei Übernahme von anderen Organen)

1. Tatbestand ...........................................

eines Vorganges über Feindobjekt

1. Bezeichnung des Objektes ...........................................

eines Sicherungsvorganges

Gründe für das Anlegen:  S. wird verdächtigt, seine Position als
Spielfilmregisseur zu nutzen, um seine feindlich-negativen
Auffassungen sowie seine ablehnende Haltung zur sozialistischen
Kulturpolitik massenwirksam durchzusetzen und dazu einen Zu-
sammenschluß unter Film- und anderen Kunstschaffenden zu bilden.

Hagedorn/Oberleutnant
_____
Mitarbeiter *

i.V. Unrath/Oberstleutnant
_____
Leiter der Diensteinheit *

Bestätigt am: 29.06.1982    vom ........................
Unterschrift *

Anmerkung: * Zusätzlich Name und Dienstgrad mit Maschine bzw. Druckschrift angeben.

Form 1b    782 1075 50.0

237

Abteilung XX/7

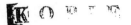

Bestätigt:
Stellvertreter Operativ

Ribbecke
Oberst

E r ö f f n u n g s b e r i c h t
zum OV "Schreiber"

Im OV "Schreiber" soll der bisher operativ kontrollierte
Regisseur des VEB DEFA-Studio für Spielfilme Potsdam-Babelsberg,

SIMON, Rainer

| | | |
|---|---|---|
| geb. am/in | : | 11.01.1941 in Hainichen, Krs. Döbeln |
| wohnhaft | : | 1500 Potsdam, Hessestr. 1 |
| Parteizugehörigkeit | : | SED |
| Massenorganisationen | : | FDGB, Verband der Film- und Fernseh-schaffenden |
| Familienstand | : | ▬▬▬▬▬▬  Tel. 25070 |

wegen des Verdachtes der Begehung von Straftaten gemäß §§ 106 und
107 StGB operativ bearbeitet werden.

1. Zielstellung

Die operative Bearbeitung des S. erfolgt mit dem Ziel der

-   nachhaltigen vorbeugenden Verhinderung von staatsfeindlicher
    Hetze und verfassungsfeindlicher Zusammenschlüsse;

-   Erarbeitung von Beweisen für die feindlich-negative Tätigkeit
    des Verdächtigen und seines Umgangskreises;

-   Aufklärung der Pläne und Absichten des S. bei der Sammlung
    feindlich-negativer Kräfte;

-   Verhinderung des demonstrativen öffentlichen feindlichen
    Wirksamwerdens innerhalb und außerhalb des DEFA-Spielfilm-
    studios und

-   Schaffung von Voraussetzungen einer anhaltenden positiven
    Beeinflussung.

## 2. Ergebnisse der politisch-operativen sowie strafrechtlichen Einschätzung der OPK "Schreiber" und Begründung der politisch-operativen und strafrechtlichen Voraussetzungen für das Anlegen eines OV

S. wurde 1976 wegen seiner ablehnenden Haltung zur sozialistischen Kulturpolitik sowie seines Bestrebens, sich mit negativ eingestellten Filmschaffenden zusammenzuschließen, unter OPK gestellt.
Im Ergebnis der OPK wurde herausgearbeitet, daß S. eine verfestigte negative politische Haltung besitzt. Diese wurde insbesondere durch den ideologischen Einfluß seiner ehemaligen ▆▆▆▆▆▆▆▆ dem Schriftstellerehepaar

▆▆▆▆▆▆ und ▆▆▆▆▆▆▆

u. a. negativ-feindlichen Kulturschaffenden, wie

geprägt, zu denen S. nach 1970 verstärkt Kontakte suchte.
Seine negative politische Position und ablehnende Haltung zur sozialistischen Kulturpolitik brachte S. in seinen Spielfilmen zum Ausdruck, am deutlichsten in dem Film "Till Eulenspiegel" nach einer literarischen Vorlage von Christa und Gerhard WOLF.
Zu diesem Projekt äußerte S., daß er die Absicht hatte, unter dem Deckmantel eines historischen Gegenstandes die Situation des jungen Intellektuellen heute in der sozialistischen Gesellschaft darzustellen.

Bereits 1975 initiierte S. gemeinsam mit dem Regisseur

▆▆▆▆▆▆ ▆▆▆ (OPK "Regisseur")

eine Auseinandersetzung der Gewerkschaftsgruppe Regisseure im Spielfilmstudio mit Gen. Kurt HAGER und organisierte eine Diskussion über künstlerische Freiheiten der Filmschaffenden in der DDR verbunden mit Forderungen nach weniger staatlicher Einflußnahme auf die Filmproduktion. Dabei ging es S. vor allem um den Nachweis, daß unter den kulturpolitischen Bedingungen in der DDR keine repräsentative Filmkunst entstehen könne, weil in den wichtigsten Leitungsgremien der Bereiche Kultur und Kunst Dogmatiker säßen, die jedes Schöpfer- und Neuerertum in den Künsten unterdrücken.

Von dieser Position ging S. bis in die Gegenwart nicht ab.

Im März 1977, unmittelbar nach den staatlichen Maßnahmen gegen BIERMANN, nahm S. die Ablehnung einiger Filmprojekte, die er realisieren wollte, zum Anlaß, schriftlich seinen Austritt aus der SED zu erklären.

K O P I E

sprachen und Einzelgespräche, in denen ihm die Unhaltbarkeit
seiner Position klargemacht wurde,

Im Zusammenhang mit dem Ausschluß der neun feindlich-negativen
Schriftsteller aus dem Schriftstellerverband der DDR im Sommer
1979 nahm S. eine ablehnende Haltung zu den getroffenen Maßnahmen ein und hatte die Absicht, eine Sympathieerklärung für
den betroffenen Autoren ▬▬▬▬▬▬ abzugeben. Von diesem
Vorhaben konnte S. durch inoffizielle Einflußnahme abgehalten
werden.

Mit dem Ziel, S. arbeitsmäßig zu binden, um ihn von feindlich-
negativen Kräften zu entfernen, wurde ihm 1979 die Verfilmung
des Romans "Jadup" von Paul Kanut SCHÄFER angeboten. Die von S.
vorgelegte Drehbuchfassung für den Film "Jadup und Boel" ließ
erkennen, daß seine negative Haltung gegenüber der Politik der
DDR unverändert war. Deshalb wurden eine Reihe politisch-operativer Maßnahmen eingeleitet, um feindlich-negatives Wirksamwerden
S. während der Realisierung des Films rechtzeitig aufzudecken und
zu verhindern sowie positiven Einfluß zu gewährleisten.

Trotz aller offizieller und inoffizieller Maßnahmen brachte S.
seine negative Sicht auf den real existierenden Sozialismus in dem
Film deutlich zum Ausdruck.

In einer Information der HV Film vom 19.06.1980 zu "Jadup und Boel"
wird eingeschätzt:
"In den meisten Alten aber auch den Jugendlichen von Wickenhausen
hat der Sozialismus, die Gesellschaft, alle menschlichen Anlagen
verschüttet und keine Spuren hinterlassen. Kommunikationsgestörte,
Resignierer, ehemaliger Faschist, gleichgeschaltete Abstimmer,
sadistische Jugendliche, vergnatzte Verkäuferinnen, angepaßte
Leiter - so fächert sich das Figurenensemble um die Hauptfigur auf."

Inoffiziell wurde herausgearbeitet, daß es S. gemeinsam mit dem
Autoren ▬▬▬▬ bewußt war, wie der Film von der Studioleitung aufgenommen werden würde. Autor und Regisseur bestärkten sich gegenseitig, "ihren Film" zur Aufführung zu bringen.
Im Ergebnis einer ersten Arbeitsvorführung des Films am 09.05.1980
wurden seitens der Studioleitung eine Reihe Auflagen zu Veränderungen
erteilt. Diese Veränderungen wurden von S. so realisiert, daß die
negative Gesamtaussage des Filmes erhalten blieb.
In Vorbereitung einer Parteiaktivtagung über den Film am 11.07.1980
beantragte S. die Vorführung der veränderten Rohschnittfassung vor
Mitgliedern seines Drehstabes und der Dramaturgengruppe "Babelsberg"
mit dem Ziel, sich einen kollektiven Standpunkt zu erarbeiten. Die
Genehmigung des Generaldirektors des Spielfilmstudios für diese Vorführung, die am 10.07.1980 stattfand, mißbrauchte S. dazu, entgegen
getroffenen Festlegungen Filmschaffende einzuladen, die nicht zum
Schöpferkollektiv gehörten, u. a.

4

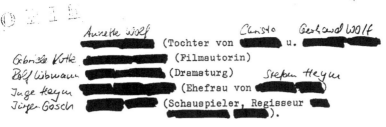

Darüber hinaus lud S. die Regisseure

ein, die jedoch nicht teilnahmen.

In einer Diskussion des Schöpferkollektivs und der Gruppe
"Babelsberg" nach der Vorführung erklärte S., daß die durch ihn
vorgenommenen Veränderungen das Äußerste seiner Kompromißfähigkeit
darstellten. Während sich in weiteren Diskussionen über den Film
die Studioleitung sowie parteiverbundene Filmschaffende durch Veränderungsvorschläge um die Aufführbarkeit bemühten, waren sich S.
und der Autor

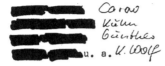

einig, keine wesentlichen Veränderungen der kritisierten Szenen
vorzunehmen, da der Film in der vorliegenden Fassung die realen
Verhältnisse in der DDR darstelle.

Erst nach einer durch den Generaldirektor angeordneten Arbeits-
unterbrechung an dem Film war S. bereit, über weitere Veränderungen
nachzudenken. Am 20.11.1980 legte er eine Veränderungskonzeption
vor, die eine Weiterarbeit ermöglichte.
Die Studioabnahme des Filmes erfolgte am 03.03.1981. Zu dieser
Vorführung lud S. eine Vielzahl seiner Freunde und Bekannten ein
mit der Begründung, daß dies voraussichtlich die letzte Gelegenheit
sei, den Film zu sehen.

Der Film konnte im Studio zwar abgenommen werden; er hebt jedoch
immer noch Fehler und Widersprüche in der sozialistischen Entwicklung der DDR hervor. Die bisher nicht erfolgte staatliche Zulassung des Filmes durch die Hauptverwaltung Film im MfK nahm S.
zum Anlaß, Gleichgesinnte um sich zu sammeln, um auf die zuständigen
staatlichen Organe verstärkt Druck auszuüben. Darüber hinaus nutzte
er Veranstaltungen der Filmschaffenden zur demonstrativen Darlegung
seiner Positionen.

Im Dezember 1981 kam es zu dem Versuch S., in einem Schreiben an
den Sekretär des ZK der SED, Genossen HAGER, Beschwerde über die
"Verschleppung der Zulassung" seines Filmes zu führen.

*Schäfer*

Den Brief entwarf S. gemeinsam mit dem Autoren ████.
S. gelang es, weitere Sympathiesanten zu finden, die er
zur Unterzeichnung des Briefes bewegte:
*Käthe Reichel*
████ (Schauspielerin)

*Kurt Böwe*
████ (Schauspieler).

Durch offizielle und inoffizielle Einflußnahme konnte S. veranlaßt werden, o. g. Brief nicht abzuschicken.
Es wurde erreicht, daß S., ████ und die Dramaturgen des
Filmes ein Gespräch mit dem Leiter der HV Film, Genossen *Pehnert*
████ führten, in dessen Ergebnis eine Entscheidung über die
staatliche Zulassung für das 1. Quartal 1982 zugesagt wurde.

Unter Mißachtung dieser Vereinbarung trat S. in der Versammlung
der APO I des Studios (künstlerischer Bereich) am 15.02.1982
in Anwesenheit des Genossen ████ massiv gegen die staatliche
Filmpolitik auf und forderte nachdrücklich die Zulassung seines
Filmes. *Pehnert*
Erneut stellte er diese Forderung öffentlich auf der Tagung der
Sektion Spielfilm des Verbandes der Film- und Fernsehschaffenden
am 28.04.1982.

In Vorbereitung des Nationalen Spielfilmfestivals in Karl-Marx-
Stadt animierte S. den Schauspieler ████, sich während des
Festivals öffentlichkeitswirksam für die Aufführung des Filmes
"Jadup und Boel" einzusetzen. █ lehnte dieses Vorgehen jedoch
aus persönlichen Gründen ab.

Anfang Mai 1982 beginnt S. aktiv, einen Kreis von Filmschaffenden
dahingehend zu inspirieren, gemeinsam ein Schreiben an Gen. HAGER
zu verfassen, in dem die staatliche Zulassung seines Filmes gefor-
dert wird.
Zu diesem Kreis gehören neben S.
*Käthe Reichel*
wh.: Berlin, ████.
Schauspielerin
*Paul Kann + Schäfer*
wh.: ██ Berlin, ████
Schriftsteller
*Kurt Böwe*
wh.: ██ Berlin, ████
Schauspieler
*Roland Dressel*
wh.: Potsdam-Babelsberg, ████.██
Kameramann, DEFA-Spielfilm

*Gudrun Ritter*

wh.: ▓ Berlin, ▓▓▓▓▓
Schauspielerin, Deutsches Theater Berlin

*Katrin Knappe*

wh.: ▓ Berlin, ▓▓▓▓▓
Schauspielerin, Volksbühne Berlin.

*Schäfer*

S. organisierte mehrere Zusammenkünfte dieser Personen (u. a.
am 11.05.1982 bei ▓▓▓/ 12.05.1982 nochmals bei ▓▓▓, *Schäfer*
bei denen über den Inhalt und die Form des Briefes beraten wurde.
Ein Mitte Mai vereinbarter Text wird auf Drängen S. von allen
Beteiligten unterzeichnet und durch ▓▓▓ an das ZK der SED
überbracht.    *Schäfer*
Inoffiziell wurde herausgearbeitet, daß sich S. mit den Unterzeichnern einig war, durch die Unterschriften den Druck auf die staatlichen Organe zu erhöhen.

Gegenwärtig arbeitet S. an dem Spielfilm "Das Luftschiff" nach
einem Roman von Fritz Rudolf FRIES.
Nach inoffizieller Einschätzung sind bei der Arbeit an diesem
historischen Stoff bisher keine Versuche S. feststellbar, seine
feindliche Position zu verdeutlichen.

Im Rahmen der operativen Kontrolle S. bestätigte sich, daß er aus
seiner verfestigten negativen politischen Haltung heraus Verbindungen zu anderen feindlich-negativen Kunst- und Filmschaffenden
herstellt bzw. aktiviert, um massiven Druck auf staatliche Organe
und gesellschaftliche Organisationen sowie gegen staatliche Maßnahmen und Entscheidungen auszuüben.
Seine ablehnende Haltung zur sozialistischen Kulturpolitik kommt
exponiert mit dem Film "Jadup und Boel" zum Ausdruck. Mehrfach
vertrat er diese Position öffentlichkeitswirksam und zeigte in
Situationen verstärkter ideologischer Auseinandersetzungen auf
kulturpolitischem Gebiet eine feindlich-negative Haltung.

Auf Grund des angeführten Sachverhaltes wird S. verdächtigt, seine
Position als Spielfilmregisseur zu nutzen, um seine feindlichen
Auffassungen massenwirksam durchzusetzen und dazu einen Zusammen-
schluß unter Film- und anderen Kunstschaffenden zu bilden.

Deshalb wird vorgeschlagen, die OPK "Schreiber" in Form der
Einleitung eines OV gemäß §§ 106 und 107 StGB abzuschließen.


Leiter/der Abteilung

Unrath                                    Hagedorn
Oberstleutnant                            Oberleutnant

XX/BV 9y    Potsdam

Diensteinheit    XX/7

Mitarbeiter    Dörr

'' 0435

Potsdam    . den 29.5.81

Reg.-Nr. IV 801/8

005
.1

# Übersichtsbogen zur operativen Personenkontrolle

„ Bruder "

Deckname

| Lfd. Nr. | Name, Vorname | PKZ : | Karteikarten erhalten Datum/Unterschrift |
|---|---|---|---|
| 1. | Weiß, Ulrich | 020442415409 | erfaßt SR XII . 19 06 81 |
| | | | |
| | | | |

### 1. Gründe für das Einleiten

W. dreht z.Z. als Gastregisseur im DEFA-Spielfilmstudio den Spielfilm
" Dein unbekannter Bruder " nach dem Roman von Willi Bredel, einen
Film über den antifasch. Widerstand im Dritten Reich.
Nach inoff. Einschätzungen wird der antifasch. Widerstand verzerrt dar-
gestellt, im Sinne der Darstellung anarchistischer Aktionen, so daß
die Gefahr der Nichtzulassung des fertiggestellten Filmes besteht.

### 2. Zielstellung der OPK

- Aufklärung der pol.-ideolog. Haltung des W. und seiner Einstellung
  zur soz.Kulturpolitik
- Positive Beeinflussung des W., damit der entstehende Film staatlich
  zugelassen werden kann.
- Klärung, ob W. im Spielfilmstudio als Regisseur fest angestellt
  werden kann.

### 3. Entscheidung über das Einleiten

Bestätigt:    10. 06. 1511    /Kai¯

Datum    Unterschrift

### 4. Eingesetzte IM GMS    Koordiniert mit

IMB " Lorenz "

IMS-Vorl." Willibald "

KP Richter, Thea

1 PKZ bei ... lagern  bei Ausländern Geburtsdatum angeben!

244

Abl 1117
r, i 4, 5

Potsdam, den 29.5.s

Erster Maßnahmeplan z. OPK „Bunder"

... die OPK „Bunder" wird der Gastregisseur in
DEFA- Spielfilmstudio

Weiß Ulrich
geb am 2.4.42 in Wernigerode

[...]

w dreht z. Z. den Spielfilm „Dein unbekannter Bruder
nach den Roman von b. H. Bredel Nach inoffiziellen
Einschätzungen wird das Thema auch fesch. Widerstand
im Film verzerrt dargestellt, im Sinne der Darstellung unrealistischer Aktionen der Arbeiter und
überhöhter Wertung der Täschiker, so daß die Gefahr
der Nichtzulassung des fertiggestellten Filmes besteht.

Die Zielstellung der OPK ist die:

- Aufklärung der pol.-ideol. Haltung des W
  und seiner Einstellung zu sin. kulturpolitik
- positive Beeinflussung des W, damit der
  entstehende Film staatlich zugelassen werden
  kann.

245

- klärung, ob w im Spielfilmstudio als Regisseur fest angestellt werden kann.

_Maßnahmen_

1. Einsatz IMS/GMS

- IME "Lorenz" wird beauftragt, sich die Arbeitsweise der W. anzusehen und diese zu beobachten. Darüber hinaus soll "Lorenz" den persönlichen Kontakt zu W. aufnehmen, um ihn allmählich erschließen zu können, insbesondere seine Verbindungen.

Termin: 1.6.88
verantw: Olt. Dön

- über IM-Vorlauf "Willibald" ist der Stand der Diskussionen mit W. und die daraus resultierenden Entscheidungen der Stockholm Leitung zu verarbeiten. Ebenfalls über "Willibald" ist eine positive Beeinflussung des W. zu produzieren.

Termin: 1.7.88
verantw: Olt. Dön

-3-

- klärung, ob w. im Spielfilmstudio als
  Regisseur fest angestellt werden kann.

Maßnahmen

.1  Einsatz JHS/GMS

- IMÉ „Lorenz" wird beauftragt, sich die Arbeitsweise
  der W. anzusehen und diese zu begutachten. Darüber-
  hinaus soll „Lorenz" den persönlichen Kontakt zu
  W. aufnehmen um ihn ständig einschätzen zu
  können, insbesondere seine Verbindungen.

                              Termin:  1. 6. 8?
                              verantw.:  Ltr. Dsm

- Über JHS-Verlauf, „Willibald" ist die Hand der
  Diskussionen mit W. und die daraus resultierenden
  Entscheidungen der Stockholm Leitung zu verarbeiten.
  Ebenfalls über „Willibald" ist eine positive
  Beeinflussung der W. zu praktizieren.

                              Termin:  1. 7. ??
                              verantw.:  Ltr. Dsm

Nach der Analyse der ersten Ergebnisse des OPA
wird ein Zwischenbericht gefertigt, auf dessen
Grundlage ein neuer Maßnahmeplan erarbeitet wird.

Termin: 1. 8. 81
verantw.   Olt. Don

Leiter der Abteilung

Uhrath
OSi

Don
Don
Olt.

**Dokument 10**

Abt. XX/7

BCK 001116

Dokument Stasi 46 (Fotokopie)

BStU
090021

Potsdam, 7.3.83
paul

Einleitungsbericht zur OPK „Zweifler"          PE 1179

1. Der

|   |   | Schönemann, Hans-Jürgen |
|---|---|---|
| geb. am / in | : | 10.10.1946 in Lübz |
| PKZ | : | 10 10 46 406 118 |
| Beruf / Tätigkeit | : | Tischler / Regieassistent / Regisseur |
| Arbeitsstelle | : | VEB Defa Studio für Spielfilme |
| wohnhaft | : | Potsdam-Jägerallee 38 |

und seine Ehefrau

|   |   | Schönemann, Sibylle geb. Stürenberger |
|---|---|---|
| geb. am / in | : | 5.10.1953 in Berlin |
| PKZ | : | 05 10 53 5 05 314 |
| Beruf / Tätigkeit | : | Regisseur / Regieassistentin |
| Arbeitsstelle | : | VEB Defa Studio für Spielfilme |

sollen unter operative Kontrolle gestellt werden.

2. Operativ bedeutsame Anhaltspunkte

Sch., Hans-Jürgen, der gegenwärtig als Regieassistent im Defa-Spielfilmstudio arbeitet, ist intensiv bemüht, sich als Nachwuchsregisseur des Studios zu profilieren. Für seinen Debütfilm entwickelte er gemeinsam mit seiner Ehefrau den Gegenwartsfilmstoff „Interruption", der bis Herbst 1982

SLK 001116

Einleitungsbericht zur OPK „Zweifler"     PE 1179

1. Der

|  |  | Schönemann, Hans-Jürgen |
|---|---|---|
| geb. am / in | : | 10.10.1946 in Lübz |
| PKZ | : | 10 10 46 406 118 |
| Beruf / Tätigkeit | : | Tischler / Regieassistent / Regisseur |
| Arbeitsstelle | : | VEB Defa Studio für Spielfilme |
| wohnhaft | : | Potsdam, Jägerallee 38 |

und seine Ehefrau

|  |  | Schönemann, Sibylle geb. Stürzenberger |
|---|---|---|
| geb. am / in | : | 5.10.1953 in Berlin |
| PKZ | : | 05 10 53 5 05 314 |
| Beruf / Tätigkeit | : | Regisseur / Regieassistentin |
| Arbeitsstelle | : | VEB Defa Studio für Spielfilme |

sollen unter operative Kontrolle gestellt werden.

2. Operativ bedeutsame Anhaltspunkte

Sch., Hans-Jürgen, der gegenwärtig als Regieassistent im Defa-Spielfilmstudio arbeitet, ist intensiv bemüht, sich als Nachwuchsregisseur des Studios zu profilieren. Für seinen Debütfilm entwickelte er gemeinsam mit seiner Ehefrau den Gegenwartsfilm (AT) „Interruption", der bis Herbst 198..

250

... Dieses Filmprojekt schildert die Geschichte eines schwangeren siebzehnjährigen Mädchens zwischen zwei Männern, das mit ihren Problemen unter den sie bedrückenden gesellschaftlichen Bedingungen nicht fertig wird.

Aufgrund dieser offensichtlich verzerrten Darstellung der gesellschaftlichen Verhältnisse im Sozialismus, der konzentrierten Hervorhebung seiner Schattenseiten sowie der unzureichenden künstlerischen Bewältigung des Themas, wurde der Stoff nicht zur Produktion freigegeben.

In Gesprächen mit leitenden Mitarbeitern des Studios wurde deutlich, daß Sch. eine labile politische und von bürgerlichen Kunstauffassungen geprägte künstlerische Position vertritt.

- Unmittelbar nach einem Gespräch mit dem Generaldirektor, im Dezember 1982, über seine weiteren Schaffensmöglichkeiten im Spielfilmstudio, setzte sich Sch. mit der zu den negativen Filmschaffenden gehörenden Dramaturgin

Trampe, Tamara

geb. am ████████████████████

wh. ████████████████████

████████████████████████████

████████████████████████████

in Verbindung, um sie über den Gesprächsverlauf zu informieren und die Vorgehensweise bei der Durchsetzung künftiger Filmprojekte abzustimmen. Die T. sagte dabei einer weiteren Unterstützung Sch. zu.

Inoffiziell wurde im Februar 1983 bekannt, daß Sch.

251

... labilen und negativen Filmschaffenden zu den "jungen Oppositionellen im Filmgeschäft" gezählt wird.

- Durch die <u>Abt. VI</u> wurde festgestellt, daß Sch. und seine Ehefrau persönliche Kontakte zu dem Westberliner Kameramann

> Deroche, Axel
>
> geb. am ▓▓▓▓▓▓▓▓▓▓▓▓
>
> wh. ▓▓▓▓▓▓▓▓▓▓▓▓▓▓

unterhalten. D. reiste im Juni 1981 zu einem Tagesaufenthalt bei der Familie Sch. ein.

Über den Charakter und Intensität dieser ▓▓▓▓dung wurden keine weiteren Informationen ▓▓▓.

- Im Februar ▓▓▓▓ wurde durch die Abt. II bekannt, daß Sch., Hans-Jürgen eine Liebesbeziehung zu der dänischen Bürgerin

> Szabad, Julia
>
> wh. ▓▓▓▓▓▓▓▓▓▓▓▓▓
>
> ▓▓▓▓▓▓▓▓▓▓▓▓▓▓▓▓▓▓▓▓▓▓

▓▓▓▓▓▓▓▓ der ▓▓▓▓ des Jahres 1982 ▓▓▓▓ die ▓▓▓▓ Sch. ▓▓▓▓ wird. Die S. berichtet im Juli 1982 dem Sch. in ▓▓▓▓, wie es zu ▓▓▓▓ Beziehungen zwischen beiden kam. Von diesem ▓▓▓▓ haben die Ehefrau Sch. sowie die Tranger, Jo. ▓▓▓▓. Sch. ▓▓▓ell unterhält ▓▓ inoffiziellen ▓▓▓▓ ebenfalls ▓▓▓▓ Beziehungen. Von beiden ▓▓▓▓ wird

- Aufgrund der vorliegenden Informationen wurden derzeitig
für Reisen in dringenden Familienangelegenheiten, die Sch.
1981 (Silberhochzeit der Eltern in der BRD) und 1982 (Erkrankung
des Vaters) sowie seine Ehefrau 1981 (Eheschließung des
Bruders) stellten, abgelehnt.

Wegen der im Juli 1982 erfolgten Ablehnung richtete Sch.
ein Telegramm an den Staatsratsvorsitzenden der DDR, in
dem er auf die Reise drängte. Das Telegramm wurde in
Abstimmung mit Ref. XX/6, BV Pdm., nicht zugestellt.

Aufgrund der bekannten Informationen über die politische
Haltung Sch. und seiner Ehefrau, deren Aktivitäten nach
ersten Schwierigkeiten bei der Realisierung eigener Filmvorhaben
sowie ihren Verbindungen zu negativen Filmschaffenden in
der DDR und Personen aus dem NSA sind Ausatzpunkte gegeben, daß sich bisher labile politische Positionen unter dem
Einfluß feindlich-negativer Kräfte weiter verfestigen, in
politisch indifferente und negative Haltungen umschlagen
und in Form negativer politischer/künstlerischer Aktivitäten
und sozialismusfremder Filmprojekte deutlich werden.

3. Zielstellung

- Umfassende Aufklärung des politischen/kulturpolitischen
Haltung des Sch. und seiner Ehefrau sowie des Charakters
und der Intensität ihrer Verbindungen zu negativen Kräften
in der DDR und Personen im NSA )

253

Prüfung, inwieweit die kontrollierten Personen bis 1 und 09002...
Filmprojekte mit einer eindeutig positiven Aussage
zu realisieren. Um sie dem Einfluß negativer Filmschaffender zu entziehen, sind Voraussetzungen für
eine anhaltend positive Beeinflussung durch parteiverbundene Filmschaffende zu schaffen.

- Konkrete Aufklärung der familiären Verhältnisse und
der tatsächlich bestehenden Bindungen an die DDR, insbesondere bei Sch., Hans-Jürgen; ( Einleitung operativer
Maßnahmen zur Störung des Kontaktes zu ~~█████████~~ )
~~.....~~ ?

4. Maßnahmen

4.1. IM -~~Einsatz~~

IMS „Ullrich" / IMS „Benni"
Herausarbeitung von Verbindungen der kontrollierten Personen
zu labilen u. negativen Filmschaffenden sowie zu
anderen Nachwuchskünstlern ; Einschätzung des Charakters
der Verbindungen und über Intensität ;
Forcierung des persönlichen Kontaktes mit dem Ziel, einer
konkreten Einschätzung der politischen u. künstlerischen Position
Sch'. und seiner Ehefrau sowie über familiäre - u. Ehe-
verhältnisse.

Termin der Einführung : 30. 3. 83
verantw.: Hptm. Kuß / Oltn. Hagedorn

IMS „Jörg Ratzeb"

erhält den Auftrag, künftige künstlerische Vorhaben der Schönemanns rechtzeitig herauszuarbeiten und eine solche dramaturgische Betreuung zu organisieren, die die Erarbeitung von Filmstoffen mit eindeutig positiver Aussage gewährleistet. Dabei ist die Haltung der kontrollierten Personen bei notwendigen Auflagen/Veränderungen in jeder Arbeitsphase konkret einzuschätzen.

T. Erste Einschätzung : 15.4.83
verantw. : Oltn. Hagedorn

IME „Hans Werner" über die
Realisierungsgespräche / Aussprachen über künftige Filmprojekte sowie die weitere künstlerische Entwicklung des Sch. u. seiner Ehefrau und Festlegung konkreter politischer Anforderungen u. Erwartungen des Studioleitung, die mit einer weiteren Profilierung als Nachwuchskünstler verbunden sind. Schaffung solcher Bewährungssituationen, die eine eindeutige politische Stellungnahme erfordern.

verantw.: Maj. Gericke
Oltn. Hagedorn

IME „Hermann Wendt"
Ermittlung an ▓▓▓▓▓▓▓▓▓▓▓

T. 15.4. Ger...

KP Werk
unmittelbare Kontrolle der Filmprojekte Sch.' in der Dramaturgengruppe „Berlin", insbesondere der Intensität

255

T. Erste Einschätzung: 30.4.83
veantw.: Obln. Hagedorn

Bei der Aufklärung des Verbindungskreises ist zu prüfen,
inwieweit ein Nachweis des ... , der das Vertrauen
der kontrollierten Person besitzt, als IM gewonnen werden
kann.

Aufklärung / Überprüfung der
Verbindungen: . 6. 83
veantw. Obln. Hagedorn

4.2. Durchführung von ... Überprüfungen zu allen bekannt-
werdenden Verbindungen u. Ermittlung der Verbindungen
außerhalb ... bereiches der Abt. II in Koordinierung mit den zuständigen DE.

Termin: 30. 6. 83
veantw: Obln. Hagedorn

Einbindung der Zielfahndung H/PZF zur operativ kontr. Person
sowie zu ████████████

Termin: 15. 3. 83

Prüfung der Voraussetzungen für den Einsatz der Abt. 26 B
... kann man in ... ...
dort Auskunft von "Anke" → kein Telefon. ... 38.

Termin: 15. 4. 83

Leiter d. PGH                    Mitarbeiter

Bezirksverwaltung für Staatssicherheit  Potsdam, 27.04.1984
P o t s d a m  Le-Fü
Auswertungs- und Kontrollgruppe

BStU
090150

OPK "Zweifler" - Reg.-Nr.: IV/477/83
Abt. XX/7 - Gen. Kuske (3795)

Die OPK wurde am 10.03.1983 zum Ehepaar

SCHÖNEMANN, Hans-Jürgen (10.10.46),

SCHÖNEMANN, Sibylle geb. Stürzenberger (05.10.53)

eingeleitet. Wesentliche Gründe für das Einleiten sind das Vertreten einer labilen politischen/kulturpolitischen Haltung, die in ihren bisherigen Filmarbeiten in Form einer verzerrten Darstellung der sozialistischen Gesellschaftsverhältnisse zum Ausdruck kommt sowie Verbindungen zu negativen Filmschaffenden der DDR sowie zu Personen aus dem NSA. Neben der umfassenden Aufklärung dieser operativen Anhaltspunkte sollte auch ihre Bereitschaft an Filmprojekten mit eindeutig positiver Aussage zu arbeiten geprüft werden.
Aus vorbeugender Sicht bestand die Zielstellung der Schaffung von Voraussetzungen einer anhaltend positiven Beeinflussung durch parteiverbundene Filmschaffende.
Im Maßnahmeplan ist dazu der Einsatz von 3 IMS, 2 IME und 2 KP konzipiert, die alle Kontakt zum Ehepaar hatten. In der OPK-Akte liegen von diesen IM keine Informationen vor. Statt dessen berichteten zwei andere IMS im März 1983 zu den Personen, wobei deutlich wird, daß die vorbeugenden Maßnahmen zielstrebig in Angriff genommen würden. Im Sachstandsbericht vom 10.04.1984 wird die Erfolglosigkeit der Vorbeugungsmaßnahmen zum Ausdruck gebracht. Dieses Ergebnis dürfte hauptsächlich Resultat des offiziellen Zusammenwirkens sein und ist ungenügend bzw. in der OPK-Akte nicht als Ergebnis des Zusammenwirkens dokumentiert. Die an dieser Stelle geäußerten Einflüße der Tamara Trampe sind im Material nicht nachvollziehbar.

Die Antragstellung am 05.04.1984 beim Rat der Stadt auf "Übersiedlung und Entlassung aus der Staatsbürgerschaft" kam für die Abt. XX völlig überraschend, ohne Vorankündigung von IM. Deren Einsatz hätte infolge der Ausreiseversuche sowie der ▓▓▓▓▓▓ des Sch. ins NSA und dem Gesamtverhalten des Sch. auf derartige Absichten mit ausgerichtet werden müssen. Eine Version zu Übersiedlungsabsichten ergab sich aus den ▓▓▓▓▓▓▓▓▓▓ ▓▓▓▓▓▓▓▓▓▓▓ und der Fadenscheinigkeit seiner Ausreiseanträge zum Vater. Somit existieren zu den tatsächlichen Hintergründen der Antragstellung keine Erkenntnisse. Die nun vorgesehenen Maßnahmen sollen nachträglich die Ursachen und Hintergründe aufklären. Diese im Hinblick auf eine Rücknahme des Antrages ausgerichteten und zweifelsohne notwendigen Maßnahmen vernachlässigen die Aufklärung der Verbindung zu feindlichen Personenkreisen (Trampe), die früheren Informationen zufolge

257

den Sch. bereits zu Tests für die Belastbarkeit der Beziehungen
zwischen Künstlern und staatlichen Leitern benutzt haben sollen.

In bezug auf die Antragstellung sei im Hinblick auf die Tendenz
beim Sch., sich einen Umgangskreis zu suchen, der qualitativ
unter ihm steht, auf die Antragsteller Sill (▓▓▓▓▓▓▓▓▓▓) -
seine Nachbarn - hingewiesen.
Der vorliegende Antrag läßt Rückschlüsse auf ein extremes Antrags-
verhalten ohne weiteres nicht zu, jedoch gibt es im Persönlichkeitsbild des Sch. entsprechende Ansätze. Auch seine Ehefrau,
die offensichtlich unter seinem Einfluß steht und sich in einer
komplizierten beruflichen Lage befindet, könnte zu derartigen
Schritten bereit sein. Verstärkt wird diese Annahme durch eine
für das Ehepaar aus ihrer Sicht unzureichende finanzielle Situation
Darauf sollten die Kräfte der KD hingewiesen werden, wie auch
die übrigen Kräfte auf andere Demonstrativhandlungen und deren
Abwehr orientiert sein sollten. Informationen, die den Verdacht
einer Straftat gem. § 214 StGB begründen, liegen hier nicht vor.
Aus der Verbindung zur dänischen Botschaft ergeben sich auch
keine Hinweise für einen Verdacht gem. § 219 StGB. Andere Antragsteller dieser Art sowie Straftaten gem. §§ 106 und 220
StGB sind aus den vorliegenden Informationen ebenfalls nicht
ableitbar.

Bei der weiteren Aufklärung sollte die Information des IMS "Benni"
vom 24.02.83 berücksichtigt werden, wonach Sch. mit Jürgen Rohne
im Cafe Heider "oft über ihre Zukunft nachdenken".
Neben den Sofortmaßnahmen ist der Nachweis des Charakters der
Verbindung zur Tamara Trampe nachzuholen, um Rückschlüsse auf
das Vorliegen einer Einflußnahme durch feindlich-negative Kräfte
ziehen zu können.


Lentz
Hauptmann

258

**Dokument 12**

32 ⎯ 60/85
22 ⎯ 9.85

Dokument Stasi 58 (Fotokopie)

120

BStU
090130

I M   N A M E N   D E S   V O L K E S !

In der Strafsache

g e g e n

den Diplom-Regisseur
S c h ö n e m a n n , Hans-Jürgen
geboren am 10. 10. 1946 in Lübz
wohnhaft in 1500 Potsdam, Jägerallee 38

seit dem 27. 11. 1984 in der UHA - Potsdam
1500 Potsdam, Otto-Nuschke-Straße

PKZ: 101046 4 63 68

die Diplom-Regisseurin
S c h ö n e m a n n , Sybille
geborene Stürzenberger
geboren am 05. 10. 1953 in Berlin-Buch
wohnhaft in 1500 Potsdam, Jägerallee 38

seit dem 27. 11. 1984 in der UHA - Potsdam
1500 Potsdam, Otto-Nuschke-Straße

PKZ: 051053 5 0531 4

w e g e n

Beeinträchtigung staatlicher Tätigkeit

hat die Kammer für Strafrecht des Kreisgerichtes Potsdam-Stadt
in der nicht öffentlichen Hauptverhandlung vom 15. 02. 1985,
an der teilgenommen haben:

Kreisgerichtsdirektor Schröter
als Vorsitzender

Herr Alter
Frau Kovarnick
als Schöffen

Staatsanwalt beim Staatsanwalt des Bezirkes
Schulz
als Anklagevertreter

Rechtsanwalt Horn in Untervollmacht für
Rechtsanwalt Dr. jur. h.c. W. Vogel
Rechtsanwalt D. Starkulla
Rechtsanwalt K. Hartmann, 1140 Berlin,
Reiler Str. 04

als Verteidiger

Justizprotokollant Lange
als Protokollführer

für Recht erkannt:

1. Die Angeklagten Hans-Jürgen Schönemann und Sybille Schönemann werden wegen gemeinschaftlicher Beeinträchtigung staatlicher Tätigkeit (Vergehen gemäß §§ 21 Abs. 1 und 3, 22 Abs. 2 Ziffer 2 StGB) wie folgt verurteilt:

   - der Angeklagte Hans-Jürgen Schönemann zu einer Freiheitsstrafe in Höhe von

        1 - einem - Jahr und 2 - zwei - Monaten

   die Angeklagte Sybille Schönemann zu einer Freiheitsstrafe von

        1 - einem - Jahr

2. Die Auslagen des Verfahrens tragen die Angeklagten als Gesamtschuldner.

G r ü n d e :

Die Angeklagten sind seit 1975 miteinander verheiratet.
Aus ihrer Ehe sind zwei Kinder hervorgegangen.
Der Angeklagte Hans-Jürgen Schönemann ist 38 Jahre alt und
hat die Schule bis zum Abschluß der 10. Klasse besucht. Im
Anschluß nahm er eine Lehre als Schiffstischler
auf, die er mit dem Teilfacharbeiter abschloß. Im Mai 1969
begann er im VEB DEFA-Studio für Spielfilme in Potsdam-Babelsberg
als Beleuchter. Dort qualifizierte er sich zum Regieassistenten

260

und nach Absolvierung eines Hochschulstudiums zum Diplom-
Regisseur.

Die Angeklagte Sybille Schönemann ist 31 Jahre alt. Sie erwarb
im Jahre 1972 das Abitur und arbeitete anschließend als Regie-
assistentin im VEB DEFA-Studio für Spielfilme in Potsdam-Babelsberg.
Auch sie erhielt die Möglichkeit, ein Hochschulstudium aufzunehmen.
Nach 4jährigen Studium erlangte sie die Qualifikation eines Diplom-
Regisseur.

Beide Angeklagte hatten in Ausführung ihrer Arbeitsaufgaben Probleme,
da sie teilweise unzumutbare Forderungen stellten. Die Arbeits-
rechtlichen Probleme in ihrem Betrieb haben sie nicht gesellschaftsgemäß gelöst. Statt dessen haben sie im Frühjahr 1984
den Entschluß gefaßt, mit ihren Kindern die DDR zu verlassen, um
künftig in der BRD zu leben. Sie glaubten auf diese Weise ihre
beruflichen Ambitionen besser verwirklichen zu können. Aus
diesem Grunde richteten sie erstmals am 05. 04. 1984 an den
Rat der Stadt Potsdam einen Antrag auf Ausreise in die BRD.
Diesen Antrag wiederholten sie mehrfach, sowohl anden Rat der
Stadt Potsdam, Abteilung - Innere Angelegenheiten - als auch
im Juni 1984 an das Ministerium für Kultur.
Das Ausreiseverlangen der Angeklagten wurde von den zuständigen
staatlichen Organen auf der Grundlage der gesetzlichen Bestimmungen
abgelehnt.
Diese Entscheidung haben die Angeklagten nicht akzeptiert.
Am 29. 10. 1984 entwarf der Angeklagte Hans-Jürgen Schönemann
einen Text, der an den Rat der Stadt Potsdam, Abteilung -Inneres -
gerichtet war. Diesen fertigte er auf einer Schreibmaschine an,
gab ihn der Angeklagten Sybille Schönemann zur Kenntnis, die
den Inhalt des Schriftsatzes billigte und ihre Unterschrift darunter
setzte. Darin behaupteten die Angeklagten, mit den getroffenen
staatlichen und betrieblichen Entscheidungen in ihrem Berufs-
leben in der DDR Repressalien ausgesetzt zu sein und drohten:
"je länger sie uns die Genehmigung verweigern, um so mehr wächst
die Gefahr der Eskalation und unkontrollierter Handlungen. Wir
erklären hiermit, daß sich unsere Absicht nicht ändern wird und
wir aber bei stetiger Verweigerung unserer Absicht den weiteren

widrigen Umständen nicht tatenlos gegenüberstehen werden."
Dieser Schriftsatz wurde nach Unterzeichnung durch beide Angeklagte per Einschreiben an den Rat der Stadt Potsdam, Abteilung
- Inneres, abgesandt. Er ging am 31. 10. 1984 bei dem genannten
staatlichen Organ ein.

Dieser Sachverhalt ist das Ergebnis der Beweisaufnahme.
Er wurde durch die Einlassungen der geständigen Angeklagten und
durch die zum Gegenstand der Beweisaufnahme gemachten und
im erforderlichen Umfange verlesenen schriftlichen Beweismittel
festgestellt.
Dazu zählen die Strafregisterauszüge, die Beurteilungen über die
Angeklagten, deren schriftlichen Stellungnahmen dazu, der Schrift-
verkehr des Angeklagten Hans-Jürgen Sohneemann mit dem VEB DEFA-
Studio, die gestellten Ausreiseanträge und das Schreiben an den
Rat der Stadt Potsdam vom 29. 10. 1984.

Nach dem Ergebnis der Beweisaufnahme steht fest, daß
beide Angeklagte gemeinschaftlich handelnd einen Schriftsatz
an den Rat der Stadt Potsdam gerichtet haben, mit dem sie durch
Drohungen das Ziel verfolgten, eine Entscheidung in ihrem Sinne
zu erzwingen. Dies geschah in einer die öffentliche Ordnung
gefährdenden Weise durch Mißachtung der sozialistischen Gesetzlichkeit
Damit haben die Angeklagten den Straftatbestand des § 214 Abs. 1
StGB erfüllt. Indem die Angeklagten den Text gemeinsam besprachen
und beide die Unterschrift unter den Schriftsatz setzten, handelten
sie gemeinschaftlich, weil arbeitsteilig, im Sinne von § 22
Abs. 2 Ziffer 2 StGB, so daß gleichzeitig § 214 Abs. 3 StGB
verwirklicht wurde.
Das Verhalten der Angeklagten stellt eine schwerwiegende Mißachtung der gesellschaftlichen Disziplin dar, so daß gemäß
§ 39 Abs. 2 StGB auf Strafe mit Freiheitsentzug zu erkennen ist.
Bei der Strafzumessung wurde berücksichtigt, daß die von den
Angeklagten verfaßten Ausreiseanträge bereits eine Steigerung

der von ihnen gewählten Formulierungen erkennen ließen, die ständig an Schärfe zunahmen. Besonders deutlich wird dies in dem Schreiben vom 29. 10. 1984. Daraus wird deutlich, daß die Angeklagten jegliche staatliche Autorität mißachten und auch demonstrativ die sozialistische Gesetzlichkeit negierten. Unter Berücksichtigung aller subjektiven und objektiven Umstände gemäß § 61 Abs. 2 StGB verurteilte das Gericht die Angeklagten zu Freiheitsstrafen von einem Jahr und zwei Monaten bzw. von einem Jahr. Dabei wurde auch beachtet, daß sie im Laufe des Verfahrens geständnisbereit waren, nicht vorbestraft sind und ihr sonstiges Verhalten vor der Straftat gesellschaftsgemäß war.

Mit der Verurteilung befand sich das Gericht in Übereinstimmung mit den Anträgen der Staatsanwaltschaft, wobei auch die von der Verteidigung vorgetragenen Argumente im ausreichenden Maße berücksichtigt worden sind.

Die Auslagenentscheidung beruht auf §§ 362, 365 StPO.

gez. Schröter          gez. Alter          gez. Kovarnick

Ausgefertigt
Potsdam, den 15. 02. 1985

Sekretär